李樹桐著

唐史新論

中華書局印行

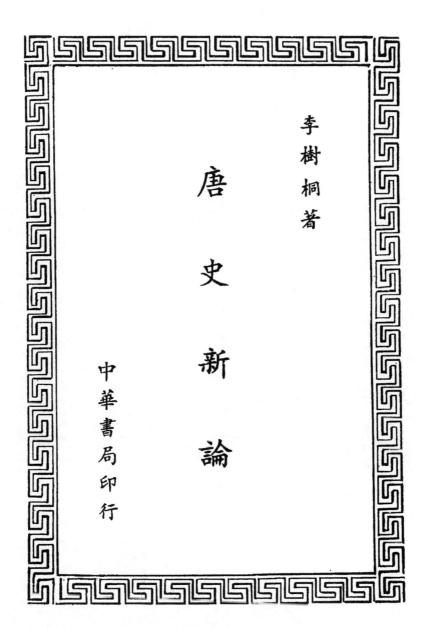

唐史新論目次

唐史新論

一、唐代的科舉制度與士風

本論文之完成，得國家科學委員會之補助，特此註明。

一　科舉制度的歷史背景

任何一種制度的產生或繼續推行，必需適合於當時環境的要求；否則便不會產生或繼續採用。唐代的科舉制度是繼隋朝的科舉制度之後而發展成熟的。隋朝的科舉制度又是在魏晉南北朝九品中正制度發生流弊之後，應運而生的，唐代爲什麼不革隋朝的科舉制度而另創一種新制度？爲什麼不恢復魏晉南北朝的九品中正制度？爲什麼不恢復漢代的鄉舉里選制度？都有它的客觀環境、時代背景種種原因存在。

歷史是進化的，一種舊制度往往會經過若干時間後，慢慢發生了流弊，待流弊發生的不能適合需要時，自然會有人創出來一種新的制度。新的制度在初創建時，往往比較舊制度適合需要；但是時間久了，新的制度又會發生新的流弊，而更新的制度又應運而生。這是自然之理，也是社會文化一切進化的原則。

唐代爲什麼要繼隋之後仍然採用科舉制度，要追溯我國過去選才爲官辦法的演變，便可得到明白的答覆。現在要簡明的追溯一下，也就是科舉制度的歷史背景。

自夏禹傳子家天下後，經商至周，全是貴族掌握政權，尤其周代推行封建制度，立宗法制度，天子的嫡長子繼承天子，將次子或庶子分封爲諸侯。諸侯封大夫，大夫封士，普天之下，掌握政權的，都是他們的家族和姻親，所謂「家齊而後國治，國治而後天下平。」都歸貴族包辦。平民沒有資格參與政治。到春秋時代的孔子，還以：「不在其位，不謀其政」爲訓。當然沒有選人的制度。

到了戰國時代，各國競爭日烈，各國的君主爲競爭生存，不得不注意人才。因貴族人才有限，而且貴族多因養尊處優，生活腐敗，不能擔當國家的政治、軍事、外交、經濟等重任；所以不得不注意吸收貴族以外的平民人才。於是各國纔感覺到有選人的需要。但是查歷史上從無選擇平民的定規辦法，更說不上什麼制度來。

各國國君感到需要人才，就下令招賢納士，有才有智的平民，爲想施展其才，也就到處遊說國君。國君是否能選中某一平民？某一平民是否願意事奉國君？就看他們見面互相的印像和談話的投機不投機而定。例如：孟子見梁惠王，王曰：「叟，不遠千里而來，亦將有以利吾國乎？」孟子曰：「王何必曰利；亦有仁義而已矣！」梁惠王要求的是「利」，而孟子答的是「仁義」，當然不算投機；所以孟子在梁國住了幾天也就走了。又例如：商鞅復見秦孝公，說之以霸道，「孝公與語，不自知厀之前於席也，語數日不厭。」（史語卷六十六商君列傳）所以後來就任商鞅爲左庶長，卒定變法之令。談的投機而見用的也有，所以就有朝爲平民，暮爲卿相的。談的不投機的也有，所以遊說之士，常常會朝秦而暮楚。朝秦而暮楚的，固不必論，朝爲平民暮爲卿相的，所任的工作，到後來的結果，是否得到君主的滿意，是否眞的對國家有利？還是問題。

因爲君主們所憑的是遊說之士的一段話，並不能看到他眞的能力，一時也來不及觀察或觀察不淸他的行爲，何況遊說之士，爲達到見用的目的，總要學會幾套吹噓的大話，或騙人的假話。他們常常會一時感動了君主，得到了他的信任，可是到後來，便不是那樣一回事。例如魏惠王任用龐涓作大將，當然是聽信了龐涓的言論了。但是信任龐涓的結果，是「東敗於齊，長子死焉，西喪地于秦七百里。」這又是何等的危險！

李斯上諫逐客書之前，秦宗室大臣皆言於秦王曰：「諸侯人來事秦者，大抵爲其主游間於秦耳。」秦宗室大臣的話，是否爲眞？此處無深究的必要，但有一事是極需注意的，那就是：任用不知來歷的人是極具有危險性的。

漢書高祖本紀漢高祖求賢詔內有云：

> 賢士大夫有肯從我遊者，吾能尊顯之，布告天下，使明知朕意。御史大夫昌下相國，相國酇侯下諸侯王，御史中執法下郡守，其有意稱明德者，必身勸爲之駕，遣詣相國府，署行義年，有而弗言，覺免。年老癃病，勿遣。

這道詔令包含一項値得注意的事項，就是命令地方官員負起初步考察的責任。比較任用不知來歷的人可靠的多，這詔令遂開了漢代鄉舉里選的先聲。

漢文帝詔舉賢良方正，親加策問，分別挑選任用，是一種不定期的選舉。武帝時又開始孝廉的選舉，令每郡每年都要舉出一個或兩個孝子和廉吏來，這樣就成了定期的選舉。鄉里把孝廉推與郡太守，郡太守把孝廉用公車送給政府，政府把各郡推舉的孝廉，先讓他們在皇帝宮裏做一個郎官，服務幾年，然後再分發到地方政府充當吏屬。這樣一來，孝廉成爲作官的一條大路。傳到東漢時代，政府的官吏，幾乎全由孝廉出身了。而這種由孝廉出身的人，他們的所以能作官吏，最先的根據，就是地方人士和長官對他們的察舉，所以叫做鄉舉里選。

鄉舉里選的優點，是政府根據地方官吏的推舉，比較選用朝秦暮楚的遊說之士，爲可靠一些。而且能孝的人多半能忠，能廉的人多知愛民，從孝廉着眼而被推舉出來的，比較容易品德好，能稱職的。但是時間久了，漸漸也會發生毛病出來。因爲選舉孝廉的標準，注意實行，不由孝廉出身的人，不容易作官爲吏，一般士人爲求當選，便爭砥礪實行。注重實行太甚，往往顧不到學問怎樣，所以當選的孝廉，有的學問空虛，有的缺乏政治上的經驗，雖由孝廉得爲官吏，但爲官之後，便發生不能致用不能勝任的情形。

東漢順帝時候，尙書令左雄洞悉此弊，乃規定：郡國舉孝廉，年齡限四十以上，諸生通章句，文吏能牒奏，纔得應選，其有異才異行，若顏淵、子奇、不拘年齡。當時諸郡守十餘人皆坐謬舉免黜。由此也可看出當時選舉不得其人的概況。

作官是很多人願意的，被選舉是作官的門徑，也是很多人願作的。只要有辭可借，總不免有人不遵守規定的。後漢書卷九十一左雄傳有一個故事，頗饒趣味，茲引於下：

久之（指規定限年格以後的一些時），廣陵所舉孝廉徐淑年未四十，臺郎詰之，對曰：「詔書有：『才如顏回、子奇，不拘年齡。』是故本郡以臣充選。」郎不能屈，左雄詰之曰：「昔顏回聞一知十，孝廉聞一知幾耶？」淑無以對，乃罷却之。

假設不是左雄問的徐淑沒話可答，徐淑一定會破格當選孝廉的。由此可見，一些想作孝廉作官的人，是無空不入的。

後漢書明帝本紀載卽位時詔曰：

今選舉不實，邪佞未去，權門請託，殘吏放手。

同書左雄傳論曰：

自是竊名僞服，浸以流競，權門貴仕，請謁繁興。

可知在東漢時候，權門的操縱，私人的請託是很普遍的現象。

後漢書卷七孝桓帝紀載桓帝卽位詔有云：

贓吏子孫，不得察舉，杜絕邪僞請託之原。

又可推知當時贓吏子孫必有得被察舉的，邪僞請託的一定不在少數。被察舉當選的，未必眞是孝廉，未必眞能處事臨民；被遺棄的，也必有可用之才。換句話說，就是：用者非才，才者不用。鄉舉里選出了這樣的毛病，往前便走不通了。

東漢末，曹操當國，他於獻帝建安十五年（二一〇）下令有曰：

今天下未定，此特求賢之急時也……若必廉士而後可用，則齊桓其何以霸世，今天下得無被褐懷玉而釣於渭濱者乎？又得無盜嫂受金而未遇無知者乎？二三子其佐我明揚仄陋，唯才是舉，

吾得而用之（三國志魏志一武帝紀）

據此可知那時鄉舉里選的人才，眞正不敷應用了。曹操改爲「唯才是舉」。表示察舉孝廉的選舉人才的制度，到了不能存在的程度了。

迨至東漢末年，天下大亂，到曹丕篡漢時，中國已成三國鼎立之勢，士人播遷流亡，一切制度全都紊亂，鄉舉里選的制度也無從推行，朝廷用人沒有了標準，尤其是武人在行伍中濫用人員，不按制度，曹丕乃根據曹操舊來已具規模的辦法，採用九品中正之制。（實在曹操時已採行）

九品中正制，亦名九品官人之法。杜佑曰：

州郡縣俱置大小中正各以本處人任諸府公卿及臺省郎吏有德充才盛者爲之，區別所管人物，定爲九等，其有言行修著則升進之，或以五升四，以六升五；儻或道義虧闕則降下之，或自五退六自六退七矣。是以吏部不能審定覈天下人才士庶，故委中正銓第等級，憑之授受，謂免乖戾。（通典選舉典）

漢代郡縣官吏察舉，或者責任不專。州郡縣俱設大小中正以理選事，是責任已較專了。各以本處人任諸府公卿臺省郎吏有德充才盛者爲之，是人選極爲愼重了。當時他們不只使中正官的責任專，而且更歸重於鄉評（例如陳壽遭父喪有疾，令婢丸藥，客見之，鄉黨以爲貶議，由是沈滯累年，張華申理之，始舉孝廉）。並有已服官而仍以淸議黜者（例如溫嶠已爲丹陽尹，平蘇峻有大功，司徒長史以嶠母亡，遭亂不葬，乃下其品）。更有三年更定之例，並非一經品定卽終身不改易者。其法未嘗不密，未嘗不審。

九品中正制雖然審密，然經過魏晉南北朝三百餘年的實行，仍然還是發生極大的流弊。因爲負責向政府具報的是中正官，他把人才分爲九品時，難免隨自己的愛憎，任意高下，慢說情僞難明，人物難知，縱然中正官無意作弊，而任何人都難逃出感情的支配，何況在制度上既無專官考核中正官品評的公與不公，中正官並不怕私人的告訐；所以他們可以無所顧忌的完全憑著私人的愛憎處理。遇有私人的請託，或者權勢的要脅，甚至於貸賄的引誘，處處都可以使得中正官有所偏袒，不能秉公；對於他要列爲上品的，可以僞造虛譽作爲根據；對於他要列入下品的人，可以吹毛求疵的說出缺點。何況在魏晉南北朝一段時間裏，世家大族的勢力非常雄厚，中正官們那有不遷就他們的意見的呢？所以他們所評爲上品的多是有財有勢的貴族子弟，評爲下品的全是毫無閥閱的寒門，劉毅所說：「上品無寒門，下品無世族。」段灼所說：「據上品者，非公侯之子孫，則當塗之昆弟也。……則篳門蓬戶之俊，安得不陸沉哉！」都是當時實情的寫照。

公侯子孫當塗昆弟，未必都是有才有能之士，篳門蓬戶的寒族，當然不至全無俊秀之才，但是寒門從無列爲上品的機會，列爲上品有資格作官的全爲世族所把持；國家得不到充分的人才，人才多被埋沒，可想而知。於是又到了用者非才，才者不用的情形了。選舉之弊，至此而極。然而魏晉南北朝三百餘年，當政執權的，卽中正高品之人，各自顧其門戶，固不肯變法，且習俗已久，帝王及士庶多視爲固然。所以延用多年不改。

楊隋統一南北，文帝罷廢九品中正制，煬帝始建進士科，當時只是試策罷了。但煬帝因種種原因，其國速亡，而科舉制度未臻完備。

李唐繼隋而有天下，唐高祖的父子和君臣們，檢討過去選舉制度的演變與所發生的流弊，是採用漢代的鄉舉里選，或魏晉南北朝九品中正制，已經證明其極多流弊的制度呢？或是採用隋代的科舉制度，尚未證明其流弊的制度呢？當然是採取後者，而不開倒車的採取前者。這是唐代採用科舉制度的歷史背景。

二　科舉的行政與考試內容

新唐書卷四十四選舉志說：

唐制取士之科，多因隋舊，然其大要有三：由學館者曰生徒；由州縣者曰鄉貢；皆升于有司而進退之。其科之目：有秀才、有明經、有俊士、有進士、有明法、有明字、有明算、有一史、有三史、有開元禮、有道舉、有童子；而明經之別：有五經、有三經、有二經、有學究一經；有三禮、有三傳、有史科，此歲舉之常選也。其天子自詔曰制舉，所以待非常之才焉。

雖然說：「其大要有三」，其實，天子自詔的制舉，是特別舉；生徒，鄉貢都是普通舉。只是由學館、由州縣來源不同罷了。學館都設在京師，州縣屬於地方；換句話說，應考的人，有來自京師，有來自地方稍微不同而已。

通典卷十五選舉三說：

自京師郡縣，皆有學焉。每歲仲冬，郡縣館監課試其成者……而與計偕。其不在館學而舉者，謂之鄉貢，舊令諸郡，雖一二三人之限（上郡歲三人，中郡二人，下郡一人。）而實無常數，到尚書省，始由戶部集閱。而關於考功課試，可者爲第。

唐摭言卷一說：

始自武德辛巳歲（卽四年）四月一日，敕諸州學士及早有明經及秀才、俊士、明於禮體爲鄉里所稱者，委本縣考試，州長重覆，取其合格，每年十月隨物入貢。

合以上記載歸納起來是：州縣先將應試人員考試合格，然後再貢舉到中央政府應試。

考試的科目和考試內容，據新唐書卷四十四選舉志說：

凡秀才，試方略策五道，以文理粗通爲上上、上中、上下、中上凡四等爲及第。

凡明經，先帖文然後口試。經問大義十條，答時務策三道，亦爲四等。

凡開元禮，通大義百條，策三道者，超資與官。義通七十策通二者及第。……

凡三傳科，左氏傳通大義五十條，公羊、穀梁傳三十條，策皆三道。義通七以上，答通二以上爲第。……

凡史科，每史問大義百條，策三道。義通七、策通二以上爲第。……

凡童子科，十歲以下能通一經及孝經論語卷誦文十通者，與官；通七與出身。

凡進士試時務策五道，帖一大經，經策全通爲甲第，策通四帖過四以上爲乙第。

凡明法，試律七條令三條，全通爲甲第，通八爲乙第。

凡書學，先口試，通乃墨試，說文字林二十條，通十八爲第。

凡算學，錄大義本條爲問答，明數造術，詳明術理，然後爲通。……

同書同卷又說：

又有武舉，蓋其起於武后之時。長安二年，始置武舉，其制有長垛馬射、步射、平射、筒射，又有馬槍、翹關、負重、身材之選，翹關長丈七尺，徑三寸半，凡十舉後，手持關距出處無過一尺，負重者負米五斛行二十步，皆爲中第，亦以鄉飲酒送兵部，其選用之法不足道。

著史者認武舉選用之法不足道，留下的資料較少；明法、明字、明算以下等科，及第的人才，多任命到各有關的技術方面，不是選人的主幹。本文暫不多論。

舊唐書卷七十杜正倫傳說：

杜正倫相州洹水人也，隋仁壽中與兄正玄、正藏俱以秀才擢第，隋代舉秀才止十餘人，正倫一家有三秀才，甚爲當時稱美。

大唐六典卷四云：

一曰秀才：試方略策五條，此科取人稍峻，貞觀已後遂絕。

新唐書卷四十四選舉志說：

高宗永徽二年（六五一），始停秀才科。

由以上所記，可知由唐初到永徽二年，只有三十二年，舉辦秀才科。在全唐的二百九十年內，佔一短短的時期。尤其秀才科取人稍峻，所以唐初取的秀才人數必定不多。發生的影響，亦必不大。

通典卷十五選舉三，歷代制下云：

初秀才科等最高，試方略策五條，有上上、上中、上下、中上凡四等，貞觀中有舉而不第者，坐其州長，由是廢絕，自是士族所趨嚮唯明經進士二科而已。

據此可知在秀才科廢絕後，明經進士二科爲士族所趨嚮。

通考卷二十九選舉二曰：

唐衆科之目，進士爲尤貴，而得人亦最爲盛。歲貢常不減八九百人，縉紳雖位極人臣，而不由進士者，終不爲美。其推重謂之白衣公卿，又曰一品白衫。其難謂之三十老明經，五十少進士。

李肇國史補卷下第四十條敍進士科舉云：

進士爲時尚久矣。是故俊乂實集其中，由此出者，終身爲聞人。

王定保唐摭言卷一述進士上篇云：

永徽已前，俊、秀二科，猶與進士並列，咸亨之後，凡由文學一舉於有司者，競集於進士矣。繇是趙傪等嘗刪去俊、秀，故目之曰：「進士登科記。」……而進士。隋大業中所置也。……然彰於武德而甲於貞觀。蓋文皇帝修文偃武，天贊神授，嘗私幸端門，凡新進士綴行而出，喜曰：「天下英雄，入吾彀中矣！」若乃光宅四夷，垂祚三百，何莫由斯之道者也。

據此又可知在高宗咸亨以後，進士一科又遠比明經科爲受人們的重視。所以本文研究的對象，注重明經進士兩科，特別偏重於進士科。

通典卷十五選舉三注云：

武德舊制，考功郎中監試貢舉，貞觀以後，則考功員外郎專掌之。

同書同卷又云：

開元二十四年，制移貢舉於禮部，以侍郎掌之。

注云：

因考功員外郎李昂，詆訶進士李權文章，大爲權所陵詬。朝議以郎官地輕，故移於禮部，遂爲永制。

據以上知唐代主持科舉的官，在武德時候爲考功郎中，貞觀以後，爲考功員外郎，開元二十四年，開始爲禮部侍郎，以後因而不改。

舊唐書卷四十三載：

吏部考功員中一員（從五品上）考功員外郎一員（從五品上）………禮部尚書一員，侍郎一員（正四品）。

可知玄宗開元二十四年，由從五品上的考功員外郎，改爲正四品的禮部侍郎主持考試。自此以後，不只沒有再發生類似李權陵詬李昂的事件；嗣後歷宋、元、明清諸朝亦沿而不改。事實證明由禮部侍郎主持考試的制度是合適的。

新唐書卷四十五選舉志云：

太宗時，以歲旱穀貴，東人選者集於洛州，謂之東選。

唐摭言卷一兩都貢舉條云：

（代宗）永泰元年（七六五），始置兩都貢舉，禮部侍郎官號皆以「知兩都」爲名，每歲兩地別放及第。自大歷十一年（七七六），停東都貢舉，是後不置。
以上所說的東選，是因爲唐代地方遼闊，因爲事實上的方便，而實行的補救辦法。固然東選實行的時間不久，（只十一年）而政府對事情盡量求其適合方便的用心，可以表現。
文獻通考卷二十九選舉考二舉士說：
武后載初元年（六九〇）二月，策問貢人於洛成殿，數日方了。殿前試人自此始。
大唐新語卷之八文章第十七：
則天革命，大搜遺逸，四方之士應制者向萬人。則天御雒陽城南門，親自臨試，張說對策第一……拜太子校書，仍令寫策本於尙書省，頒示朝集及蕃客等，以光大國得賢之美。
武后親自臨試以及她頒示朝集及蕃客等舉動，都可以表示出武后對選人重視的程度。
舊唐書玄宗本紀載：
（開元）九年四月甲戌，上親策試應制舉人於含元殿，謂曰：古有三道，今減二策，近無科甲，朕將存其上第，務收賢俊，用寧軍國。仍令有司設食。
册府元龜卷六四三貢舉部云：
（開元）十四年七月，癸巳，帝御雒城南門樓，親試岳牧舉人。
（開元）十五年九月庚辰，帝御雒城南門，復親試沉淪草澤，詣闕自舉文武人等。
（開元）二十六年八月甲申，親試文詞雅麗舉人。
舊唐書玄宗本紀載：

（開元）二十九年九月壬申，御興慶門試明四子人姚子產、元載等。

以上都是玄宗親試的記載，可見他對科舉是極爲重視的。

新唐書卷四十四選舉志：

（文宗）太和八年（八三四），禮部復罷進士議論而試詩賦，文宗從內出題以試進士謂侍臣曰：吾患文格浮薄，昨自出題，所試差勝。

文宗親自出題試進士，亦是重視科舉的一例。

通典卷十五選舉三：

先試之期，命舉人謁於先師，有司卜日，宿張於國學，宰輔以下，皆會而觀焉，博集羣議，講論而退之。禮部閱試之日，皆嚴設兵衛，薦棘圍之，搜索衣服，譏訶出入，以防假濫焉。

考試之嚴，於茲可見。

唐會要卷七十四掌選善惡條云：

天寶元年冬選，六十四判入等，時御史中丞張倚男奭判入高等。有下第者嘗爲薊令，以其事白於安祿山，祿山遂奏之。至來年正月二十一日，遂於勤政樓下，上親自重試，惟二十人比類稍優，餘並下第。張奭不措一詞，時人謂之曳白。吏部侍郎宋遙貶武當郡太守，苗晉卿貶安康郡太守，考官禮部郎中裴朏、起居舍人張烜、監察御史宋昱、左拾遺孟國朝並貶官。

一旦發現了科舉有不公之處，皇帝親自重試，分別處罰作弊的嫌疑犯，可知當時對於科舉辦事的認眞了。

同書同卷云：

如意元年（六九二）九月，天官郎中李至遠知侍郎，時有選人姓刁，又有王元忠並被放，乃密與令史相知，減其點畫，刁改爲丁，王元忠改爲士元中，擬授官後卽加文字。至遠一覽便覺曰：今年銓覆數萬人，總識記姓名，安有丁士者，此刁某王某也。遽窮其姦，登時承服，省中以爲神明。

授官是科舉的後段，授官時對於人名字的點畫，處處都要防備弊病的發生。可見在嚴密注意之下，舉人們想著僥倖登第或得官，卻是一件不容易的事。

河東先生集卷二十三，柳宗元說：

若今由州郡抵有司求進士者，歲數百人，咸多爲文辭，道今語古，角夸麗，務富厚，有司一朝而受者幾千萬言，讀不能什一，卽偃仰疲耗，目眩而不欲視，心廢而不欲營，如此而曰吾不遺士者僞也。

這種現象，固然是有，但只是偶然的有，決不會是普遍的，更不會是經常的。因有司「偃仰疲耗目眩而不欲視」，發生有幸有不幸的現象，雖然是有，但究竟佔絕少數。根據試卷，根據社會的品評而定及第與否，大體總是正確的。

進士及第以後，尚須經過吏部考試，合格以後，纔能授官。吏部的考試，據通典卷十五選舉三說：

其擇人有四事，一曰「身」（取其體貌豐偉）；二曰「言」，（取其言辭辯正）；三曰「書」

（取其文理優良）。……始集而「試」，觀其書判。已試而「銓」，察其身言。已銓而「注」，詢其便利，而擬其官。

進士先經禮部考試合格後，再經吏部考試其書判，察其身言然後纔擬其官，其審愼的態度，可以概見。倘若毫無才學，很難衝過那樣多的關卡而得授官的。縱有僥倖者，可以說是絕少絕少的。

至於明經進士兩科考試內容的演變：

新唐書選舉志說：

凡明經先帖文，然後口試。經問大義十條，答時務策三道。……凡進士試時務策五道，帖一大經。

這是唐代國初明經、進士兩科考試的內容。可以簡括的說：明經以帖經爲主，進士以時務策爲主。

通典卷十五選舉三

凡舉試課試之法，帖經者以所習經，掩其兩端，中間開唯一行，裁紙爲帖，凡帖三字，隨時增損，可否不一，或得四得五得六者爲通。

以上是帖經的考試方法。至於試時務策，無特別解釋，可知是作有關時務策略的論文。

從唐開國之初，就是依照以上的考試方法，但是這考試的內容，後來因爲政治上的原因而有所修改。

通鑑卷二百二上元元年（六七四）載：

天后上表以爲國家聖緒出自玄元皇帝，請令王公以下皆習老子，每歲明經，準孝經論語策試。

……詔書褒集，皆行之。

新唐書卷四十四選舉志也說：

上元元年（六七四），加試貢士老子策，明經二條，進士三條。

考上元元年，就是高宗稱天皇、武后稱天后的那一年。八月，高宗武后改稱天皇天后，九月，天后表行便宜十二條。加試貢士老子策，就是表內的十二條之一。八年以前（乾封元年—六六六）高宗曾親至亳州，祭祀老子，尊老子爲太上玄元皇帝。天后的所以上表請加試貢士老子策，就是根據八年以前的事。蓋那時候，天后更得到高宗皇帝的寵愛和信任，天后爲冀求取得政權，自然要迎合高宗心理而行事的。

冊府元龜載：

儀鳳三年（六七八）五月敕：自今已後，道德經爲上經，貢舉人並須兼通，其餘及論語，任依常式。

四年以前，只是加試老子策，四年以後，明令規定道德經（卽老子）並爲上經，貢舉人並須兼通；可見對老子在科舉中的分量，更爲加重了。

天授元年（六九〇）九月，武后改唐爲周，二年四月，宣佈釋教升於道教之上。那時武后一切政治設施，都改李唐之舊，所以於長壽二年（六九三）就：

罷舉人習老子，更習太后所造臣軌（通鑑卷二百五）。

舊唐書中宗本紀神龍元年（七〇五）載：

令貢舉人停習臣軌，依舊習老子。

神龍元年，張柬之等擁中宗復位，國號復改爲唐，廢武周制，恢復唐制，也是自然的趨勢。

新唐書卷四十四選舉志載：

開元七年（七一九），及注老子道德經成，詔天下家藏其書，貢舉人減尚書論語策而加試老子。

這表示玄宗崇道最篤，而加重老子在考試策論裏的成分。影響所及，當然是士人對老子的注意攻讀。對於科舉制度所發生的利弊，倒無若何明顯的影響。

新唐書選舉志說：

永隆二年（卽開耀元年──六八一），考功員外郎劉思立建言：明經多抄義條，進士唯誦舊策，皆亡實才，而有司以人數充第；乃詔自今明經試帖，麤十得六以上，進士試雜文二篇，通文律者，然後試策。

唐會要卷七十五帖經條例條有云：

永隆二年（六八一）八月敕：如聞明經射策，不讀正經，抄撮義條，纔有數卷。進士不尋史籍，惟誦文策，銓綜藝能，遂無優劣。自今已後，明經每經帖十得六已上者，進士試雜文（包括詩賦）兩首，識文律者然後令試策。……卽爲常式。

高宗永隆二年（六八一），上距高祖武德元年（六一八），已經六十餘年了。在這六十多年裏，除上元元年（六七四）加試老子策外，其餘沒有什麼大的變化。經過一個長時間的因陳不變，明經、進士的應試人，爲應付環境，便發生了「明經多抄義條，進士惟誦舊策」的毛病。經劉思立的建言，乃下詔規定明經每經帖十得六已上者，進士試雜文二篇，通文律者，然後試策。這顯明是爲求實才備應用而有這樣的修改。這樣以來，於無意間，却開了以後重詩賦的先聲。

通考卷二十九選舉二載：

開元二十五年（七三七）敕曰：進士以聲韻爲學，多昧古今，明經以帖誦爲功，罕窮旨趣，自今明經問大義十條，時務策三首。進士試大經十帖。

新唐書卷四十四選舉志上：

爲進士者皆誦當代之文而不通經史，明經者，但記帖括。

古今圖書集成選舉典卷七十二科舉部：

進士以聲韻爲學，不本經術，明經以帖誦爲事，不窮義理。

從永隆二年（六八一）到開元二十五年（七三七），中間經過五十六年，明經、進士二科，又發生了毛病。由「進士以聲韻爲學」一語，知那時因考詩賦而使士人務求巧麗，「明經以帖誦爲事不窮義理」，便是死的背誦，食而不化了。

大唐六典卷之四有云：

凡明經，先帖經，然後口試，並答策。取粗有文性（據唐志性當作理）者爲通。（舊制諸明經試，每經十帖，考經二帖，論語八帖，老子兼注五帖，每帖三言，通六已上，然後試策十條，通七爲高第。開元二十五年敕：諸明經先帖經，通五已上，然後口試，每經通問大義十條，通六已上並答時務策三道。）

凡進士先帖經，然後試雜文及策文，取華實兼舉，策須義理慊當者爲通。（舊例帖一小經並注，通六已上，帖老子兼注，通三已上然後試雜文兩道，時務策五條，開元二十五年，依明經帖一大經，通四已上，餘如舊。）

這又是玄宗鑒於明經、進士二科所發生的毛病而針對着那毛病所施的一種改革。其目的在使明經也通文理，進士也要通經。

新唐書卷四十四選舉志上：

先是，進士試詩賦，及時務策五道，……建中二年（七八一）中書舍人趙贊權知貢舉，乃以箴論表贊代詩賦……太和八年（八三四）禮部復罷進士議論而試詩賦。

通鑑卷二百四十四載：

太和七年（八三三）李德裕請依楊綰議，進士試論議，不試詩賦。八月庚寅，停試詩賦。禮部奏先試帖經，略問大義，次試議論一首。大義以通二通四爲格，明年後並依此例。八年十月乙巳，貢院奏進士復試詩賦，從之。

根據以上記載，可知：

㈠建中二年，趙贊權知貢舉，乃以箴論表贊代詩賦，太和七年因李德裕之請而停試詩賦。既兩次停試詩賦，當是發現了考試詩賦的缺點而思有所改革。

㈡李德裕第二次停試詩賦，想必是第一次停後又恢復了。因爲倘若沒有恢復，李德裕便用不着再請停試詩賦了。據太和七年十月，禮部奏稱：「進士舉人，自國初以來，試詩賦帖經時務策五道，中間或暫改更，旋卽仍舊。」等語，知第一次停試詩賦的時間，必不太久。

(三)第一次是太和七年停試詩賦，太和八年又行恢復，時間也是極短。兩次都停很短的時間，必有其理由存在。

其理由如何？據太和八年十月，禮部奏稱：

蓋以成格可守，所取得人故也。（唐會要卷七十六）

這理由是否正確，實難劇作定論。近人錢賓四先生在他著的國史大綱第二十六章裏解釋說：

惟對策多可鈔襲，帖經惟資記誦。別高下定優劣，以詩賦文律爲最宜。

這理由是千眞萬確的。唐的後期雖有人發現考詩賦的缺點並且也曾有兩次停止；但終於不久卽行恢復，以後不再停試，理由卽在於此。

玉海卷百十五載宋朝李淑曰：

唐調露二年（六八〇），劉思立以進士止試策不盡其學，請帖經以觀其學，試雜文以觀其才；自此沿以爲常。永隆二年（六八一），試雜文二篇，通文律始試策。天寶十一年（七五二），試一大經，能通者試文賦，又通而後試策五條，皆通爲中第。建中三年（七八二）趙贊請試以時務策五篇、箴論表贊各一篇以代詩賦。太和三年（八二九）試帖經略問大義，取精通者，次試論議各一篇。八年（八三四）禮部試以帖經口義，次試策五篇，問經義者三，時務者二。厥後變易，遂以詩賦爲第一場，論二、策三、帖經第四場。

這便是唐代進士考試內容演變的鳥瞰。

總之。政府的考試目的在用能以別高下定優劣的方法，考得眞具才學的人才。而應試的人對於考試的內容和方法，隨時迎合應付。待政府發覺考試的內容不足以求得眞有才學的人才時，便革新考試的內容。而應試的人也隨時迎合新內容而作新的應付方法。待發生弊病後，政府又要改革，應試人也隨之再變，大有水漲船高之概。變到後來，試詩賦反居第一重要地位，已失去開國初年原來取人的本意。及至晚唐，雖發現考試詩賦的缺點，而沒有更好的方法可以改變。由此種種的演變，既可知唐代政府求才的用心，並且可見應試的人爲求功名利祿的心切，而其迎合應付的能力也強。

三　科舉制度對國家的貢獻

當東漢末年，貧寒的人士，已很難有被選爲孝廉的機會；到魏晉南北朝推行九品中正制時期，貧寒之士更難有列入上上以至作官的機會。劉毅說：「上品無寒門，下品無世族。」申言之，就是列入上品的都是世族，列入下品的都是寒門。上品的世族仗持着門第可以作官，也不需要努力；下品的寒門，雖然努力也沒有機會作官；努力也沒用處，也不必努力了。所以說九品中正制不只選人不公，遺漏人才，而且減低人們努力進取的精神。

到唐代行科舉制度，無論世族寒門，只要考試的好便可中進士作官了，對國家的影響，因之也發生了變化。

舊唐書卷一百六十四王播傳說：

王播字明剔，擢進士第，登賢良方正制科，授集賢校理，再遷監察御史。

唐摭言卷七記：

王播少孤貧，嘗客揚州惠昭寺木蘭院，隨僧齋飡，諸僧厭怠，播至，已飯矣。

少孤貧的王播，先客居寺院受諸僧的白眼，後來可以擢進士第，作到監察御史。這種貧寒成名的例子。是魏晉南北朝所沒有的。在唐代這樣子的例子還有不少。據唐摭言卷七起自寒苦條記：

武德五年，李義琛與弟義琰，從弟上德同舉進士，義琛等隴西人，世居鄴城，……家素貧乏……隨計至潼關，遇大雪，逆旅不容，有咸陽商見而憐之，延與同寢處，居數日，雪霽而去。

家素貧乏，爲逆旅所不容的李義琛，亦可舉進士，又是寒素登第的顯例。

舊唐書卷一百七十七崔慎由傳：

崔慎由……父從少孤貧，寓居太原，與仲兄能同隱山林，苦心力學，屬歲兵荒，至於絕食，弟兄採梠拾橡實飲水棲衡而講誦不輟，怡然終日不出山巖，如是者十年，貞元初進士登第。

舊唐書卷一百六十六元稹傳：

因表謝上自敍曰：「……臣八歲喪父，家貧無業，母兄乞丐，以供資養，衣不布體，食不充腸，幼學之年，不蒙師訓，因感鄰里兒稚有父兄爲開學校，涕咽發憤，願知詩書，慈母哀臣，親爲教授，年十有五，得明經出身，由是苦心爲文，夙夜強學，年二十四登吏部乙科，授校書郎。

舊唐書卷一百九十下王仲舒傳說：

> 王仲舒字弘中太原人，少孤貧……貞元十年，策試賢良方正能直言極諫等科，仲舒登乙第，超拜右拾遺。

唐語林卷七也說：

> 李尚書景讓少孤，母夫人性嚴明，居東都，諸子尚幼，家貧無資，訓勵諸子，言動以禮。……其子景溫、景莊，皆進士擢第，並有重名，位至方鎮。

唐摭言卷七又記：

> 徐商相公常於中條山萬固寺泉入院讀書。家廟碑云：「隨僧洗鉢。」
>
> 韋令公昭度少貧窶，常依左街僧錄淨光大師，隨僧齋粥。淨光有人倫之鑒，常器重之。

以上都是貧寒成名的顯例。大凡成名榮顯的人，在身居高位後，對以前寒素時的苦況，多喜隱諱不書。此外還有貧寒得中進士的，想必不在少數。

唐摭言卷七好放孤寒條云：

> 元和十一年，歲在丙申，李涼公下三十三人皆取寒素，時有詩曰：「元和天子丙申年，三十三人同得仙，袍似爛銀文似錦，相將白日上青天。」

唐登科記考：

> 元和十一年，進士三十三人。

可知元和十一年的取士，內有三十三名寒素都得中了進士的。所謂「袍似爛銀文似錦，相將白日上青天。」言其有才學的寒素，不至埋沒，而得有出頭之日了。

取才僅限於世族，轉變到寒素亦可登第而爲國用，是國家選才的範圍擴大，而野有遺賢的弊病降低，也就是國家選賢的效率增高了。

唐摭言卷一散序進士條說：

進士科始於隋大業中，盛於貞觀、永徽之際，縉紳雖位極人臣，不由進士者，終不爲集。……其推重謂之「白衣公卿」，又曰「一品白衫」，其艱難謂之「三十老明經，五十少進士」，其負倜儻之才，變通之術，蘇張之辨，荊聶之膽氣，仲由之武勇，子房之籌畫，宏羊之書計，方朔之恢諧，咸以是而晦之。修身愼行，雖處子之不若；其有老死於文場者，亦所無恨。故有詩云：「太宗皇帝眞長策，賺得英雄盡白頭。」

所謂「賺得英雄盡白頭」，就是一些人都消費精力於舉業之上了。科舉制度能使人們盡力以赴，其能使人努力，引人向上的力量之大，是難以沽量的，較之行九品中正制時人們聽天由命的態度，對國家是有無限的裨益的。

通典卷十五選舉三歷代制下載沈旣濟之言曰：

太后（指武則天）頗涉文史，好雕蟲之藝，永隆中，始以文章選士，及永淳之後，太后君臨天下二十餘年。當時公卿百辟無不以文章達，因循日久，寖以成風……父教其子，兄教其弟，無所易業，……五尺童子恥不言文章焉。

武太后以文章選士，影響所及以至於五尺童子以不言文章爲恥。科舉制度影響到全國的士人努力舉業，盡力向上，更是不言而喻的事。

白居易與元稹論文書，敍述他求學情形說：

及五六歲，便學爲詩；九歲，暗識聲韻；十五六，始知有進士，苦節讀書；二十已來，晝課賦、夜課書、間又課詩，不遑寢息矣；以至于口舌成瘡，手肘成胝，旣壯而膚革不豐盈，未老而齒髮早衰白，瞥然如飛蠅垂珠在眸子中者，動以萬數；蓋以苦學力文之所致。（舊唐書卷一百六十六白居易傳）。

好逸惡勞，本爲人之常情，白居易那樣的苦節讀書，晝課賦、夜課書、間又課詩，不遑寢息；無論如何，不能說與舉業無關。科舉制度能使人忍苦力學，其力量是何等的鉅大。

通考卷三十四選舉七武舉條下按語曰：

按選舉志言唐武舉起武后之時，其選用之法不足道，故不詳書。然郭子儀大勳盛德，身係安危，自武舉異等中出，是其可概言不足道耶？唐登科記所載異科出身者衆，獨軼武舉，亦一欠事。

由此可知武后所創辦的武舉對唐代的貢獻之大。

玉海卷百十五云：

明經爲名相者，裴行儉、裴炎、狄仁傑、敬暉、崔玄暐、杜景佺、賈耽、盧邁、杜暹、董晉、徐有功、盧仁愿、裴催、謂冑、陳子昂、王義方、玄感、賈至、李傑、許孟容、裴子餘、尹思貞、褚無量、王彥威、丁公著、韋綬叔、夏歸、崇敬、穆寧、崔良佐，皆爲名臣。

這又說明了明經對國家的貢獻。

唐代一般士人所趨向的，國家社會所重視的，不是武舉也不是明經，而是進士。國家所任命重要的人才是宰相。如果將唐代宰相，考核一下，進士出身的若干？明經出身的若干？其他科出身的若干？便可以略略看出科舉對於國家的貢獻。如果將唐代各帝時代的宰相，和各宰相出身於科舉的人數，作一全盤的研究，再比較唐初各帝與晚唐各帝時代宰相出身於科舉人數，看其數目是逐漸增加或減少？如增加，其增加的程度和比例如何？便可判斷科舉制度對國貢獻的大小來。

下面就是唐代各帝時代宰相與科舉的關係：

唐會要卷一：

（太宗）宰相二十九人：裴寂、蕭瑀、陳叔達、李靖、封德彝、宇文士及、長孫無忌、杜如晦、房元齡、高士廉、溫彥博、岑文本、魏徵、侯君集、楊師道、戴胄、劉洎、李勣、張亮、馬周、褚遂良、崔仁師、楊弘禮、王珪、杜淹、楊恭仁、許敬宗、高季輔、張行成。

遍閱以上二十九人的列傳，只找到：

舊唐書卷六十六房玄齡傳：年十八本州舉進士。

同書卷七十四崔仁師傳：武德初應制舉，擢管州錄事。

同書卷八十二許敬宗傳：舉秀才。

同書卷七十八張行成傳：大業末，察孝廉。

據以上記載，房玄齡是隋朝時候舉進士，張行成也是隋朝的孝廉。與唐代科舉無關。由唐代科舉出身的，僅崔仁師、許敬宗二人。但一個是應制舉，一個是舉秀才。可以說：太宗的二十九位宰相中，由唐代的明經進士出身的，沒有一人。

唐會要卷一載高宗宰相四十七人：

長孫無忌、褚遂良、于志寧、張行成、高季輔、李世勣、柳奭、宇文節、韓瑗、來濟、崔敦禮、李義府、許敬宗、杜正倫、辛茂將、任雅相、盧承慶、許圉師、上官儀、劉祥道、竇德元、樂彥瑋、孫處約、姜恪、陸敦信、戴至德、劉仁軌、楊武、李安期、張文瓘、趙仁本、閻立本、李敬元、郝處俊、來恆、薛元超、李義琰、高智周、張大安、裴炎、王德眞、崔知溫、郭待舉、岑長倩、郭正一、魏元同、劉齊賢。

以上四十七位宰相中，張行成、許敬宗已見於太宗時代。

由科舉出身的計有：

舊唐書卷八十來濟傳：舉進士。

同書卷八十二李義府傳：對策擢第。

同書卷七十杜正倫傳：隋仁壽中，以秀才擢第。

卷五十九許圉師傳：舉進士。

卷八十上官儀傳：貞觀初，舉進士。

卷八十五張文瓘傳：貞觀初舉明經。

卷八十四郝處俊傳：貞觀中，本州進士舉，吏部尚書高士廉奇之，解褐、授著作佐郎。

卷八十一李義琰傳：少舉進士。

卷一百八十五上高智周傳：少好學舉進士。

卷八十七裴炎傳：擢明經。

第卷一百九十郭正一傳：貞觀中舉進士。

卷八十七魏元同傳：舉進士。

據以上記載知高宗的四十七位宰相中，由明經出身的二人，進士出身的八人。對策擢第一人。比較太宗時代，由科舉出身的宰相，顯然已增加了。

唐會要卷三天后武氏宰相七十八人：

劉仁軌、薛元超、郭正一、姚元崇、裴炎、袁恕己、敬暉、岑長倩、郭待舉、魏元同、劉齊賢、韋宏敏、桓彥範、王德眞、劉禕之、武承嗣、騫味道、崔詧、李景諶、韋方質、沈君諒、裴居道、韋思謙、蘇良嗣、韋待價、張光輔、王本立、苑履冰、邢文偉、武攸寧、傅遊藝、史務滋、宗秦客、格輔元、樂思晦、任知古、歐陽通、裴行本、狄仁傑、楊執柔、李遊道、袁智宏、崔神基、崔元綜、李昭德、姚璹、李元素、王濬、婁師德、 巨源、陸元方、豆盧欽望、蘇味道、王孝傑、武什方、楊再思、杜景佺、周允元、孫元亨、李道廣、王方慶、王及善、宗楚客、武三思、吉頊、李嶠、張錫、韋安石、李懷遠、顧綜、李迥秀、朱敬則、唐休景、韋嗣立、崔元暐、張柬之、房融、韋承慶。

舊唐書卷一百九十郭正一傳：貞觀中舉進士。

同書卷九十六姚元崇：應下筆成章舉。

卷八十七裴炎傳：擢明經第。
卷九十敬暉傳：弱冠舉明經。
卷八十七魏元同傳：舉進士。
卷八十八韋思謙傳：舉進士。
卷八十九狄仁傑傳：以明經舉。
卷八十七李昭德傳：少舉明經。
卷八十九姚璹傳：明經擢第。
卷九十三婁師德傳：弱冠進士擢第。
卷八十八陸元方傳：舉明經。
卷九十楊再思傳：少舉明經。
新唐書卷一百一十六杜景佺傳：舉明經中第。
舊唐書卷九十周允元傳：弱冠舉進士。
同書卷九十四李嶠傳：弱冠舉進士。
卷九十二韋安石傳：應明經舉。
卷九十李懷遠傳：應四科舉擢第。
卷九十三唐休景傳：少以明經擢第，永徽中解褐。
卷八十八韋嗣立傳：少舉進士

卷九十一崔元暐傳：舉明經。

同卷張柬之傳：進士擢第。

卷八十八韋承慶傳：弱冠舉進士。

根據以上武后的宰相名單，七十八人中有傳者五十八人（有二十人新舊唐書均無傳）明經出身者十一人，進士出身者九人，下筆成章一人，四科一人，共二十二人。比較高宗時代，宰相出身於科舉的比例數又增加了。

唐會要卷一玄宗宰相三十四人：

劉幽求、韋安石、魏知古、崔湜、陸象先、竇懷貞、岑羲、蕭至忠、郭元振、張說、姚元之、盧懷愼、源乾曜、宋璟、蘇頲、張嘉貞、王晙、李元紘、杜暹、蕭嵩、宇文融、裴元庭、韓休、裴耀卿、張九齡、李林甫、牛仙客、李適之、陳希烈、楊國忠、韋見素、崔圓、房琯、崔渙。

舊唐書卷九十七劉幽求傳：聖曆年，應制舉。

同書卷九十二韋安石傳：應明經舉。

卷九十八魏知古傳：弱冠舉進士。

卷七十四崔湜傳：舉進士。

卷八十八陸象先傳：應制舉。

卷九十七郭元振傳：舉進士。

同卷張說傳：弱冠應詔舉對策乙第。
卷九十六姚元之傳：應下筆成章舉。
卷九十八盧懷愼傳：舉進士。
同卷源乾曜傳：舉進士。
卷九十六宋璟傳：弱冠舉進士。
卷八十八蘇頲傳：弱冠舉進士。
卷九十九張嘉貞傳：弱冠應五經舉。
卷九十三王晙傳：弱冠明經擢第。
卷九十八杜暹傳：舉明經。
同卷韓休傳：初應制舉。
同卷裴耀卿傳：童子舉。
卷九十九張九齡傳：登進士第應舉登乙第。
卷一百零八韋見素傳：學科登第。
同卷崔圓傳：開元中詔搜遺逸，圓以鈐謀射策甲科。
總計玄宗時代，宰相由科舉出身的：明經三人，進士八人，制舉七人，其他二人，共計二十人。在三十四人中佔二十人，已超過半數。進士雖較武后時尚少一人，但在總人數中的比例，則已大增加了。
唐會要卷一德宗宰相三十五人：

崔佑甫、常袞、李勉、楊炎、盧杞、馬燧、關播、蕭復、喬琳、劉從一、姜公輔、盧瀚、李晟、張延賞、韓滉、崔造、柳渾、李泌、董晉、趙憬、陸贄、賈耽、盧邁、崔損、趙宗儒、鄭餘慶、杜佑、齊抗、高郢、鄭珣瑜、張鎰、劉滋、齊映、渾瑊、竇參。

舊唐書卷一百一十九崔佑甫傳：舉進士。

同書同卷常袞傳：天寶末，舉進士。

同書卷一百十八楊炎傳：釋褐。

卷一百三十關播傳：天寶末，舉進士。

卷一百二十七喬琳傳：天寶初舉進士。

卷一百二十五劉從一傳：少舉進士。

卷一百三十八姜公輔傳：登進士第。

卷一百二十五柳渾傳：天寶初舉進士。

卷一百四十五董晉　：明經及第。

卷一百三十九陸贄傳：年十八登進士第。

卷一百三十八賈耽傳：以兩經登第（新傳：天寶中舉明經）。

卷一百三十六盧邁傳：兩經登第。

同卷崔損傳：大曆末進士擢第登博學宏詞科。

卷一百五十八鄭餘慶傳：大曆中舉進士。

卷一百四十七高郢傳：後舉進士擢第，應制舉登茂才異行科。
新唐書卷一百六十五鄭珣瑜傳：大曆中以諷諫主文科高第。
舊唐書卷一百三十六齊映傳：登進士第應博學宏辭。
根據以上，總計明經三人，進士十二人。其他四人，共十九人。

唐會要卷一憲宗宰相二十九人：

賈耽、韋執誼、杜佑、杜黃裳、袁滋、鄭餘慶、于頔、鄭絪、武元衡、李吉甫、韓弘、裴洎、李藩、權德輿、李絳、張宏靖、韋貫之、裴度、李逢吉、王涯、崔羣、李鄘、李夷簡、皇甫鎛、程异、令狐楚、蕭俛、段文昌、崔植。

新唐書賈耽傳：天寶中舉明經。
舊唐書卷一百三十五韋執誼傳：進士擢第，應制策高等。
同書卷一百四十七杜黃裳傳：登進士第宏辭科。
卷一百五十八鄭餘慶傳：大曆中舉進士。
卷一百五十九鄭絪傳：擢進士第登宏辭。
卷一百五十八武元衡傳：進士登第。
卷一百四十八裴洎　：弱冠舉進士。
卷一百六十四李絳傳：舉進士登宏辭科。
卷一百五十八韋貫之傳：少舉進士，貞元初登賢良科。

卷一百七十裴度傳：貞元五年進士擢第。

卷一百六十七李逢吉傳：登進士第。

卷一百六十九王涯傳：貞元八年進士擢第登宏辭科。

卷一百五十九崔羣傳：十九登進士第，又制策登科。

卷一百五十七李鄘傳：大曆中舉進士，又以書判高等授祕書正字。

卷一百三十五皇甫鎛傳：貞元初登進士第，登賢良文學制科。

卷一百七十二令狐楚傳：弱冠應進士，貞元七年登第。

同卷程异傳：明經及第。

同卷蕭俛傳：貞元七年進士擢第，元和初復登賢良方正制科。

總計憲宗二十九位宰相中，有明經二，進士十六人。除看出科舉出身的人數加多，又可顯出進士比較明經的人數上升。

唐會要卷二文宗宰相二十四人（從略）。

舊唐書卷一百六十三杜元穎傳：貞元末進士登第。

同書卷一百六十四王播傳：擢進士第。

卷一百六十七王逢吉傳：登進士第。

卷一百七十二牛僧孺傳：擢進士第，登賢良方正制舉科。

卷一百六十七竇易直傳：舉明經。

卷一百七十裴度傳：貞元五年進士擢第。
卷一百五十九韋處厚傳：元和初登進士第，應賢良方正擢居異等。
卷一百七十六楊嗣復傳：年二十，進士擢第，二十一登博學宏詞科。
卷一百七十三李玨傳：進士擢第，又書判拔萃科。
卷一百七十六李宗閔傳：貞元二十一年，進士擢第，元和四年，復登制舉賢良方正科。
卷一百六十七宋申錫傳：登進士第。
卷一百七十三李固言傳：元和七年，登進士甲科。
卷一百六十九王涯傳：貞元八年，進士擢第。
同卷賈餗傳：進士擢第。
同卷舒元輿傳：元和八年，登進士第。
卷一百七十二李石傳：元和十三年，進士擢第。
卷一百七十三陳夷行傳：元和七年，登進士第。
卷一百七十七崔洪傳：貞元初，進士登第。
卷一百五十五崔鄲傳：登進士第。
卷一百六十九李訓傳：進士擢第。

根據以上，計明經一人，進士十九人。不只進士遠比明經爲多，而且明經、進士共二十人，在二十四位宰相中，由科舉出身的佔二十人，比例數確實不少。其非科舉出身的，僅路隨，段文昌、李德裕、鄭覃四人而已。

唐會要卷二宣宗宰相二十三人（見後）

舊唐書卷一百七十六李讓夷傳：元和十四年，擢進士第。

同書同卷鄭肅傳：元和三年，擢進士第。

卷一百七十三李回傳：長慶初，進士擢第，又登賢良方正制科。

卷一百六十六白敏中傳：長慶初，登進士第。

新唐書卷一百八十二韋琮傳：琮進士及第。

舊唐書卷一百七十六盧商傳：元和四年，擢進士第，又書判拔萃登科。

同書同卷馬植傳：元和十四年，進士擢第，又登制策科。

同卷周墀傳：長慶二年，擢進士第。

同卷崔龜從傳：元和十二年，擢進士第，又登賢良方正制科及書判拔萃二科。

卷一百七十三李紳傳：元和初，登進士第。

卷一百七十二令狐綯傳：太和四年，登進士第。

卷一百七十七裴休傳：父肅生三子，儔、休、俅皆登進士第。

卷一百七十六魏謩傳：太和七年，登進士第。

卷一百七十七崔慎由傳：太和初，擢進士第，又登賢良方正制科。

卷一百七十三鄭朗傳：長慶元年，登進士甲科。

新唐書卷一百八十二蕭鄴傳：及進士第。

舊唐書卷一百七十七劉瑑傳：開成初，進士擢第。

同書同卷夏侯孜傳：寶曆二年，登進士第。

新唐書卷一百三十二蔣伸傳：第進士。

根據以上：知宣宗二十三位宰相中，進士已佔十九人之多。明經却無一人。其不由科舉出身的，僅只崔元式、李德裕、任銘、魏扶四人。又考任銘、魏扶二人，兩唐書均無傳，是否進士，尚爲未知數。倘若亦係進士，則進士佔的比例數更大了。

唐會要卷二僖宗宰相二十三人。

舊唐書卷一百七十二蕭倣傳：太和元年，登進士第。

同書卷一百七十八崔彥昭傳：大中三年，進士擢第。

同卷鄭畋傳：年十八，登進士第。

同卷盧攜傳：大中九年，進士擢第。

新唐書卷一百八十五王鐸傳：會昌初，擢進士第。

舊唐書卷一百七十八李蔚傳：開成末進士。

同書卷一百五十八鄭從讜傳：會昌二年，登進士第。

卷一百六十三崔沆傳，登進士第。

卷一百七十七豆盧瑑傳：大中十三年，亦登進士科。

新唐書卷一百八十五王徽傳：大中十一年，進士擢第。
舊唐書卷一百七十九蕭遘傳：以咸通五年，登進士第。
卷一百七十九韋昭度傳：咸通八年，進士擢第。
卷一百七十七杜讓能傳：咸通十四年，登進士第。
卷一百七十九孔緯傳：大中十三年，進士擢第。
卷一百七十七韋保衡傳：咸通五年，登進士第。
卷一百七十八趙隱傳：大中三年，應進士登第。
新唐書卷一百八十二裴坦傳：及進士第。
舊唐書卷一百七十七劉瞻傳：太和初，進士擢第。
卷一百七十九劉崇望傳：咸通十五年，登進士科。
總計僖宗二十三位宰相中，進士佔十九人。無明經。

由以上的統計數字，可知國初宰相由進士出身的寥寥無幾；其後逐漸上升，直至唐末，宰相出身於進士的佔百分之九十強。進士對唐貢獻之大於此可見。

唐國史補卷下第四十條敍進士科舉有云：

進士爲時所尚久矣。是故俊乂實集其中，由此出者，終身爲聞人。……互相推敬，謂之先輩，俱捷謂之同年，有司謂之座主，……將試各相保任，謂之「合保」，羣居而賦，謂之「私試」，……激揚聲價，謂之「還往」。既捷，列書其姓名於慈恩寺塔，謂之「題名會」，大醼於曲江亭子，謂之「曲江會」。

由以上記載，可知每一個進士，都有他的交際和人事關係。

唐語林卷八有云：

春官氏每歲選升進士三十人，以備將相之任，是日自狀元以下，同詣座主宅，座主立於庭，一一而進曰：「某外氏某家。」或曰「甥」，或曰「弟」，又曰：「某大外氏某家。」又曰：「外大外氏某家。」或曰：「重表弟」，或曰：「表甥孫」。又有同宗座主宜爲侄，而反爲叔。言敍既畢，拜禮得申。

這就是一種聯絡感情的方法。這種方法的效果如何，固難一概而論，不過每一個進士將來再做了官，就是政府裏的一員。做宰相固可左右君主，旋轉乾坤；卽令官小，也不失爲政府的一分子；他對於政府的關切和愛護，當較不中進士的一般平民爲強，是沒有問題的。

章孝標及第後寄廣陵故人（一作寄淮南李相公紳）詩曰：

及第全勝十政官，金湯鍍了出長安，馬頭漸入揚州郭，爲報時人洗眼看。（全唐詩第八函第四冊）

唐摭言卷七起自寒苦條有云：

王播少孤貧，嘗客揚州惠昭寺木蘭院，隨僧齋飡，諸僧厭怠，播至，已飯矣。後二紀，播自重位出鎭是邦，因訪舊遊，向之題已皆碧紗幕其上。

由以上記載，可知中了進士，時人便洗眼看。王播中進士（王播作官時已中進士）向來厭惡他的諸僧就把他的題字幕上碧紗。他們遵重進士之情可見。尚不只此，進士所好者，鄉人必隨而好之，進士所惡者，鄉人必隨而惡之。

進士們因爲有作官的資格，和政府有休戚相關的關係，所以愛護政府；每一個進士的鄉人因景仰追隨進士關係，也跟著愛護政府。好像似現代民主國家的人民，因爲政府裏有他們的同鄉作議員，而對政府特別關切愛護是一樣的。

唐摭言卷十五閩中進士條云：

歐陽詹卒，韓文公爲哀辭序云：「德宗初卽位，宰相常袞，爲福建觀察使，治其地，袞以辭進，鄉縣小民，有能讀書作文辭者，親與之爲主客之禮，觀遊宴饗，必召與之，時未幾，皆化翕然。於時詹獨秀出，袞加敬愛，諸生皆推服，閩越之人舉進士，繇詹始也。」

舊唐書卷九十九張九齡傳說：

張九齡……曾祖君政韶州別駕，因家於始興，今爲曲江人，父弘愈以九齡貴贈廣州刺史。九齡……登進士第，應舉登乙第，拜校書郎。

陳黯華心說云：

大中初年，大梁連率范陽公宣武軍節度使盧鈞得大食國李彥昇薦於闕下，天子詔春司禮部考其才，二年以進士第名顯。

由以上記載，可知在唐代，至少今福建人、廣東人、甚至阿拉伯（大食）人都有及第的進士。

由於前面所論，每一個鄉人因景仰追隨進士關係，也跟著愛護政府，可以測知：唐代因爲科舉制度，收到各地方對政府的向心力，一定不少；文化借此也更易於傳播。全國人民也更易於團結。

四　科舉制度的流弊

通典卷十五選舉三：

律曰：諸貢舉非其人（謂德行乖僻不如舉狀者），及應貢舉而不貢舉者（謂才堪利用蔽而不言者），一人徒一年，二人加一等，罪止徒三年。初秀才科等最高，試方略策五條，有上上、上中、上下、中上凡四等。貞觀中，有舉而不第者，座其州長，由是廢絕。

根據以上可知在初唐貞觀年間，法律規定貢舉非其人者，地方官有罪。這本是含有漢代察舉之意義的。

其後，因考試自有標準，未必遵重地方官的意見。地方官的意見既不關輕重，久之對於應試的人也就不詳加察考了。

唐會要卷七十四

貞觀元年正月侍中攝吏部尚書杜如晦上言曰：「比者吏部擇人，唯取言辭刀筆，不悉才行，數年之後，惡跡始彰，雖加刑戮，而百姓已受其弊。」上曰：「如何可以得人？」如晦對曰：「兩漢取人，皆行著州閭然後入用，今每年選集，當數千人厚貌飾詞不可悉知，選司但配其階品而已。所以不能得才。」魏徵亦曰：「知人之事，自古爲難，故考績黜陟，察其善惡，今欲求人，必須審訪，才行兼美，始可任用。」

由以上記載，可知在貞觀初年，吏部擇人，唯取言辭刀筆而不悉才行了。所以杜如晦魏徵都主張先考察，才行兼美，然後任用。

通鑑卷二百二上元元年（六七四）載：

是歲劉曉者上書論選，以爲：「今選曹以檢勘爲公道，書判爲得人，殊不知考其德行才能，況書判借人者衆矣。又禮部取士，專用文章爲甲乙，故天下之士皆捨德行而趨文藝。有朝登甲科而夕陷刑辟者，雖日誦萬言，何關理體，文成七步，未足化人，況盡心卉木之間，極筆煙霞之際，以斯成俗，豈非大謬。夫人之慕名，如水之趨下，上有所好，下必甚焉，陛下若取士以德行爲先，文藝爲末，則多士雷奔，四方風動矣。」

據劉曉之言，知在上元年間，天下之士皆捨德行而趨文藝。劉曉因之請求高宗皇帝取士以德行爲先，文藝爲末。他極論應當注重德行的理由說：

上元元年劉嶢上疏曰：「今國家以吏部爲銓衡，以侍郎爲藻鑑。鏡所鑑者貌也，妍媸可知。衡所平者法也，年勞可驗。至於心之善惡，何以取之。取之不精，必貽後患。今選曹以檢勘爲公道，以書判爲得人，夫書判者，以觀其智也。知及之，仁不能守之，可使從政者歟？不可使之而或任之，是貽患於天下也。如有德行侔於甲科，書判不能中的，其可舍之乎？況於書判，借人者衆矣。求士本於鄉閭者，可謂至矣。且人不孝於其親者，豈有忠於君乎？不友於兄弟者，豈肯順於長乎？不恤於孤遺者，豈肯恤百姓乎？不義而取財者，豈有不犯贓乎？不直而好訟者，豈肯守恆乎？強悖而任氣者，其肯惠和乎？博奕而敗游者，豈肯貞廉乎？不以辱爲辱者，其肯

敬愼乎？薦士無此病，則可任之以官也。」（唐會要卷七十四論選事）

唐會要卷七十四論選事：

垂拱元年七月，鸞臺侍郎兼天官侍郎魏元同，以吏部選擧不得其人，上表曰：……加以厚貌深衷，險如溪壑，擇言觀行，猶懼不勝。今使考行究能，折衷於一面，百寮庶職，專斷於一司，不亦難乎？……今不待州縣之擧，直取於書判，恐失先德行而後言行之意也。

據魏元同上表所言，知垂拱年間，仍然沒有作到先德行而後言行的地步。

爲什麼作不到先德行而後言行的地步？舒元輿的言論就是答案，他上論貢士書云：

臣又見每歲禮部格下天下，未有不言察訪行實，無頗邪然後上貢，苟不如格，抵罪擧主，臣初見之，竊獨心賀，謂三代之風，必作於今日矣。及格既下而法不下，是以歲有無藝，朋黨譁然，扇突不可絕，此又惡用格爲，徒亂人耳（全唐文卷七百二十七）。

法律是法律，實行是實行，口口聲聲說察訪行實，照例的說：苟不如格抵罪擧主，結果是格既下而法不下，徒亂人耳。說注重德行，還是沒有顧到德行。

通鑑卷二百二十二廣德元年六月癸酉載：

禮部侍郎華陰楊綰上疏以爲：古之選士，必取行實，近世專尙文辭，自隋煬帝始置進士科，猶試策而已。至高宗時，考功員外郎劉思立始奏進士加雜文，明經加帖，從此積弊，轉而成俗，朝之公卿，以此待士，家之長老，以此訓子。其明經則誦帖括以求僥幸。又擧人皆令投牒自應，如此欲其返淳朴、崇廉讓，何可得也。請令察孝廉取行著鄉閭學知經術，薦之於州，刺史考試，升之於省，任各占一經，朝廷擇儒學之士，問經義二十條、對策三道。上第即注官，中第得出身，下第罷歸。又道舉亦非理國所資，望與明經進士並停。

廣德年間楊綰請令察孝廉取行著鄉閭，學知經術，薦之於州，……可知從上元，垂拱以至廣德，察孝廉取行著鄉閭事，還是沒有作到。

「君子之德風，小人之德草。」自古皆然。上重德行下也必重德行，上好文藝下也必重文藝，這是一定的趨勢。唐代自初唐至晚唐的科舉，並非切實注意德行，應試的士人對德行自然也不會太注意了。

無論明經、進士或其他科，及第的爲官爲宦，前途似錦，落第者望塵莫及，所以應試的人的唯一目的爲及第和作官，其他全置之第二、第三甚或不顧。在這樣的情形下，一般士人，苟能作官榮顯，求得富貴，當然就不顧德行了。所以唐代科舉制度下，道德比較墮落。這是科舉制度的流弊之一。至於士人之道德如何，另述於第五節（科舉制度下之士風）茲不贅。

舊唐書卷八十一劉祥道傳說：

祥道……顯慶二年（六五七），遷黃門侍郎，仍知吏部選事。祥道以銓綜之術，猶有所闕，乃上疏陳其得失，其一曰：「今之選司取士，傷多且濫，每年入流，數過一千四百，傷多也。雜色入流，不加銓簡，是傷濫也。……」

其二曰：「古之選者爲官擇人，不聞取人多而官員少；今官員有數，入流無限，以有數供無限，遂令九流繁總，人隨歲積，謹約準所須人量支年別入流者，今內外文武官一品以下九品以上一萬三千四百六十五員，略舉大數，當一萬四千人。壯室而仕，耳順而退，取其中數，不過支三十年。此則一萬四千人，三十年而略盡，若年別入流者五百人，經三十年便得一萬五千人，定須者一萬三千四百六十五人，足充所須之數，況三十年之外，在官者猶多，此便有餘，不虞其少。今年常入流者，遂逾一千四百，計應須數外，其餘兩倍。又常選放還者，仍六七千人，更復年別新加，實非處置之法。」

由劉祥道之疏可知每年入流之人數多，而官的名額少，積三十年後，入流的人數便有剩餘。言外之意，是有無法處置之感。

唐會要卷七十四載魏元同上表有云：

況今諸色入流，歲有千計，羣司列位，無復新加，官有常員，人無定限，選集之始，霧積雲屯，擢敍於終，十不收一。

新唐書卷四十五選舉志說：

大率十人競一官，餘多委積不可遣，有司患之，謀為黜落之計，以僻書隱學為判目，無復求人之意。

這便是針對着那種情況而作的揚湯止沸之計。

通志卷五十九選舉二杜佑評曰：

按秦法唯農與戰得入官，漢有孝悌力田賢良方正之科，乃時令徵辟而常歲郡國率二十萬口貢止一人，約計當時推薦天下纔過百數，則考精擇審必獲器能，自茲厥後，轉益煩廣，開元天寶之中，一歲貢舉凡有數千而門資武功藝術胥吏衆名雜目，百戶千途，入爲仕者不可勝紀，比於漢代且增數十百倍，安得不重設吏職多置等級遞立選限以抑之乎？

杜佑說的很明白。開元天寶中，一歲貢舉和其由他途徑入仕者，比於漢代且增數十百倍，怎能不立選限以抑之乎。所以據唐登科記考：

開元元年進士七十一人，二年進士十七人，三年進士二十一人。……十四年進士三十一人，十五年進士十九人，十六年進士二十人。……二十七年進士二十四人，二十八年進士十五人，二十九年進士十三人。

依上列進士登第的人數，開元初的三年裏共一百零九人。開元中的三年裏共七十人，開元末的三年裏共五十二人。前後的數目大致是遞減，末三年的人數，尚不及前三年人數的一半，可知唐玄宗已明瞭補官之難而有計劃的減少進士及第的人數了。

雖然減少進士及第的人數，而及第的進士還不能人人都得官，得官確是非常難的。例如：

十七史商榷卷八十一登第未卽釋褐條云：

公（指韓昌黎）再應皆不中，九品之位，下士之列，信無望矣。乃伏光範門、求賈耽、趙憬、盧邁輩，希其論薦得官，三上書皆不報，方去京師東歸，圖幕僚一席，宣武軍節度使董晉辟公，始得試祕書省校書郎，爲觀察推官。晉卒，徐帥張建封又奏爲武寧軍節度推官，試協律郎，府罷如京師，再從參調，竟無所成，直至貞元十八年，方援四門博士。唐時士子登第後得官之艱難若此。

按韓愈爲知名於時的及第進士，其得官尚如此之難，其他不知名的進士得官之難，更可想知。

全唐文卷三百七十二劉秩選舉論云：

近則官倍於古，士十於官，求官者又十於士，故士無官，官乏祿，吏擾人。

士人十倍於官，求官者又十倍於士，可見求官而不得者，較之得官者，且數十甚至百倍，焉得而不爭。

通鑑卷二百高宗顯慶四年（六五九）冬十月載：

初太宗疾山東士人自矜門地，昏姻多責資財，修氏族志例降一等，王妃主婿皆取勳臣家，不議山東之族。而魏徵，房玄齡家皆盛與爲昏，常左右之，由是舊望不減。或一姓之中更分某房某眷，高下懸隔。李義府爲其子求婚不獲，恨之，故以先帝之子勸上(指高宗)矯其弊，壬戌詔：後魏隴西李寶、太原王瓊、滎陽鄭溫、范陽盧子遷、盧渾、盧輔、淸河崔宗伯、崔元孫；前燕博陵崔懿晉、趙羣李楷等子孫，不得自爲昏姻，仍定天下嫁女受財之數，毋得受陪門財。然族望爲時人所尙，終不能禁。或載竊送夫家，或女老不嫁，不與異姓爲昏，其衰宗落譜昭穆所不齒者，往往反自稱禁婚家益增厚價。

由以上記載，可知在太宗、高宗時代，李、王、鄭、盧、崔等世家大族等門閥，在社會上仍然存在着很大的勢力。

舊唐書卷八十七魏玄同傳說：

上元初（六七四）……乃上疏曰：「……今貴戚子弟，例早求官，髫亂之年，已腰銀艾，或童丱之歲，已襲朱紫……課試既淺，藝能亦薄，而門閥有素，資望自高。」

更可以說明在高宗稱天皇，武后稱天后之時，貴戚的子弟們，照例的早求爲官。

柳氏舊聞云：

玄宗……凡命相者皆先以御筆書其姓名置案上，會太子入侍，上舉金甌覆其名以告之曰：「此宰相名也，庸知其誰也？卽射中，賜爾卮酒。」肅宗拜而稱曰：「非崔琳、盧從願乎？」上曰：「然。」因舉甌以示之，乃賜卮酒，是時琳與從願皆有宰相望，元宗將倚爲相者數矣。竟以宗族繁盛，慮附託者衆，卒不用。

玉海卷十載：

天下郡望氏姓族譜一卷，李林甫等撰，記郡望出處，凡三百九十八姓。

據以上兩項記載，可知在玄宗時候，崔、盧等望族的勢力還是很大的。

舊唐書卷一百七十四李德裕傳說：

李德裕趙郡人，祖栖筠御史大夫，父吉甫趙國公，元和初宰相。

同書卷一百七十三鄭覃傳說：

鄭覃（滎陽人），故相珣瑜之子，以父蔭補弘文校理。

可知在憲宗時候，舊日大族如李、鄭等姓仍有相當大的勢力。

新唐書卷四十四選舉志說：

文宗好學嗜古，鄭覃以經術位宰相，深嫉進士浮薄，屢請罷之……武宗卽位宰相李德裕尤惡進士。

鄭、李兩家大族出身的宰相鄭覃、李德裕都深惡進士，不能解作個人性情，而是有其眞實理由之所在。蓋進士出身的人日多，勢力日大，對於大族出身的人具有極大的威脅。大族們對於威脅他們政治地位的進士那能不深惡呢？

自憲宗時起至宣宗時止的唐代牛李黨爭之起，表面上是起於李宗閔牛僧孺等批評李吉甫的對藩鎮用兵，而骨子裏是因爲世家大族和進士們的爭官位。進士是科舉制度產生出來的，黨爭也可以說是由科舉制度而導致的。黨爭對唐代的影響是很壞的，因此也可以說唐代科舉制度所產生的惡果之一是黨爭。這是科舉制度的流弊之二。

錢賓四先生著國史大綱第五編第二十六章盛運中之衰象有云：

隋大業置進士科，試策問，唐初因之，高宗永隆二年（六八一）考工員外郎劉思立言：進士惟誦舊策，無實才。遂詔進士先試雜文兩篇，通文律然後試策。所謂雜文，卽詩賦之類。玄宗天寶十一載，詔進士帖經旣通，乃試文賦各一篇，文通乃試策。可見進士科在永隆以前止有對策，天寶以前有策有詩賦。天寶以後，有帖經有策有詩賦。說者謂隋以詩賦取士，未是。惟對策多可鈔襲，帖經惟賚記誦，別高下定優劣，以詩賦文律爲最宜。故聰明才思亦奔湊於此也。

錢先生這一段文字，旣說明試詩賦的起源，更說明考試詩賦的理由是可以別高下定優劣的。

舊唐書卷一百九十中宋之問傳說：

常扈從遊宴，則天幸洛陽龍門，令從官賦詩，左史東方虬詩先成，則天以錦袍賜之，及之問詩成，則天稱其詞愈高，奪虬錦以賞之。

據此可知在武則天時代，賦詩爲遊宴時娛樂的項目之一，而且武則天已經用詩賦以區高下了。高宗時代擧人積多，務欲落之的情形，玄宗於開元年間減少進士名額的情形，前面均已提及。只考策不足以分高下，就加試雜文。雜文如不包括詩賦，亦不易分高下時，只好試詩賦了。詩賦必限律格，又講音韻，較之一般雜文爲難，要想作的好，必需具有智慧，以此區別高下，比較容易得到效果。其次賦雖長而詩短，閱卷的人，也容易一目瞭然，這都是高宗及玄宗時代要考詩賦的理由。

劉秩選擧論云：

原夫詩賦之意，所以達下情，所以諷君上，上下情通而天下亂者，未之有也。

這也許是要考詩賦的另一理由。

在武則天時詩，賦早爲帝王所欣賞，玄宗時又定詩賦爲進士考試的內容，所以詩賦就爲士人所注意學習的主科。舊唐書卷一百十一高適傳說：

天寶中，海內事干進者，注意文詞。

舊唐書卷一百十九崔祐甫傳亦說：

常衮當國，非以辭賦登科者，莫能進用。

可知朝廷的用人，以及海內事干進者，都極其注意文詞。

舊唐書卷一百六十六白居易傳載他幼時讀書情形說：

及五六歲便學爲詩，九歲暗識聲韻，十五六始知有進士，苦節讀書，二十已來，晝課賦夜課書，間又課詩，不遑寢息矣。

唐詩紀事云：

賈島赴舉至京，騎驢賦詩，得僧推月下門之句，欲改推作敲，引手作推敲之勢，未決，不覺衝大尹韓愈，乃具言，愈曰敲字佳矣。遂並得論詩。

白居易不遑寢息的課詩課賦，賈島爲推敲二字的思考以至引手作推敲之勢，當時人士的注意詩賦，爲詩賦而消磨歲月，爲詩賦以至引手作勢，似乎發神經，當時人對詩賦的注意，可以想見。

唐摭言卷一散序進士有云：

其有老死於文場者，亦無所恨，故有詩云：「太宗皇帝眞長策，賺得英雄盡白頭。」

白居易自言其課詩課賦的影響云：

以至於口舌成瘡，手肘成胝，既壯而膚革不豐盈，未老而齒髮早衰。

士人的精力消耗於詩賦者，其數字眞是無從估計的。

全唐文卷三百七十二劉秩選舉論云：

原夫詩賦之意，所以達下情，所以諷君上，上下情通而天下亂者，未之有也。近之作者先文後理，詞冶不雅，既不關於諷刺，又不足以見情，蓋失其本，又何爲乎？

全唐文卷七百二十七舒元輿上論貢士書有云：

試甲賦律詩，是待之以雕蟲微藝，非以觀人文化成之道也。

劉秩只說詩賦既不關於諷刺，又不足以見情，舒元輿更認爲是雕蟲微藝，非以觀人文化成之道。實際尚未道出詩賦的惡影響來。

文獻通考卷二十九選擧二載洋州刺史趙匡擧選議曰：

……主司褒貶，實在詩賦，務求巧麗，以此爲賢，溺於所習，悉昧本原，欲以啓導性靈，獎成後進，斯亦難矣。故士林鮮體國之論，其弊一也。

因重詩致士林務求巧麗而鮮體國之論，使國家求到的人才多是雕蟲小技之士，這更是國家的大損失。人的精力是有限的，用於此則失於彼，一般士人都趨尚於詩賦的巧麗，便會忽略了經國大計，更不會注意科學的研究，在科擧制度下，使科學不能發達，影響到後代中國不如歐洲科學的進步，是近代中國衰弱的遠因。這是科擧制度第三個大流弊。

總之，因爲科擧只問考試成績不問德行，所以晚唐士人奔走鑽營，五代時人不顧廉恥。因爲選人多而官少，所以引起黨爭。因爲重詩賦務求麗巧，以致當時士林鮮體國之論，後世科學不發達。這是唐代科擧制度的流弊之三。

五　科擧制度下之士風

唐國史補卷下第四十一條說：

進士爲時所尚久矣。是故俊乂實集其中，由此出者終身爲聞人，故爭名常切而爲俗亦弊。

唐摭言卷八以賢妻激勸而得者條云：

彭伉、湛賁，俱袁州宜春人，伉妻卽湛姨也。伉擧進士擢第，湛猶爲縣吏，妻族爲置賀宴，皆官人名士，伉居客之右，一座盡傾。湛至，命飯於後閤，湛無難色。其妻忿然責之曰：「男子不能自勵，窘辱如此，復何爲容！」湛感其言，孜孜學業，未數載，一擧登第。伉常侮之，時伉方跨長耳縱遊於郊郭，忽有僮馳報湛郞及第，伉失聲而墜。故袁人謔曰：「湛郞及第，彭郞落驢。」

前段記載只是泛論進士爲時所尙，後段記載，是具體說明進士與非進士的地位截然不同的實例。由於進士的地位高，前途似錦，所以人們都願意登科。

唐語林卷四企羨條說：

進士張倬，濮陽王柬之曾孫也，時初落第，兩手捧登科記頂之曰：「此千佛名經也。」其企羨如此。

認爲登科記爲千佛名經，這種企羨登科的態度，當然不是張倬一人而是代表當時的一般士人的。

唐國史補卷下第四十四條云：

或有朝客譏宋濟（老于文場者）曰：「近日白袍子何太紛紛？」濟曰：「蓋由緋袍子紫袍子紛紛化使然也。」

白袍子是平民，緋袍子紫袍子是官宦，白袍子紛紛的理由，就是緋袍子紫袍子紛紛化使然、這是爲作官而科擧的實在話，由老於文場的宋濟一語道破。簡而言之：士人們未中進士的都想中進士，已中進士的都想作官。

從事於科舉的人數多，而得官的人數少，當然不能人人得爲官。但因進士及第是作官的捷徑，所以人人要爭取進士。科考一次不能得，再來二次；二次不能得再來三次以至於許多次。唐摭言嘗一散序進士條有云：

三十老明經，五十少進士。

根據此語。可知五十歲得中進士猶爲年少的。

文獻通考卷二十九進士條云：

昭宗天復元年及第進士陳光問年六十九、曹松年五十四、王希禹年七十三、劉象年七十、柯崇年六十四、鄭希顏年五十九。

可見五十歲以上纔中進士的大有人在。

唐摭言卷十海敍不遇條載：

歐陽澥者，四門之孫也。薄有辭賦，出入場中僅二十年。

劉得仁，貴主之子，自開成至大中三朝，昆弟皆歷貴仁，而得仁苦於詩，出入舉場三十年，竟無所成。

劉得仁出入舉場三十年。歐陽澥出入場中二十年，而王定保猶於上邊加一「僅」字，可見出入場中二十年的，還不算是年數多的。

唐國史補卷下載：

宋濟老于文場，舉止可笑，嘗試賦，誤失官韻，乃撫膺曰：「宋五又坦率矣！」由是大著名，後禮部上甲乙名，德宗先問曰：「宋五免坦率否？」

唐摭言卷十五雜記條云：

高祖呼裴寂爲裴三，明皇呼宋濟作宋五。

兩項記載對照，知明皇呼爲宋五的宋濟，就是德宗所問的宋五。唐玄宗時的宋五，到德宗時還在科考，以至於德宗皇帝知其名而問他免坦率否，可知宋五考的次數年數必不在少。宋五可謂「不到黃河心不死」者矣。宋五以外科舉的人，固然也有一些「少舉進士」或「弱冠進士及第」的，其不能「弱冠舉進士第」，那能輕意放棄進士的念頭？按唐代進士及第的人數約百分之一二，其餘百分之九十八，都是以後再繼續考的，所以像宋五一樣的不知名氏的宋五，確實多的不知其數。

唐摭言卷七有云：

太平王崇、竇賢二家，率以科目爲資，足以升沈後進，故科目舉人相謂曰：「未見王、竇，徒勞漫走。」

唐國史補卷下第五十一條：

韓愈引致後進，爲求科第，多有投書請益者，時人謂之韓門弟子。愈後官高，不復爲也。

王、竇能以升沈後進，所以科目舉人都要求見王、竇；韓愈能引致後進，所以爲求科第多有投書請益者。這種情形，正如現今學生爲要考入大專，而爭着補習或求教是一樣的。由現今補習班學生之多，可知爭考大專風氣之盛；由唐代王、竇、韓愈門下弟子之多，可知當時科舉者企圖及第而走捷徑。

唐國史補卷下第四十七裴冀論試題條云：

建中初，金吾將軍裴冀曰：「若使禮部先時頒天下曰：某年試題取某經，某年試題取某史。至期果然，亦勸學之一術也。」

這雖是科場以外人的戲言，但是應考人專預備試題以迎合考試的情形，卻被他一語道破。

舊唐書卷一百一薛登傳云：

今之舉人，有乖事實，鄉議決小人之筆，行修無長者之論，策第喧競於州府，祈恩不勝於拜伏，或明制纔出，試遣搜敭，驅馳府寺之門，出入王公之第，上啓陳詩，唯希欬唾之澤，摩頂至足，冀荷提攜之恩，故俗號舉人，皆稱覓舉。

魏元曠焦庵隨筆卷三云：

唐人應科目時，皆上書朝貴，及先達名輩：朝貴各以其所得士屬之有司。及放榜後，猶必請於宰相有無薦士乃塡榜。平日太守刺史，亦皆以獎拔寒畯爲事。偶一詩見賞，卽遠近傳誦。及至都下，往往甫卸裝，卽造門相訪。故唐時才士，無不遇之嘆。

因爲朝貴和先達名輩們能夠影響應試人的及第與否甚至名次，所以應試人冀荷提攜之恩，必需覓舉。

唐語林卷八：

明皇時，士子殷盛，每歲進士到省者，常不減千餘人；在館諸生，更相造詣，互結朋黨以相傾奪，號之爲「棚」，推聲望者爲「棚頭」，權門貴盛無不走也。以此熒惑主司視聽。其不第者率多喧訟，考功不能禦。

進士初到省未及第之時，卽已開始結黨傾奪，奔走權貴之門的情形，於茲可見。

文獻通考卷二十九選舉二載江陵項氏曰：

風俗之弊，至唐極矣。王公大人巍然於上，以先達自居，不復求士。天下之士什什伍伍戴破帽騎蹇驢，未到門百步輒下馬奉幣刺，再拜以謁於典客者，投其所爲之文，名之曰求知己。如是而不問，則再如前所爲者，名之曰「溫卷」。如是而又不問，則有執贄於馬前自贊曰：「某人上謁者」，嗟乎，風俗之弊至此極矣。此不獨爲士者可鄙，其時之治亂蓋可知矣。

天下之士求見王公大人之形態，於此可見。他們爲想求得一官半職，不惜屈顏卑膝，求官之渴，實爲前代所罕見。

唐摭言卷十海敍不遇條云：

歐陽澥者，四門之孫也，薄有辭賦，……善和韋中令在閣下，澥卽行卷(錄其所著文卷爲緘軸)及門，凡十餘載，未嘗一面，而澥慶弔不虧。

韓愈後二十九日復上書有云：

愈之待命，四十餘日矣。書再上而志不得通，足三及門而閽者辭焉。惟其昏愚不知逃遁，故復有周公之說焉。……故愈每自進而不知愧焉，書亟上足數及門而不知止焉。寧獨如此而已，惴惴焉惟不出大賢之門下是懼，亦惟少垂察焉。(韓昌黎全集第十六卷)

歐陽澥行卷及門凡十餘載，而且慶弔不虧，韓愈三及門而閽者辭焉，然韓愈仍是自進而不知愧，求官是何等的迫切，勇氣眞是十足！

求謁達官貴人，常會引起被謁者或其閽者的厭惡，有時就不免加以挑剔，而求謁者還是振振有詞。例如：唐語林卷七有云：

周瞻舉進士，謁李衛公，月餘未得見，閽者曰：「公諱吉，君姓中有之，公每見名紙，即顰蹙。」瞻俟公歸，突出肩輿前，訟曰：「君諱偏傍，則趙壹之後數不至三，賈山之家語不言出，謝石之子，何以立碑？李牧之男，豈合書姓？」衛公遂入，論者謂兩失之。

李衛公固然是不應當，而周瞻的突出肩輿前辯訟，也不免小題大作。誰是誰非，不必深究，但由此可以看出周瞻爲求官而表現出來的不屈不撓精神來，又是一個官迷的代表人物。

唐語林卷七云：

盧司空鈞爲郎官，守衢州。有進士贄謁，公開卷閱其文十餘篇，皆公所製也。語曰：「君何許得此文？」對曰：「某苦心夏課所爲。」公云：「此文乃某所爲，尚能自誦。」客乃伏言：「某得此文，不知姓名，不悟員外撰述者。」

爲求見權要，爲求官位，不惜作文抄公犯詐欺罪的，竟然也有。這種現象，當然不會太多，而東抄西湊，以作求見要人的資本的，必然不少。士人求官迫切的心理，更由此可以表現無遺。

士人們於求見權要之外，求官或求升官的另一方法是上書自誇。例如舒元輿獻文闕下不得報上書有云：

今臣備於朝，自陳文章，凡五晦朔不一報。竊自謂才不後（馬）周、（張）嘉貞而無因，入又不露所蘊，是終無振發時也。漢主父偃徐樂嚴安以布衣上書，朝奏暮召，而臣所上八萬言，而文鍛鍊精粹，出入今古數千百年，披剔剖抉有可以輔敎化者，未始遺拔犀之角、擢象之齒，豈主父可比哉！盛時難逢，竊自愛惜。（全唐文卷七百二十七）。

更有名的是韓愈上宰相書，大聲疾呼求救，表示他的不得作官，猶如溺於水而爇於火者。他後十九日復上宰相書云：

二月十六日前鄉貢進士韓愈謹再拜言，相公閣下，向上書及所著文後待命凡十有九日不得命，恐懼不敢逃遁，不知所爲，乃復敢自納於不測之誅以求畢其說而請命於左右。愈聞之：蹈水火者之求免於人也，不惟其父兄子弟之慈愛，然後呼而望之也。將有介於其側者，雖有所憎怨，苟不至乎欲其死者，則將大其聲疾呼而望其仁之也。彼介於其側者，聞其聲而見其事，不惟其父兄子弟之慈愛然後往而全之也。雖有所憎怨，苟不至乎欲其死者，則將狂奔盡氣，濡手足焦毛髮救之而不辭也。若是者何哉？其勢誠急，而其情誠可悲也。愈之強學力行有年矣。愚不惟道之險夷，行且不息以蹈於窮餓之水火，其既危且亟矣。大其聲而疾呼矣。閣下其亦聞可見之矣。其將往而全之歟？抑將安而救之歟？有來言於閣下者曰：有觀溺於水而爇於火者，有可救之道而終莫之救也。閣下且以爲仁人乎哉？不然，若愈者亦君子之所宜動心者也。或謂愈：子言則然矣。宰相則知子矣。如時不可何？愈竊謂之不知言者，誠其材能不足當吾賢相之舉耳。若所謂時者，固在上位者之爲耳。非天之所爲也。前五六年時，宰相薦聞尚有布衣蒙抽擢者，與今豈異時哉？且今節度觀察使及防禦營田諸小使等，尙得自舉判官，無閒於已仕未仕者，況在宰相，吾君所尊敬者，而曰不可乎？古之進人者，或取於盜，或舉於管庫。今布衣雖賤，猶足

以方乎此。情隘辭蹙，不知所裁，亦惟少垂憐焉。愈再拜。（韓昌黎全集第十六卷）

舊唐書卷一百六十韓愈李翱等傳後史臣曰：

韓李二文公於陵遲之末，遑遑仁義，有志於持世範，欲以人文化成而道未果也。至若抑楊墨、排釋老，雖於道未弘，亦端士之用心也。

以遑遑仁義的端士韓愈，在未得位之前，其上宰相書，猶且如此之急切，其他不遑遑仁義的非端士們，其上書求憐的情形，必更甚於韓愈。不過韓愈以文章名於世，其文得傳，其他遠遜於韓愈者，其文不得傳罷了。

士人們對權貴，無論進謁求見，或者上書求官，其結果不外於兩種，一是見用，二是不見用。其見用者容述於後：其不見用者，趨向又可分爲兩種：一是隱居。二是另尋出路。

隱居者之例，如隱居於盤谷的李愿。據韓愈所作送李愿歸盤古序說：

愿之言曰：「人之稱爲大丈夫者，我知之矣。利澤施於人，名聲昭於時，坐於廟朝，進退百官，而佐天子出令，其在外，則樹旗旄，羅弓矢，武夫前呵，從者塞途，……曲眉豐頰，清聲而便體，秀外而慧中，飄輕裾翳長袖，粉白黛綠者，列屋而閒居。……大丈夫之遇知於天子，用力於當世者之所爲也。吾非惡此而逃之，是有命焉，不可幸而致也。」

由「吾非惡此而逃之，是有命焉。」一語，可知李愿對於富貴利祿，並非不熱中，只是既不可幸而致之，於不得已的失望中纔隱居的。

士人們既不見用而又不甘於隱居的，便於中央政府控制的地區以外另尋出路。當安史之亂後，河北三鎭是獨立狀態，中央勢力所不及，於是河北一帶便成爲不見用又不隱居的士人另尋出路的目標地點。

韓昌黎全集卷二送董召南遊河北序云：

燕趙古稱多感慨悲歌之士，董生擧進士，連不得志於有司，懷抱利器，鬱鬱適茲土，吾知其必有合也。董生勉乎哉。

舊唐書卷一百三十七李益傳：

李益，肅宗朝宰相揆之族子，登進士第……久之不調，而流輩皆居顯位，益不得意，北遊河朔，幽州劉濟辟爲從事。

以上就是兩個不得志的進士遊河朔適燕趙尋出路的實例。

至於擧進士不第的，如不隱居而且亦不另尋出路，再不甘於寂寞，便只有走向造反的路了。

通鑑卷二百五十二僖宗乾符二年載：

黃巢粗涉書傳，屢擧進士不第，遂爲盜。

舊五代史卷十八敬翔傳曰：

敬翔，……好讀書，尤長刀筆，應用敏捷，乾符中，擧進士不第，及黃巢陷長安，乃東出關，……及見（太祖——朱全忠）應對稱旨，卽補右職，每令從軍，敬不喜武職，求補文吏，卽署館驛巡官，俾專掌檄奏。

百川學海，廣科擧以弭盜條說：

> 唐末進士不第如王仙芝輩唱亂，而敬翔李振之徒皆進士之不得志者也。蓋四海九洲之廣而歲上第者僅一二十人，苟非才學超出倫輩，必有絕意於功名之塗，無復顧籍。

黃巢、敬翔、李振等，都先後參加反唐，他們不是進士不第，便是進士之不得志者。

進士及第者，猶如魚登龍門，身價倍增，同年親友大事聚宴慶賀，視為當然。

唐摭言云：

> 進士榜出，謝後，便往期集院，其日狀元與同年相見，請一人為錄事，其餘主宴、主酒、主樂、探花、主茶之類，咸以其日辟之。主樂兩人，一主飲妓。放榜後，大科頭兩人，第一部也。小科頭一人，第二部也。常宴，即小科頭主之，大宴，大科頭主之。

進士於榜出後，一時為慶祝成功而遊宴，原無足怪；但是進士們遊宴成習卻不是好現象。蓋進士們每抱一種盡情享受以償以前讀書之苦的心理，所以很多進士生活奢侈甚至浪漫者。

開元天寶遺事：

> 長安進士鄭愿、劉參、郭保衡、王冲、張道隱等十數輩，不拘禮節，旁若無人，每春時選妖妓三五人，乘小犢車指名園曲沼，籍草裸形，去其巾帽，叫笑喧呼，自謂之顛飲。

這只是一班的例子。更有恃才傲物者。如唐摭言卷三說：

> 蕭穎士開元二十三年及第，恃才傲物，負無與比，常自攜一壺，逐勝郊野，偶憩於逆旅，獨酌獨吟，會風雨暴至，有紫衣老父領一小僮避雨於此，穎士見其散冗，頗肆陵侮。

生活之侈靡，視為應當，其不侈靡的反倒要受罰，正如同書同卷所說：

咸通中，進士及第過堂後，便以騾從，車服侈糜之極，稍不中式，則重加罰金。

自命爲堯、舜、禹、湯、文、武、周公、孔子、孟軻以後中國道統繼承人的韓愈，想來應當是道德高尚了。但是事實並不如是，唐語林卷六說：

韓退之有二妾，一曰絳桃，一曰柳枝，皆能歌舞，初使王庭湊，至壽陽驛，絕句云：「風光欲動別長安，春半邊城特地寒，不見園花兼巷柳，馬頭惟有月團團。」蓋有所屬也。柳枝後踰垣遁去，家人追獲，及鎮州初歸，詩曰：「別來楊柳街頭樹，擺弄春風只欲飛。還有小園桃李在，留花不放待郎歸。」自是，專寵絳桃矣。

同書卷七云：

杜牧少登第，恃才喜酒色。初辟淮南牛僧孺幕，夜即遊妓舍，厢虞候不敢禁，常以榜子申僧孺，僧孺不怪，逾年，因朔望起居，公留諸從事，從容謂牧曰：「風聲婦人若有顧盼者，可取置之所居，不可夜中獨遊，或昏夜不虞，奈何？」牧初拒諱，僧孺顧左右取一篋至，其間榜子百餘，皆厢司所申，牧乃愧謝。

韓愈杜牧都是以詩文著名的，他們的生活尚如是之浪漫，這也可以看出士風之一斑。

新唐書選舉志有云：

進士科當唐之晚節尤爲浮薄，世所共患也。

十七史商榷卷八十一偏重進士立法之弊條有云：

封演聞見記第三卷貢舉篇云：代以進士登科爲登龍門，解褐多拜清緊，十數年間，擬亦廟堂經薄者語曰：「及第進士俯視中黃郎，落第進士，揖蒲華長馬。」進士張繟落第，兩手奉登科記頂戴之曰：「此千佛名經也。」云云。此段似有誤，揖上疑脫平字，馬字疑衍，及第進士俯視中書黃門兩省郎官，落第尚可再擧，一得即躐清要，故平揖近畿蒲州華州之令。

以上兩條記述，可以作爲進士科的簡評，及第進士或落第進士的一般狀況，也就是唐代科擧制度下士風的縮寫。

六　總　論

從全部的歷史看，人類的文化總是進化的。凡是發現舊的事物有不適宜處，便會設法改革；而創作新的事物時，也一定會避免舊有的弊病。這是人的常情，也是進化的原理。

漢代的鄉擧里選，其決定權在鄉里輿論和郡太守的考察；魏晉南北朝的九品中正制，其決定權在於中正官的考察，都不免有主觀成份。唐代的科擧制度，固然有司或有主觀成份，但是第一有應試人的成績作憑證，第二也有先輩的輿論作參考，究竟是比較客觀的多了。

在比較客觀的科擧制度下，應試人的身分完全平等，國家所求得的人才無疑的比落第的人爲優秀，較之東晉以來「上品無寒門，下品無世族。」的現象，合理的多。這樣一來，政府可以網羅全國各地的優秀人才，既可以受全國人民的擁護，復可以鼓勵人民努力向上心。

至於說科擧制度不注重德行，這是當時及後世人士所屢經提出的問題。其實唐太宗等亦曾下過詔令讓地方官負責先察德行然後貢擧。但是一由於後世執行的不够，二則假設執行的太嚴格了，便有重返漢代察舉孝廉舊途的可能。漢代的察舉不是引起了請託舞弊和士人沽名釣譽等弊病麽？唐代的君臣們不能不引爲前車之鑑的。他們的規定雖嚴而執行很馬虎，正因爲此。

昌黎先生集卷二原性說：

性也者，與生俱生也。情也者，接於物而生也……性之品有上中下三，上焉者，善焉而已矣。中焉者，可導而上下也。下焉者，惡焉而已矣。……情之品有上中下三，其所以爲情者七……上之性就學而愈明，下之性畏威而寡罪。是故上者可教，而下者可制也。

依據此理，所貢舉的人，如非特別惡的下性，亦可以畏法律之威而寡罪。除非貢舉了特別惡的下性人，吏治的優劣，應由吏部和刑部分負其責，而不能專責貢舉的人和科舉制度。

因爲由科舉出身的進士多不得做官，和任子身分的世族爭官位而引起唐代前後四十年的黨爭，誠是事實。這只是科舉制度的一部分——及第名額的問題，另外再加官吏退休的問題，結合起來所造成。因爲及第的人數多而退休的人數少，合格作官的人多而官的位置少，所以就引起黨爭。及第的人數多的最大原因，是應試人的年齡沒有限制，所謂「五十少進士」是也。考試的內容雖有變化，但範圍終屬有限；應試的人，新的年有增加，舊的除已及第者外，其餘仍都參加考試，人數當然愈積愈多。考試的標準既無法加高，但用孤章絕句等法，是不足以限制及第人數的。而且二十歲及第與三十歲及第的人，才智不等；三十歲及第與五十歲及第的人才智亦不等。這樣，不只及第者的天資可能降低而且造成及第人數日積的原因。

針對着以上的毛病，如果一面限制應試人的年齡以節其源，一面規定官吏退休制度以通其流，則庶幾可以不至有人才淤積之患，黨爭也就可避免的。

唐會要卷七十六貢舉中進士條載：

> （貞觀）二十二年九月，考功員外郎王師旦知舉。時進士張昌齡、王公瑾，並有俊才，聲振京邑，而師旦考其文策全下，舉朝不知所以；及奏等第，太宗怪無昌齡等名，因召師旦問之，對曰：「此輩誠有文章，然其體性輕薄，文章浮艷，必不成令器，臣若擢之，恐後生相效，有變陛下風雅。」帝以爲名言。後並如其言。

據此可知貞觀時對進士的文章，本是以「體性輕薄，文章浮艷」爲戒的。但是後來竟然走上崇尙雕琢的詩賦的道路，最基本的原因，還是由於應試人數太多。

唐代初年，本是明經以帖經爲主，進士以時務策爲要，到了高宗永隆年間，因爲應試人多，大家都想走捷徑，造成「明經多抄義條，進士唯誦舊策」的現象。國家取不到實才，便不得不對進士加試雜文。

對策多可抄襲，帖經惟資記誦，比較能別高下定優劣的，要以詩賦文律爲最宜。因之玄宗遂於天寶十一載下詔：進士帖經既通，乃試文試賦各一篇。從此遂走上「進士以聲韻爲學，多昧古今」之途，以至於務求巧麗、雕琢、推敲而無法自拔了。

進士得先投所爲文於京師達者，試名譽觀素學。及臨試，可以不問試藝高下，專取知名之士，謂之通榜。這辦法的用意，在於注重應試人平時的作品，採納先輩達者的輿論，用意未嘗不善。但是正因權貴要人，和學術先輩有資格左右進士的及第與否；所以他們就成爲奔走拜託的對象。

更由於及第便可榮顯，不及第則難免困厄；士人的求聞達富貴，由水之就下；所以士人們便「伺候於公卿之門，奔走於形勢之途。」而不以爲恥。遂形成晚唐競名利寡廉恥的士風。

唐代的科舉制度，有利亦有弊，惟因爲得人甚衆，弊少利多。更因爲鑒於兩漢鄉舉里選和魏晉南北朝九品中正之流弊更甚，當然不能「開倒車」以效古；所以不只唐代二百九十年，不能廢棄科舉制度；甚至於還要延用到以後五代、宋、元、明、清九百餘年之久。清末雖然將科舉廢除了，到民國還要採用和科舉制度相似的制度——高普考，而且又提倡考用合一；這說明以考試選人的制度儘可部分的或技術的隨時修改，但絕不適於根本的廢止。

（本論文發表於華岡學報第六期）

二、再辨唐高祖稱臣於突厥事

本論文之完成，得國家科學委員會之補助，特此註明。

一　引　言

關於所謂「唐高祖稱臣於突厥」事，多少年來史學界相信者多，懷疑者少。民國五十二年，拙作「唐高祖稱臣於突厥考辨」一文，刊於大陸雜論第二十六卷一、二期，及五十四年，輯於拙著「唐史考辨」（中華書局出版）中，結論是：「現存諸書所載唐太宗所說唐高祖稱臣於突厥的話，實是許敬宗於修太宗實錄時，爲歸太宗之過於高祖，就國史原有的太宗『渭水之恥』的記載，輕輕的改造出來的；絕對不是事實。」此後這五年以來仍不斷斷續研究，結論雖然還是如前，而涉獵到的範圍更廣，思考到的理由和搜集到的證據則益多。甚至於連高祖稱臣說的發生、演成以及容易爲人誤信的原因都研究到。研究的方法和以前亦有不同。爰撰此文以補前文的不足，且就教於國內外的史學界諸公，希望此一有關學術（兼涉及國家榮辱）的問題，得以澄淸。

二　問題的再提出

舊唐書卷六十七李靖傳說：

俄而突利可汗來奔，遂復定襄常安之地，斥土界自陰山北至於大漠。太宗初聞靖破頡利，大悅，謂侍臣曰：「朕聞主憂臣辱，主辱臣死。往者國家初創，太上皇以百姓之故，稱臣於突厥。朕未嘗不痛心疾首，志滅匈奴，坐不安席，食不甘味。今者暫動偏師，無往不捷，單于款塞，恥其雪乎。」於是大赦天下，酺五日。

假設以上記載爲眞，則太宗所說太上皇（卽高祖）稱臣於突厥一類話的時間，是在突利可汗來奔，李靖克復定襄以後不久。

新唐書卷九十三李靖傳：

突厥部種離畔，帝方圖進取，以兵部尙書爲定襄道行軍總管，率勁騎三千，繇馬邑趨惡陽嶺。頡利可汗大驚曰：「兵不傾國來，靖敢提孤軍至此」，於是帳部數恐。靖縱諜者離其腹心，夜襲定襄，破之。可汗脫身遁磧口，進封代國公。帝曰：「李陵以步卒五千出絕漠，然卒降匈奴，其功尙得書竹帛；靖以騎三千蹀血虜庭，遂取定襄，古未有輩，足澡吾渭水之恥矣。」

同樣的也暫時假設以上記載爲眞，則唐太宗在李靖夜襲定襄破之以後的不久所說的話，不是高祖稱臣等等，而是「足澡吾渭水之恥」。換句話說：李靖破定襄，所雪的不是高祖稱臣之恥而是另外的渭水之恥。

以上兩唐書所記太宗的話全不相同，當那時候，唐太宗究竟說的什麽話？這是一個値得研究的問題。

舊唐書卷六十七李靖傳在前面所引文之前，有一段說：

（貞觀）四年靖進擊定襄，破之。獲隋齊王暕之子楊正道及煬帝蕭后，送於京師。可汗僅以身遁，以功進封代國公，賜物六百段及名馬寶器焉。太宗嘗謂曰：「昔李陵提步卒五千，不免身降匈奴，尚得書名竹帛，卿以三千輕騎深入虜庭，克復定襄，威振北狄，古今所未有，足報往年渭水之役。」

以上這一段記載，唐太宗在李靖破定襄之後所說的話，又是足報往年渭水之役，而沒有提到高祖稱臣之恥。

新舊唐書都是記載唐代史事的重要史書，這兩部書的記載有所不同，尚屬小事，而在舊唐書李靖的同一個傳裏，前段記李靖克復定襄後，唐太宗說的是足報往年渭水之役，後一段說的是高祖稱臣之恥。更是一個應當研究的問題。

遍閱有關唐代諸史籍，有的記載是太宗說高祖稱臣事，也有的記載是太宗說渭水之恥，絕沒有一本書揉合爲一的記載着太宗說：既可報高祖稱臣之恥，又可雪吾渭水之恥的。倘若兩事都屬眞實，確實太宗同時說到這兩件事，爲什麽史官略去其一，說此時不說彼，說彼時不說此呢？反覆推敲研究，必定是這兩件記載的淵源出於兩個不同的原始史料，而這兩件史料(卽兩段話)大有一眞一僞的嫌疑。

這就是不得不進一步的深究解決的問題。

三　太宗所說話的事實根據

前面已述及太宗所說的「高祖稱臣」和太宗自己的「渭水之恥」兩段話，疑有一眞一僞；如果

「高祖稱臣」的話爲眞，則「渭水之恥」的話就可能是僞造；如果「渭水之恥」的話爲眞，則「高祖稱臣」的話就可能是僞造。要判斷太宗當時所說話的內容，必先考察他所說的兩件事，那一件有事實根據。因爲太宗說話的當時，必定根據事實，不至亂說，是絕不會有問題的。那一件沒有事實作根據，那句話便屬空，那一件有事實可據，則那一句話便屬實。以下便要考察「高祖稱臣」和「渭水之恥」兩句話的事實根據。茲先考察後一件卽渭水之恥。

舊唐書太宗本紀：

（武德九年八月）甲戌（十九日），突厥頡利、突利、寇涇州。乙亥（二十日）突利進寇武功，京師戒嚴。

據唐書地理志，涇州遠離京師四百九十三里，而武功近距京師只一百五十里，突厥入侵的軍隊一日之間，南進竟至三百里以上，唐國軍隊阻止力之弱，甚至沒有抵抗，可想而知。

舊唐書太宗本紀：

（武德九年八月）己卯（二十四），突厥寇高陵。辛巳（二十六日），行軍總管尉遲敬德與突厥戰於涇陽，大破之，斬首千餘級。癸未（二十八日），突厥頡利至于渭水便橋之北。

突厥軍隊於八月二十日已寇武功，唐帝國的軍隊必定密佈在武功到京師長安的一百五十里之間，以保衛京師，是可想而知的。到八月二十四日，突厥軍突然寇高陵，當係突厥以一部分的軍隊把唐軍牽制到京師以西，而在京師東北面開始攻唐軍之虛的軍事策略。八月二十六日唐行軍總管尉遲敬德與突厥軍發生戰爭的地點涇陽，在京師長安北面七十里，是長安北面的重要門戶。在突厥軍已寇高陵之後，

唐軍防地而南進至渭水便橋之北呢？

之戰的效力是不能阻止突厥輕騎的南進的。因爲倘若唐軍軍力能以阻止得住突厥軍，突厥軍怎樣飛越餘級。」但是看下一步：「癸未（二十八日），突厥頡利至于渭水便橋之北」的結果，可以斷定涇陽尉遲敬德。他所帥領的軍隊，必是唐太宗部下的精銳。戰爭的結果，雖云「大破之（突厥），斬首千唐太宗必定要重視涇陽的，而防守該地的唐行軍總管正是玄武門事變後，論功與長孫無忌同列第一的

隋唐嘉話：

衛公（李靖）……以白衣從趙郡王南征，靖巴漢，擒蕭銑，蕩平揚越，師不單行，皆武之。於武德末年，突厥至渭水橋，控弦四十萬，太宗初親庶政，驛召衛公問策。時發諸州軍未到長安，居人勝兵不過數萬，胡人精騎騰突挑戰，日數十合。帝怒欲擊之。靖請傾府庫賂以求和，潛軍邀其歸路，帝從其言，胡兵遂退。

可知突厥軍從渭水北岸撤退的原因，不是被唐軍所擊退，也不是「頡利來請和，詔許之」而退的；實際上是唐太宗從李靖之言「傾府庫，賂以求和」而退的。

通鑑卷一百九十一武德九年八月載唐太宗對蕭瑀說：

所以不戰者，吾卽位日淺，國家未安……一與虜戰，所損甚多，……故卷甲韜戈，啗以金帛，彼既得所欲，理當自退，志意驕墮，不復設備，然後養威伺釁，一舉可滅也。將欲取之，必固與之，此之謂矣。……

太宗所說：「啗以金帛，彼既得所欲，理當自退」，又說：「將欲取之，必固與之。」就是承認給以

金帛了。和前面「傾府庫賂以求和」的話相對證，更可確定突厥撤退的原因是：「旣得所欲（唐的金帛）」滿意而退的了。

舊唐書太宗本紀說：

（武德九年）九月丙戌（初一），頡利獻馬三千匹羊萬口，帝不受，令頡利歸所掠中國戶口。

根據通鑑：突厥軍引退，是在八月乙酉（三十日），就是頡利獻馬羊的前一日，那時，突厥的十萬（或四十萬）輕騎，未必撤退完畢，而來獻馬獻羊，可見不是單純的友好的。普通來獻貢品的都是遣使來獻，或國王親獻，沒有用大批軍隊或繼大軍入侵之後來獻的。而且由「帝不受，令頡利歸所掠中國戶口」一語，可知頡利侵至渭水北岸時，還擄掠唐國不少的戶口。頡利如果是爲結好而來或貢獻而來，對唐國何至如此無禮？

全唐文卷四唐太宗備北寇詔有云：

皇運以來，東見征伐，兵車屢出，未遑北討，遂令胡馬再入，至於涇渭，蹂踐禾稼，駭懼居民，喪失旣多，虧廢生業。

這是唐太宗自己說出當時損失慘重的情形來，唐太宗的軍隊如果能控制或牽制得住突厥軍，又何至於損失如此的慘重？在那樣的情形下，所以太宗非「傾府庫賂以求和」不可。

舊唐書太宗本紀：

（武德九年九月）丁未（二十二日），引諸衛騎兵統將等，習射於顯德殿庭，謂將軍已下曰：「自古突厥與中國更有盛衰，若軒轅善用五兵，卽能北逐獯鬻，周宣驅馳方召，亦能制勝太原，至漢晉之君，逮於隋代，不使兵士素習干戈，突厥來侵，莫能抗禦，致遺中國生民塗炭於寇手。我今不使汝等穿池築苑……唯習弓馬，庶使汝鬪戰，亦望汝前無橫敵。」於是每日引數百人於殿前發射，帝親自臨試，射中者隨賞弓刀布帛。朝臣多有諫者曰：「今引裨卒之人，彎弧縱矢于軒陛之側，陛下親在其間，正恐禍出非意，非爲社稷計也。」上不納，自是後，士卒皆爲精銳。

太宗於教諸衞騎兵統將等習射於顯德殿時，在突厥軍撤退後只有二十二天。而他對將軍以下所講的話，都是針對着突厥，而且不聽朝臣們的勸告，不避可能發生的危險。什麼力量（或刺激）能使太宗如此的激烈而堅強？不是突厥頡利可汗侵至渭北時給他恥辱深而且大，再也沒有另一件事可以當之了。

倘若太宗疾首痛心而思一洗刷的恥辱是高祖稱臣，即高祖稱臣事假設有，應當在隋煬帝大業十三年（卽義寧元年），五六月間。到武德九年九月，時間已隔十年以上，其中間太宗封秦王任天策上將，而且屢次對突厥作戰，爲什麼沒有說過要對突厥報復的話呢？不在以前有或明或暗的表示，而在突厥侵至渭水便橋之後有如此激烈而堅強的明顯表示，太宗要雪的恥，不是渭水之恥而何？

既有渭水之恥的事實存在，太宗於初聞李靖擊敗突厥克復定襄之後，很高興的說出：「足報往年渭水之役」或「足滌吾渭水之恥」的話，是極自然而可信的事。

其次再考察太宗所說高祖稱臣於突厥的話有沒有事實的根據。

關於唐高祖稱臣於突厥，最早的史書溫大雅所著的大唐創業起居注沒有記載，司馬光在通鑑卷一百八十四義寧元年（卽大業十三年）六月：「淵……卑辭厚禮遺始畢可汗。」句下加考異曰：

按太宗云：太上皇稱臣於突厥，蓋謂此時，但溫大雅諱之耳。

溫大雅的大唐創業起居注沒有高祖稱臣的記載，由此更加證明了。

司馬光的判斷溫大雅諱之耳，只是根據舊唐書李靖傳裏太宗所說的一句話。

溫大雅創業注是否隱諱唐高祖稱臣事？要先研究創業注記事的態度，以判斷史料價值。

要判斷創業注的史料價值，必先比較它所記的這三百五十七天的事蹟，和兩唐書及其他書所記孰爲正確而定。要從創業注與兩唐書所記的不同處注意。玆列舉數條如下：

第一件事是記擊西河，創業注記建成世民同平西河，而實錄只記世民。此案司馬光於通鑑記「義寧元年申申淵使建成世民將兵擊西河」下加考異曰：

創業注云命大郎二郎率衆討西河，高祖太宗實錄但云命太宗徇西河，蓋史官沒建成之名耳。唐殷嶠傳：從隱太子攻西河。今從創業注。

第二件事是兩唐書通鑑都記有唐高祖從太原出發行至靈石賈胡堡時，聞有突厥和劉武周將襲太原消息，欲引兵返太原，太宗夜裏哭勸高祖始止。創業注則無此記載，司馬光在通鑑卷一百八十四記太宗在賈胡堡夜哭諫高祖事後，於「世民乃與建成夜追左軍復還」句下加考異曰：

創業注：帝集文武官人及大郎二郎等而謂之曰……大郎二郎……對曰：「今若却還……必有變生……畏溺先沉，近於斯矣。」唐公喜曰：「爾謀得之，吾其決矣。」……太宗實錄盡以爲太宗之策，無建成名，蓋沒之耳，據建成同追左軍，則建成意示不願還也。今從創業注。

據此可得明瞭兩件事，一是實錄沒建成名，所記不如創業注之正確眞實。二是高祖聽到建成世民諫後，既說：「爾謀得之，吾其決矣。」等語，決不會再有引軍還太原的事，太宗何必夜哭？更不會有「追左軍復還」的事。還是創業注所記較實錄正確眞實。

第三件事是關於攻長安時，大唐創業起居注卷二記曰：

十月辛巳，帝（指唐高祖）至壩上，仍進營，停於大興城春明門之西北，與隴西、燉煌二公諸軍二十萬會焉。……辛卯，命二公各將所統兵往援。京城東面南面，隴西公（建成）主之；西面北面，燉煌公（世民）主之。……十一日（月之誤）丙辰昧爽，咸自逼城。帝聞而馳往，欲止之而弗及。纔至景風門，東面軍頭雷永吉等已先登而入。守城之人分崩。……

通鑑卷一百八十四義寧元年載：

甲辰，李淵命諸軍攻城，約毋得犯七廟及代王宗室，違者夷三族，……十一月丙辰，軍頭雷永吉先登，遂克長安。

在「雷永吉先登」之下，司馬光加考異曰：

唐高祖實錄作雷紹，今從創業注。

據此，不只雷永吉之名，實錄不及創業注所記正確，而且在不說明雷永吉是建成所率的東南面軍的軍頭，以沒建成克長安的軍功，通鑑亦不及創業注所記正確。

以上是司馬光已經考出來的，他尚沒有考出來的，還有：

第四件事是太原起義，概括創業注所記爲高祖主動，太宗只是贊助；兩唐書通鑑等書全記爲：太宗首謀發動；數勸高祖，高祖始允。此案經作者撰李唐太原起義考實一文，考證結果是創業注所記爲是，兩唐書所記爲非。文長恕不申述。

第五件事是有關唐高祖的才略問題：

創業注記唐高祖說：

帝素懷濟世之略，有經綸天下之心，接待人倫，不限貴賤，一面相遇，十數年不忘，山川衝要，一覽便憶，遠近承風，咸思託附。

等等的英名能幹，雄才大略。而兩唐書則記高祖處處無能庸懦，如劉武周破太原、宋金剛陷澮州以後，高祖手勑曰：「賊勢如此，難與爭鋒，宜棄河東之地，僅守關西而已。」（舊唐書太宗本紀）；秦王圍攻洛陽時，「高祖密勑世民使還」（通鑑卷一百八十八）；以及武德七年七月，突厥吐利設與苑君璋寇幷州時，唐高祖便想焚長安遷都山南（摘通鑑大意）等等，不一而足。經作者考定；有關唐高祖庸愚的記載，都是史官欲使太宗有進諫的機會而僞造出來的。唐高祖確實雄才大略，果如溫大雅創業注所書（見拙作論唐高祖的才略）例證太多，非本文所注重，不必多贅。

由第四、第五兩件事的考證，愈益證明溫大雅的創業注所記史事的正確性，是遠超過於高祖太宗實錄，和兩唐書、通鑑等書。既證實創業注記事正確性超過其他諸書，則其記唐高祖與突厥事，何至單獨不正確？創業注既不載唐高祖稱臣於突厥事，則唐高祖稱臣於突厥事，當屬烏有。

高祖稱臣既沒有事實作根據，而唐太宗渭水之恥，業已證明確有其事。而且兩事有一眞一假之嫌，如此，則通鑑等書所記唐太宗所說高祖稱臣一類的話，當然可判爲子虛（證據和理由更詳以下兩節）。

四　唐高祖未稱臣於突厥的證據

當高祖送啓於突厥後，創業注記突厥始畢可汗的態度是：

始畢得書大喜，其部達官等曰：「天將以太原與唐公，必當平定天下，不如從之，以求寶物。但唐公欲迎隋主，共我和好，此語不好，我不能從。隋主爲人，我所知悉，若迎來也，卽忌唐公，於我舊怨，決相征伐，唐公以此喚我，我不能去，唐公自作天子，我則從行，覓大勳賞，不避時熱。」當卽以此意作書報帝。

貞觀政要卷二任賢篇的「突利可汗來降」句下注曰：

可汗，蕃王之稱，猶漢時稱單于，中國稱天子也。

可見突厥稱可汗等於中國稱天子，換句話說就是：突厥要求唐高祖稱天子，就是要求他向突厥稱臣。這是突厥要求稱臣的初步表示。如此可以襯託出來一件事：就是唐高祖送啓於突厥時絕對沒有稱臣。因爲倘若已經稱臣，則突厥必不至再要求了，這是很明顯的事。

高祖接書後的態度怎樣，創業注又說：

使至前日，所賀官僚舞蹈稱慶，帝聞書歎息久之，曰：「非有天命，此胡寧肯如此，但孤爲人臣，須盡臣節，主憂臣辱，尙未立功欲舉義兵，欲載王室大名自署，長惡無君，可謂階亂之人，非復尊隋之事。本慮兵行以後，突厥南侵，屈節連和以安居者；不謂今日所報，更相要逼，乍自可絕好蕃夷，無有從其所勸。」

突厥要求高祖作天子，而高祖反倒「嘆息久之」且言「更相要逼」，可見作天子不是可喜的事，原因正是作天子就是稱可汗，也就是稱臣的意思。高祖既認爲是「要逼」，當然是不願意接受，所以接着便說：「乍可絕好蕃夷，無有從其所勸。」由這兩句話，可以表示出高祖的態度是十分堅強的。

不久以後，高祖建大將軍府自稱大將軍，及攻克長安後高祖擁立代王爲帝而自稱大丞相，全都沒有稱天子，都是正確可信的史實。這是高祖沒有向突厥稱臣（稱天子——稱可汗）的鐵證。

陳寅恪先生謂溫大雅隱諱而不書，實際上是絕沒有隱諱。正因爲沒有稱臣的事實，當然溫大雅也不能假造。理由是：

假設稱天子就是稱可汗，也就是稱臣於突厥的意思，是當時一般人所不知道的；倘若高祖稱臣了而溫大雅想要隱諱，則溫大雅儘可以寫爲被突厥擁戴再辭不獲而後稱天子，也不傷害高祖的尊嚴。如果稱天子就是稱臣的意思，是當時一般人所知道的；溫大雅可以將突厥要逼高祖作天子略而不書以免令人有此印象而揣測。既是前面明書要逼而後面反倒隱諱，這是既引起人的猜疑而後又作無用的遮蓋。正如愚人怕外人知道他紋銀所在地而在埋銀的地上寫着：「此處並無紋銀三百兩」的愚蠢，也是莫名其妙的詭詐。這和溫大雅的個性、他撰寫創業注的態度，以及現已證明的創業注的價値（見前）等等，全是不符合的。所以溫大雅所記前面突厥要逼後面高祖堅拒，是眞實的直書。何況有高祖入長安後仍未稱天子的事實作證，更是無可惑疑的。

總結前面所述，可說唐高祖當時未稱天子，克長安後仍未卽刻稱天子，是唐高祖當時沒有接受突厥的可汗（卽未稱臣）的證據之一。

隋書卷八十四突厥傳（北史卷九九突厥傳等）略云：

旗纛之上，施金狼頭，侍衞之士，謂之附離，夏言狼也，蓋本狼生，志不忘舊。

突厥人因相傳：他們的祖先爲嬰兒時遇難，賴牝狼銜肉食之，得以不死，……所以旗幟之上繪製狼頭示不忘本，謂之狼頭纛。

舊唐書卷五十五劉武周傳（參新唐書卷八十六劉武周傳）略云：

突厥立劉武周爲定楊可汗，遺以狼頭纛，因僭稱皇帝，建元爲天興。

新唐書卷八十七梁師都傳（參舊唐書卷五十六梁師都傳）略云：

自爲梁國，僭皇帝位，建元永隆，始畢可汗遺以狼頭纛，號大度毗伽可汗解事天子。

劉武周和梁師都是稱臣於突厥的，突厥都遺以狼頭纛。蓋遺以狼頭纛就是表示加入突厥系統，和近世英國的屬地使用英國旗，法國的屬地使用法國旗是一樣的。

北史卷九十九突厥傳說：

其俗：旗纛之上，施金狼頭，侍衞之士，謂之附離，夏言亦狼也。蓋本狼生，志不忘舊。

新唐書卷二百十五上突厥傳亦說：

可汗建廷都什山，牙門樹金狼頭纛，坐常東嚮。

可知突厥的可汗牙門是樹金狼頭旗纛的。

漢書食貨志第四上「金刀龜貝所以分財布通有無也。」一句下，顏師古注曰：

金謂五色之金也，黃者曰金，白者曰銀，赤者曰銅，青者曰鉛，黑者曰鐵。

顏師古是唐太宗時人，他解釋金色是黃色。據此知突厥所用的金狼頭纛就是黃色的。（按中國五行配五色，金配白色；但對突厥事，不能按五行解。）

創業注說：

康鞘利將至，軍司以兵起甲子之日，又符讖尚白，請建武王所執白旗以示突厥，帝以誅討之旗，牧野臨時所仗，未入西郊，無容預執，宜兼以絳雜半續之，諸軍稍旛類皆放此，營壁城壘，幡旗四合，赤白相映，若花園。開皇初，太原童謠云：「法律存，道德在，白旗天子出東海。」……又有桃李子歌曰：「桃李子，莫浪語，黃鵠繞山飛，宛轉花園裏。」案李爲國姓，桃當作陶，若言陶唐也，配李而言，故云：桃花園宛轉屬旌幡。汾晉老幼謳歌在耳，忽覩靈驗不勝懽躍。帝每顧旗幡笑而言曰：花園可爾，不知黃鵠如何，吾當一舉千里，以符冥讖。

以上說明唐高祖在起義之時所用的旗是「赤白相映」，並說明用白旗的理由是符合冥讖。

唐高祖起義時所用的「赤白相映」旗與突厥所用的和用以冊封臣屬的金狼頭纛，無論在顏色上或形式上都是絕無關聯的。

隋書卷一高祖本紀：

（開皇元年）六月癸未，詔以初受天命，赤雀降祥，五德相生，赤爲火色，其郊及社廟衣服冠冕之儀，而朝會之服旗幟犧牲，盡令尙赤。

據此知隋朝的旗幟是赤色的。唐高祖使用赤白相映的旗幟，旣表示當時不脫離隋朝，而且將來唐將繼之而興。

資治通鑑卷一八四隋紀義寧元年六月，「(裴)寂等乃請尊天子爲太上皇，立代王爲帝以安隋室，移檄郡縣，改易旗幟，雜用絳白以示突厥」段下胡注曰：

隋色尚赤，今用絳而雜之以白，示若不純於隋。

唐高祖既舉義革隋命，當然是不純於隋的。但旗幟仍用隋的赤色，與其解釋爲不純於隋，不如解爲「不脫離隋」。胡三省對當時唐高祖的用心，是不全瞭解的。

至於「尊天子爲太上皇，立代王爲帝以安隋室」，也是和旗幟雜用絳白的配合行動，同樣的都是「不脫離隋」。最應當注意的是唐高祖爲什麼要以立代王改旗幟這些計劃和行動「以示突厥」呢？這纔是唐高祖最大的用心處。

「不入於楊則入於墨」，反過來說：已入於楊者則不入於墨。唐高祖以「不脫離隋」的用意以示突厥，就是表示：既爲隋臣就不能稱臣於突厥，既不脫離隋朝系統，就不能加入突厥的系統，也就是不能向突厥稱臣。

唐高祖既以革命示突厥，使突厥承認他有資格許給突厥利益（子女玉帛）作爲交涉的對象，同時又以「不脫離隋」示突厥，表示不能向突厥稱臣，就是唐高祖所以用赤白相映的旗幟以示突厥的理由。這是唐高祖和建成、裴寂三人經考慮後想出的傑作。

舊唐書高祖本紀：

（義寧元年十一月）甲子，隋帝詔加高祖假黃鉞使持節大都督內外諸軍事大丞相進封唐王。

通鑑卷一八五武德元年五月載：

甲子，唐王卽皇帝位于太極殿，遣刑部尙書蕭造告天於南郊，大赦改元……推五運爲土德，色尙黃。

唐高祖的改用黃旗，雖不見明文，但據上面所述和歷來旗幟都採用所尙的顏色判斷，大約就在稱帝的時候。

無論唐高祖何時改旗，但根據他起義時所用的旗幟顏色是赤白相映，可以斷定他由起義時起直到卽帝位代隋有天下時止，與突厥使用的狼頭纛根本無關。這是他不曾向突厥稱臣的證據之二。

高祖自手疏與突厥書前後的情形及書的內容，據創業注卷一說是：

（五月）丙寅（十七日），而突厥數萬騎抄逼太原……己亥夜潛遁。文武官入賀，帝曰：且莫相賀，當爲諸君召而使之，卽立自手疏與突厥書曰：「……當今隋國喪亂，蒼生困窮，若不救濟，總爲上天所責，今我大舉義兵，欲寧天下，遠迎主上，還共突厥和親，更似開皇之時，豈非好事？……若能從我，不侵百姓，征伐所得，子女玉帛皆可汗有之。必以路遠，不能深入，見與和通，坐受寶玩，不勞兵馬，亦任可汗。一、二便宜，任量取中。」仍命封題署云某啓。所司報請云：「突厥不識文字，惟重貨財，願加厚遺，改啓爲書。」帝笑而謂請者曰：「何不達之深也，自傾離亂，亡命甚多，走胡奔越，書生不少，中國之禮，併在諸夷，我若敬之，彼仍未信，如有輕慢，猜慮愈深。古人云：屈於一人之下，伸於萬人之上。塞外羣胡，何比擬凡庸之一耳。且啓之一字，未直千金，千金尙欲與之，一字何容有悋，此非卿等所知。」迺遣使者馳驛送啓。

據此唐高祖開始寫給突厥的書信稱爲「啓」是無疑問的。

「啓」雖說是下之達上，但只是客氣一些而已，決不是臣對君或屬國對宗主國所能用的。臣對君必須用表、奏、疏等自不待論，屬國對宗主國必需用表。唐貞觀時薛延陀可汗夷男有請擊高昌表、開元時突厥可汗默棘連有謝恩表、可汗苾伽骨咄祿有賀正表，至今猶存（見全唐文卷九百、九百九），足資證明。延及後世，最顯明的是宋高宗對金熙宗稱臣，他對金的公文便稱表而不稱啓，茲將宋史紀事本末卷七十二秦檜主和節所載宋高宗上金國的表摘要如下爲證：

（紹興十一年）十一月……庚申，命宰執及議誓官告祭天地社稷，何鑄奉誓表往（金），表略曰：臣構言……世世子孫，謹守臣節……臣今既進誓表，伏望上國早降誓詔。

這是稱臣者用表，用表則稱臣，臣表一致的例證。唐高祖對突厥用「啓」，當然是不稱臣的。

再以唐代行文稱「啓」的爲例：駱賓王有上瑕邱韋明府啓、和學士閏情詩啓、上李少常啓、上吏部侍郎帝京篇啓、等十餘篇，而且很多的啓文開頭都寫明「賓王啓」。接受啓的人都不是駱賓王的直接長官，更不是皇帝；所以他的自稱全沒有稱臣的（以上見駱賓王文集）。柳宗元有：上權德輿補闕溫卷決進退啓、上裴晉公度獻唐雅詩啓、上襄陽李僕射愬獻唐雅詩啓、上揚州李吉甫相公獻所著文啓等二十餘篇，內裏或在文首書「宋元啓」或在文尾書「宗元謹啓」。格式雖不同；但是全沒有自稱時稱臣的（以上見柳河東集）。其餘元稹有賀裴相公破淮西啓。李商隱有爲舉人上翰林蕭侍郎啓、上河東公啓等等，不一而足；由是可知隋唐時用「啓」是對受書人表示一種尊敬客氣的意思，決不是臣屬對主管官或附屬國對宗主國用的。凡是稱啓的文件，自稱絕沒有稱臣的。臣民對皇帝上書稱表、奏、疏而不能稱啓，屬國對宗主國上書稱表而自稱臣。這是當時的規格，後世仍行演用的。

創業注記高祖初送啓與突厥時與所司談話：

仍命封題署云某啓，所司報請云：突厥不識文字，唯重貨財，願加厚遺，改啓爲書。帝笑而謂請者曰：何不達之深也自頃離亂，亡命甚多，走胡奔越，書生不少，中國之禮併在諸夷，我若敬之，彼仍未信，如有輕慢，猜慮愈深。古人云：屈于一人之下，伸于萬人之上，塞外羣胡，何比擬凡庸之一耳。且啓之一字，未直千金，千金尙欲與之，一字何容有悋，此非卿等所及。迺遣使者馳驛送啓始畢。

由所司請用書，高祖令用啓，可知：用書是當時一般的常態，用啓是高祖因有求於突厥而特別的客氣，並不是經常的。

通鑑卷一百九十一，武德九年載：

先是上與突厥書用敵國禮，秋七月甲辰，上謂侍臣曰：突厥貪婪無厭，朕將征之，自今勿復爲書，皆用詔敕。

據此可知高祖對突厥，通常是用書的。用啓是特別的少有的一次，最多不過初與突厥交涉時採用數次而已。

總之，高祖對突厥最客氣的時候是用啓，可以確知他的自稱不是稱臣，另外不用啓而用書的時候，當然更不會稱臣。換句話說：根據那時高祖的文件稱啓，就是唐高祖不曾向突厥稱臣的證據之三。

六月十七日突厥來獻馬時，唐高祖處理的方法和所持態度，據創業注記曰：

> 其馬千匹，唯市好者而取其半。義士等咸自出物請悉買之，帝曰：彼馬如羊，方來不已，吾恐爾輩不能買之，胡人貪利無厭，其欲少買，且以見貧，示其非急於馬，吾當共之，貢市不用爾物，毋爲近役，自費家財。

唐高祖對突厥送來的一千匹馬，只選擇好的買了一半，就是對突厥的要求打了個對折。倘若對突厥稱臣了，對突厥只能服從，豈能討價還價？

八月頓兵靈石賈胡堡時，唐高祖對突厥防範的態度，據創業注卷二記曰：

> 劉文靜之使蕃也，來遲，而突厥兵馬未至，時有流言者云：突厥欲與（劉）武周南入，乘虛掩襲太原。帝集文武官人及大郎二郎而謂之曰：以天贊我而言，應無此勢，以人事見機而發，無有不爲此行，遣吾當突厥武周之地，何有不來之理，諸公意如何？議者以老生突厥相去不遙，李密譎誑，奸謀難測，突厥見利則行，武周事胡者也。太原一都之會，義兵家屬在焉，愚夫所慮，伏聽教旨。帝顧謂大郎二郎等曰：爾輩如何？

唐高祖雖然沒有返兵太原，但確會召集文武官人及大郎二郎會議商討，可見對突厥是不相信了。倘若對突厥稱臣了，臣對主只能迎接，那能考慮囘兵防禦？

唐高祖克長安，卽帝位後，因勢力未固，對突厥時與優容。及唐的領土日廣，勢力日固，突厥便於武德二年，支持劉武周攻陷幷州，這是唐與突厥由合作轉而衝突的開始。倘若唐高祖以前曾向突厥稱臣了，當唐高祖令秦王世民等向劉武周及突厥反攻，奪回幷州時，於理應當下詔討伐，甚至說出以前對突厥的容忍以激勵士氣。秦王世民那時已握有兵權，乘戰勝之時，亦應說一些話以洩前忿以雪前恥。但是這一類的記載無論在官書或私人筆記裏全都沒有。

又倘若唐高祖以前向突厥稱臣了，由稱臣變爲平等的敵國，也應當有些痕蹟，（如後晉少帝有親征契丹命將制，宋孝宗隆興二年之宋金改約）但唐代官私史書內也無一點蹟象可尋。

以上種種的唐與突厥的關係，是唐高祖不曾向突厥稱臣的證據之四。

五　唐高祖得不稱臣的理由

陳寅恪氏謂唐高祖稱臣於突厥的理由之一是：「隋末中國北部羣雄並起，悉奉突厥爲大君，李淵一人豈能例外？」這實在是主觀的、籠統的武斷之論。當時各方面情形究竟怎樣？當於分析研究後纔可論斷。

前面已列舉出唐高祖沒有稱臣於突厥的證據，但唐高祖怎樣能超越羣雄而得不稱臣於突厥？茲分各面析言於下：

（一）唐的情形：唐高祖的雄才大略，據舊唐書卷一百八十七夏侯端傳說：

大業中……端說高祖曰：「天下方亂，能安之者其在明公，但主上（指隋煬帝）……切忌諸李，強者先誅，（李）金才既死，明公豈非其次！……。」

同書卷五十九姜謩傳說：

大業末，爲晉陽長，會高祖留守太原，見謩，深器之。謩退謂所親曰：「……唐公有霸王之度，以吾觀之，必爲撥亂之主。」

據此可知高祖被當時的人們看作地位僅次於被煬帝因嫉忌而殺害的李金才。他有霸王之度，將來必是撥亂之主的人才。

舊唐書卷五十七許世緒傳說：

大業末……言於高祖曰：「公姓當圖籙，名應歌謠，握五郡之兵，當四戰之地……。」

同書同卷劉文靜傳記劉文靜在獄中對太宗說：

今太原百姓避盜賊者皆入此城。文靜爲令數年，知其豪傑，一朝嘯集，可得十萬人。尊公（指高祖）所領之兵，復且數萬。……乘虛入關，號令天下。不盈半載，帝業可成。

這是高祖起義前尚未送啓於突厥時的兵力。至於送啓於突厥後，雙方正在交涉的期間。通鑑卷一百八十四義寧元年六月載稱：

甲申，淵使建成世民將兵擊西河……己丑，攻拔之，……建成等引兵還晉陽（卽太原），往返凡九日。淵喜曰：「以此行兵，雖橫行天下可也。」

唐高祖起義後的兵力，又可由此概見一斑。

通鑑卷一百八十三大業十二年載：

突厥數寇北邊，詔晉陽留守李淵帥太原道兵與馬邑太守王仁恭擊之。時突厥方強，兩軍衆不滿五千，仁恭患之。淵選善騎射者二千人，使之飲食舍止一如突厥，或與突厥遇則伺便擊之，前後屢捷，突厥頗憚之。

同書同卷義寧元年五月又載：

丙寅突厥數萬衆寇晉陽，輕騎入外郭北門，出其東門。淵命裴寂等列兵爲備而悉開諸城門。突厥不能測，莫敢進。衆以爲威、君雅實召之也，淵於是斬威，君雅以徇。淵部將王康達將千餘人出戰皆死，城中恟懼。淵夜遣軍潛出城，旦則張旗鳴鼓自他道來，如援軍者。突厥終疑之，留城外二日，大掠而去。

據此可知唐高祖在起義前後不到半年的短短時間內，曾經兩次擊敗突厥。他給突厥的印象，由「頗憚之」一語，可知決非劉武周、梁師都、郭子和輩所可比。

新唐書卷八十八李思行傳說：

李思行，趙州人，避仇太原，唐公將起，使覘詷長安。還，具論機策以贊大議。

舊唐書卷五十七劉文靜傳載他向太宗說：

乘虛入關，號令天下，不盈半載，帝業可成。

長安是隋的都城，唐高祖起義時，代王侑奉煬帝命留守，那裏當然是高祖首先要爭取的地方。

唐高祖的兵力，自料可以取長安；但如傾全數兵力西取長安，則起義的根據地——太原便不免空虛。突厥是境外的強國，近在馬邑的劉武周又是臣附突厥的。那種情勢，使得高祖難免有後顧之憂。因此唐高祖對突厥要求的，只是他西取長安時突厥不在後方搗亂而已。

唐高祖不仰賴突厥而存在，不希望突厥太大的幫助，他自然可以不受要脅而不付出最高的代價給突厥，這是後來唐高祖得以不稱臣於突厥的原因之一。

（二）突厥情形：突厥自隋初分爲東西以後，時常東西相爭，國勢遠不如以前強盛。自開皇初沙鉢略可汗至大業初啓民可汗都是臣附於隋。直至大業十一年（六一五）新即汗位的始畢可汗還曾來朝於東都，當時因爲天下已亂，各地羣雄紛起，突厥始起叛心。

隋書卷八十四突厥傳說：

（大業十一年）八月，始畢可汗率其種落入寇，圍帝（煬帝）於雁門，詔諸郡發兵赴行在所，援軍方至，始畢引去，由是朝貢遂絕。明年（大業十二年）復寇馬邑，唐公以兵擊走之。隋末亂離，中國人歸之者無數，遂大強盛，勢陵中夏，迎蕭后置於定襄。薛舉、竇建德、王世充、劉武周、梁師都、李軌、高開道之徒，雖僭尊號，皆北面稱臣。

所記突厥盛況，在時間上很失於籠統，玆據通鑑及舊唐書突厥處羅可汗傳：突厥迎蕭后置於定襄事在唐高祖武德三年（六二〇）二月，遠在高祖送啓於突厥時二年半以後，而隋書所列薛舉等七人中，只有劉武周、梁師都二人傳裏有稱可汗用狼頭纛的記載，其他諸傳裏或籠統的記「北連突厥」，或「厚賂突厥」，而且時間多在以後；可知前面引文所言突厥盛況，事在以後。高祖送啓於突厥時（義寧元年——六一七，五月），突厥尚不是那樣的強盛。

突厥騎兵善於野戰而不長於攻城，嗜虜掠而畏堅壁清野。過去東西突厥爭戰多年，倘若入塞久戰，對西突厥亦不無後顧之憂。而且按地理的位置言，據馬邑的劉武周、據朔方的梁師都、及據榆林的郭子和都在塞外，和突厥離的很近，而且兵力也弱，唐高祖雄據的太原，則遠在邊塞以內。「雖鞭之長，不及馬腹。」（左傳宣公十五年）「強弩之末，力不能入魯縞。」（漢書韓安國傳）是古代的至理名言。突厥離太原既遠，已屬鞭長莫及，何況唐高祖又是「舉止不凡，智勇過人」（創業注突厥達官相謂語），而且又過去曾有過兩次擊敗突厥的記錄。突厥的兵力既不能比無堅不入的強弩，唐高祖的兵力怎能比作無抵抗力的魯縞呢。這種道理，由當時高祖給突厥書裏有「必以路遠，不願深入。」語，可以顯出。突厥對反隋羣雄，於理當有相當明瞭，對於唐高祖，當然不能和處在塞外的劉武周、梁師都們等量齊觀。這都是突厥不能堅決逼迫唐高祖稱臣的理由，也就是唐高祖得以不向突厥稱臣的理由之二。

（三）當時的中國局勢：突厥之所好的是財貨，更以不戰而得為上策。突厥之所利的是中國分裂而紛亂，以便掠取財貨而不遇抵抗。這是幾個原則。

當時的中國，雖已成羣雄割據之局，但據有長安、洛陽一帶的隋控制的領土比較着仍是最大；依現在省區看，隋仍據有陝西的大部、山西的南部、河南西部和湖北的西北部。有名將屈突通鎮守河東，李孝常守永豐倉、陳叔達守絳郡、宋老生守霍邑、高德儒守西河。看以後唐高祖攻河東久不能克的事實，可知當時隋的實力尚不為太小。

突厥欲推翻隋而使中國更紛亂，勢必利用羣雄，欲虜掠長安積聚的財貨，也需要利用羣雄。（用突厥兵力未必能得，卽得亦需損失兵力。）在羣雄中：梁師都、劉武周、郭子和、高開道、徐圓朗等離長安既遠，勢力又小，全無此資格。後來據有武威的李軌，那時尚未起兵（李軌舉兵事在七月），後來據有洛陽的王世充，那時還在江都未來援救洛陽。當時據有樂壽的竇建德，尚未能打開隋軍的包圍，當時據有金城的薛舉父子，雖條件稍優，但對下好殺無恩，衆叛親離，而且難與共利。在直覺看來，李密的條件或許最優，但經仔細從時間上分辨，李密的兵勢大盛，是那年九月的事（據通鑑）。唐高祖於五月十七日（丙寅），卽自手疏與突厥書，幾經交涉，到六月二十六日（己巳），高祖命劉文靜使突厥，並取其兵（據創業注與通鑑），而李密直至二十八日（丁丑），還在回洛倉西北被越王侗的部將段達打的大敗而逃奔回洛倉。突厥又怎樣利用他攻掠長安呢。

總之，在當時中國的羣雄中，最具有攻下長安兵力的，只有唐高祖，最肯答應突厥一部分利益的，也只有唐高祖。在突厥看來，欲使中國更分裂，並能不用突厥兵而掠得長安的財物；唐高祖是他們最好可以利用的人物。（後來唐很快統一中國，或是出突厥預料，或是突厥只顧當時利益。）這是突厥不必要堅持逼迫唐高祖，唐高祖得以不向突厥稱臣的理由之三。

（四）雙方所講條件：唐高祖於大業十三年（六一七）五月丙寅自爲手啓與突厥書說：

> 我今起義兵欲寧天下，遠迎主上，還其突厥和親，更似開皇之時，豈非好事？且今日陛下雖失可汗之意，可汗寧忘高祖之恩也？若能從我，不侵百姓，征伐所得子女玉帛，皆可汗有之。必以路遠不能深入，見與和通，坐受寶玩，不勞兵馬，亦任可汗。一二便宜，任量取中（見創業注）。

及六月二十六日，高祖遣劉文靜使突厥取其兵時，私誡劉文靜說：

> 胡兵相送，天所遣來，敬煩天心，欲存民命。突厥多來，民無存理，數百之外，無所用之。所

防之者，恐武周引爲邊患。又胡馬牧放，不煩粟草，取其聲勢，以懷遠人。公宜體之，不須多也(同上)。

都可知高祖並不需要也不敢借突厥大的兵力，只是「恐武周引爲邊患」，想着「取其聲勢，以懷遠人。」而已。由此看來，高祖對突厥的要求一點也不苛刻，更沒有依賴突厥的意思。而願出的代價，據舊唐書卷五十七劉文靜傳說：

文靜使于始畢可汗，始畢曰：唐公起事今欲何爲？文靜曰：……唐公……起義軍欲黜不當立者，願與可汗兵馬同入京師，人衆土地入唐公，財帛金寶入突厥。始畢大喜。

通鑑卷一百八十四義寧元年（卽大業十三年）八月載：

癸巳，淵至龍門，劉文靜康鞘利以突厥兵五百人，馬二千匹來至，淵喜其來緩，謂文靜曰：吾西行及河，突厥始至，兵少馬多，皆君將命之功也。

創業注卷二亦云：

帝喜其兵少而來遲……謂劉文靜曰：「吾已及河，突厥始至，馬多人少，其愜本懷。」

高祖願出的代價是入京師後，「財帛金寶入突厥」。而所希望的只是：「突厥兵五百人，馬二千匹」而已。

在突厥看來，兵五百人，馬二千匹是極爲微小的本錢，用那極爲微小的本錢，可以得到長安的財貨金寶，而且中國更分裂後，還可以容易掠取中國財貨，那是何等的便宜事？勿怪乎始畢大喜了。唐高祖本來只是取突厥的聲勢以懷遠人，又怕突厥多來，民無存理，也自然是對突厥來的兵少馬多表示喜悅了。

突厥人以牧馬為生，不須中國用以耕種的土地，只需要財貨金寶。唐高祖欲代隋而有天下，需要的是土地。突厥歷來入塞寇邊，目的都在擄掠財貨金寶，有時遇到中國的抵抗，還不能得手。那時唐高祖的使臣劉文靜許以京師的財貨金寶入突厥，自然可以心滿意足，不必堅持要求唐高祖稱臣了。唐高祖認為土地是人民所賴以生活的國家之至寶，是永久有價值的，財貨金寶是一時的甚至於屬於奢侈的，犧牲京師的財貨金寶於一時，以取得永久價値的人衆土地，也是値得的。

突厥認為唐高祖已付與滿意的代價，沒有理由再堅持着逼迫唐高祖稱臣（對臣屬需盡保護責任，更非突厥所願為），唐高祖已贏得突厥始畢可汗的滿意，在突厥不堅持逼迫之下，那裏還能自動的向突厥稱臣？這是唐高祖得以不向突厥稱臣的理由之四。

既有唐高祖得不稱臣的理由，又有唐高祖未稱臣的證據；判為唐高祖沒有稱臣於突厥，當不為過。唐高祖沒有稱臣的事實，則唐太宗所說高祖稱臣一類的話，當係別有用意的偽造。

六　高祖稱臣說探源

前面業已考定唐太宗於李靖擊敗突厥克復定襄，捷報傳來時所說的話是：足報吾渭水之恥，而不是昔太上皇稱臣於突厥（因為無唐高祖稱臣的事實，有太宗渭水之恥的事實）；但唐高祖稱臣之說又何自來？渭水之恥之說又何以為世人所不知呢？此點非從史料記載上一步一步的追尋出來它的演變踪蹟不可。

考唐初最原始的史籍，一是大唐創業起居注；二是國史；三是高祖太宗實錄。大唐創業起居注僅記載自高祖起義至即帝位的三百五十七日的事蹟。裏面沒有記載高祖稱臣的事，前已述及。玆再研究國史及高祖太宗實錄。

舊唐書卷四十三職官志：

起居郎二員（隋始置起居舍人二員，貞觀二年，省起居舍人移其職於門下置起居郎二員）……起居郎掌起居注，錄天子之言動法度，以修記事之史，凡記事之例，以事繫日，以日繫月，以月繫時，以時繫年，必書其朔日甲乙，……季終則授之國史焉。

如此可知唐代初年，由起居郎將天子的言動法度錄出，作成起居注，季終授之國史，是國史所本的最原始資料。

舊唐書卷六十六房玄齡傳：

（貞觀）三年，拜太子少師……明年（貞觀四年）代長孫無忌爲尙書左僕射，改封魏國公，監修國史。

據此可知唐代貞觀初年監修國史的是房玄齡。

舊唐書卷八十褚遂良傳：

太宗嘗問：「卿知起居，記錄何事？大抵人君得觀之否？」遂良對曰：「今之起居，古之左右史，書人君言事，且記善惡以爲鑒誡，庶幾人主不爲非法。不聞帝王躬自觀史。」太宗曰：「朕有不善，卿必記之耶？」遂良曰：「守道不如守官。臣職當載筆，君舉必記。」黃門侍郎劉洎曰：「設令遂良不記，天下亦記之矣。」太宗以爲然。

通鑑卷一百九十七貞觀十七年七月載：

初，（時間在十七年以前）上（太宗）謂監修國史房玄齡曰：「前世史官所記皆不令人主見之，何也？」對曰：「史官不虛美，不隱惡，若人主見之必怒，故不敢獻也。」上曰：「朕之爲心，異於前代帝王，欲自觀國史，知前日之惡，爲後來之戒，公可選次以聞。」諫議大夫朱子奢上言：「陛下聖德在躬，擧無過失，史官所述，義歸盡善。獨覽起居，於事無失，若以此法，傳示子孫，竊恐曾玄之後，或非上智，飾非護短，史官必不免刑誅，如此則莫不希風順旨，全身遠害，悠悠千載，何所信乎？所以前代不觀，蓋爲此也。」上不從。玄齡乃與給事中許敬宗等刪爲高祖今上（太宗）實錄。癸巳書成，上之。上見書六月四日事，語多微隱，……

（上）卽令削去浮詞直書其事。

據以上記載可以確知三事：

（一）由褚遂良所說：「君擧必記」，房玄齡所說：「史官不虛美不隱惡」。以及朱子奢的諫諍太宗，不讓他親觀國史，怕的是史官不免刑誅，和悠悠千載，何所信乎？等等看來，可知唐初的起居注、國史，都是「不虛美不隱惡」的信史。

（二）由太宗於貞觀九年十月十六日（另據唐會要史館雜錄上）欲觀國史，不久以後就親觀了國史，又以後，房玄齡、許敬宗等就刪國史爲高祖太宗實錄。這高祖太宗實錄雖是次於國史的第二手史料，但於貞觀十七年七月癸巳日反先國史而成書。

（三）由「卽令削去浮詞」一語，可知貞觀十七年七月高祖太宗實錄書成時，太宗令再加修改。國史之作，第一既是根據起居注，第二又決不虛美不隱惡；關於高祖稱臣之事，既不見於溫大雅所著的大唐創業起居注，又於前面第三第四節論定本無其事；貞觀初年的起居注，亦必無太宗所說高祖稱臣之語。如此則國史之內決無太宗所說高祖稱臣於突厥等語的記載，當無疑問。

在另一方面，太宗既有渭水之恥，起居注又是「君舉必記」。其程度以至於不敢獻給太宗觀閱，則貞觀初年的起居注及國史，必有太宗所說：「足澡吾渭水之恥」。或「足報渭水之役」。等類的語句。

舊唐書卷八十二許敬宗傳：

敬宗嫁女與左監門大將軍錢九隴。本皇家隸人，敬宗貪財與婚，乃爲九隴曲敍門閥，妄加功績，並升與劉文靜、長孫順德同卷。敬宗爲子娶尉遲寶琳孫女爲妻，多得賂遺。及作寶琳父敬德傳，悉爲隱諸過咎。太宗作威鳳賦以賜長孫無忌，敬宗改云賜敬德。白州人龐孝泰，蠻酋凡品，率兵從征高麗，賊知其懦，襲破之。敬宗又納其寶貨，稱孝泰頻破賊徒，斬獲數萬，漢將驍健者，惟蘇定方與龐孝泰耳，曹繼叔劉伯英皆出其下。虛美隱惡如此（貞觀）十七年，以修武德貞觀實錄成，封高陽縣男，賜物八百段，權校黃門侍郎。

許敬宗貪錢九隴、龐孝泰的財貨，便給他們曲敍門閥或改戰敗爲戰勝；足見許敬宗修實錄的態度是虛美隱惡，任意竄改。唐太宗是當時的皇帝。又給他賞賜和升官；許敬宗是否要給唐太宗虛美隱惡，不待智者自可判定。

舊唐書許敬宗傳：

高祖太宗兩朝實錄，其敬播所修者，頗多詳直，敬宗又輒以己愛憎曲事刪改。

許敬宗輒以己愛憎曲事刪改，則敬播所修的詳直處必不存在。高祖太宗兩朝實錄的記載與事實不符，是當然不免的了。

資治通鑑卷一百八十八武德三年五月：「秦王世民引軍自晉州還攻夏縣屠之」之後，考異曰：

高祖實錄：帝曰：「平薛舉之初，不殺奴賊，致生叛亂，若不盡誅，必為後患。」詔勝兵者悉斬。疑作實錄者（許敬宗等）歸太宗之過於高祖，今不取。

同書卷一百九，武德五年十二月壬申，「太子齊王以大軍至，黑闥使王小胡背水而陳（陣），目視作橋成，卽過橋西，衆遂大潰。」一段下面，司馬光加考異曰：

太宗實錄云：黑闥重反，高祖謂太宗曰：「前破黑闥，欲令盡殺其黨，使空山東，不信吾言，致有今日，」及隱太子征闥平之，將遣唐儉往，使男子年十五以上皆坑之，小弱及婦女總驅入關，以實京邑。太宗諫曰：「臣聞唯德動天，唯恩容衆，山東人物之所，河北蠶綿之鄉，而天府委輸，待以成績，今一旦見其反覆，盡戮無辜，流離寡弱，恐以殺不能止亂，非行弔伐之道。」其事遂寢。……按高祖雖不仁，亦不至有欲空山東之理，史臣專欲歸美太宗，其於高祖亦太誣矣？

司馬溫公一則曰：「歸太宗之過於高祖」，再則曰：「史臣專欲歸美太宗，其於高祖亦太誣矣。」可見作實錄的史臣許敬宗，為歸美太宗不惜誣高祖，也要歸太宗之過於高祖。其他司馬溫公考出歸太宗之過於高祖的仍有數處，經作者考出同樣性質的亦有多處，見拙作唐史考辨中，俱不多贅。

渭水之役是一件大事，由於突厥退後不久太宗卽親自敎射於顯德殿一事，知太宗對渭水之役認爲是奇恥大辱而必欲洗雪的。對太宗素以溢美隱惡爲事的許敬宗，於貞觀十四至十七年從事於作太宗實錄（前段）時，對這樣太宗認爲奇恥大辱的事，那有不隱諱的道理？

根據以上所述，許敬宗所作實錄裏，將太宗所說的渭水之恥改爲太宗說高祖稱臣的嫌疑，特別重大。

太宗實錄早已遺失，無從直接看到它的全貌，不過宋史藝文志載有太宗實錄，司馬光作通鑑時，他確是直接看到太宗實錄的；所以在他所作通鑑考異裏常常引用太宗實錄。司馬光對實錄的態度，絕大多數是採取的，除非極爲顯明易見其非事實者纔肯捨棄；所以在通鑑考異裏「今從實錄」的字句，觸目皆是。因此司馬光對於高祖稱臣和渭水之役兩件事記載的態度，應當也是一仍舊貫採用實錄的。

通鑑多採自實錄，已爲近年以來史學界的定論，所以根據通鑑便可推知實錄的大概內容。

資治通鑑卷一百九十一，武德九年八月載：

頡利突利二可汗合兵十餘萬騎寇涇州，進至武功，京師戒嚴。己卯，突厥進至高陵。辛巳，涇州道行軍總管尉遲敬德與突厥戰於涇陽，大破之，獲其俟斤阿史德烏沒啜，斬首千餘級。癸未，頡利可汗進至渭水便橋之北，遣其腹心執失思力入見以覘虛實，思力盛稱頡利突利二可汗將兵百萬今至矣。上（指太宗）讓之曰：「吾與汝可汗面結和親，贈遺金帛前後無算，汝可汗自負盟約，引兵深入，於我無愧；汝雖戎狄，亦有人心，何得全忘大恩，自誇強盛，我今先斬汝矣。」思力懼而請命，蕭瑀、封德彝請禮遣之。上曰：「我今遣還，虜謂我畏之，愈肆憑陵。」乃囚思力於門下省，上自出玄武門與高士廉、房玄齡等六騎徑詣渭水上，與頡利隔水而語，責以負約；突厥大驚，皆下馬羅拜；俄而諸軍繼至，旌甲蔽野，頡利見執失思力不返，而上挺身輕出，軍容甚盛，有懼色。上麾諸軍使却而布陣，獨留與頡利語。蕭瑀以上輕敵，叩馬固諫。上曰：「吾籌之已熟，非卿所知；突厥所以敢傾國而來，直抵郊甸者，以我國內有難：朕新卽位，謂我不能抗禦故也。我若示之以弱，閉門拒守，虜必放兵大掠，不可復制；故朕輕騎獨出，示若輕之，又震曜軍容，使之必戰，出虜不意，使之失圖，虜入我地旣深，必有懼心，故與戰則克，與和則固矣，制服突厥，在此一舉，卿第觀之。」是日頡利來請和，詔許之。上卽日還宮。乙酉，又幸城西，斬白馬與頡利盟于便橋之上，突厥引兵退。蕭瑀請於上曰：「突厥未和之時，諸將爭戰，陛下不許，臣等亦以爲疑，旣而虜自退，其策安在？」上曰：「吾觀突厥之衆，雖多而不整，君臣之志，惟賄是求，當其請和之時，可汗獨在水西，達官皆來謁我，我若醉而縛之，因襲擊其衆，勢如拉朽，又命長孫無忌、李靖伏兵於幽州以待之。虜若奔歸，伏兵邀其前，大軍躡其後，覆之如反掌耳；所以不戰者，吾卽位日淺，國家未安，百姓未富，且當靜以撫之；一與虜戰，所損甚多，虜結怨旣深，懼而修備，然後養威俟釁，一舉可滅也，將欲取之、必固與之，此之謂矣。卿知之乎？」瑀再拜曰：「非所及也」。

在以上引文內「上幸城西，斬白馬與頡利盟于便橋之上，突厥引兵退。」句下，司馬光加考曰：

劉餗小說……。今據實錄傳記絕盟而退，未嘗掩襲，小說所載爲誤。

據此，可以確知司馬光所作通鑑記載武德九年突厥侵至渭水北岸之役，絕對是根據許敬宗所作的實錄，而且在此役中太宗是勝利的，絕沒有一點恥辱。換句話說：實錄所記也必定是勝利而沒有恥辱，也沒太宗所說渭水之恥的話。

通鑑卷一百九十三貞觀三年載：

十二月戊辰，突利可汗入朝，上謂侍臣曰：往者太上皇以百姓之故稱臣於突厥，朕常痛心，今單于稽顙，庶幾可雪前恥。

這就是通鑑裏沒有渭水之恥記載的證據，也就是實錄裏沒有渭水之恥的證據。

實錄裏既沒有渭水之恥的記載，又沒有太宗所說渭水之恥的話。但是在太宗聽到李靖戰勝突厥，克復定襄的時候，說些什麼？實錄裏也決不會空白的。由於實錄裏屢次誣高祖，又屢次歸太宗之過於高祖的事例；以唐高祖稱臣之恥代替了太宗渭水之恥，以太宗所說高祖稱臣的話，代替了太宗所說渭水之恥的話，是許敬宗極容易想到極容易作到的自然趨勢。再以通鑑多採實錄，通鑑裏有高祖稱臣的話而沒有渭水之恥的記載來推斷；實錄的記載，就是以高祖稱臣之恥代替了太宗渭水之恥的。也就是有太宗所說高祖稱臣之恥的話，沒有太宗所說渭水之恥的話。

想更進一步探求太宗所說高祖稱臣的話的淵源出於何書？要從各有此記載的史籍裏去查考，首先要從各史籍出現早晚的時代裏去探求。

現在記載太宗所說高祖稱臣的話的史籍，主要的有舊唐書、貞觀政要、大唐新語、新唐書、通鑑等。舊唐書雖成於五代時後晉天福二年（九三七），其實李靖傳的底稿已早存在。

舊唐書卷六十七李靖傳說：

（貞觀）二十三年（六四九）薨於家，年七十九，冊贈司徒幷州都督，給班劍四十人羽葆鼓吹，陪葬昭陵。

以這樣生平功高，死後備具哀榮的名臣，將其史蹟令國史館立傳，是當然的事。

唐會要卷六十三修國史條：

顯慶元年（六五六）七月三日，史官太尉（長孫）無忌、左僕射于志寧、中書崔敦禮、國子祭酒令狐德棻、中書侍郎李義府、崇賢學士劉胤之、著作郎楊仁卿、起居郎李延壽、秘書郎張文恭等，修國史成，起義寧，盡貞觀末。

劉知幾史通卷一二正史篇說：

貞觀初，姚思廉始撰紀傳，粗成三十卷，至高宗顯慶元年，太尉長孫無忌、與于志寧、令狐德棻、著作郎劉胤之、楊仁卿、起居郎顧胤等，因其舊作，綴以後事，復爲五十卷，雖云繁雜，時有可觀。

李靖卒於貞觀末（二十三年），到顯慶元年，已有七年之久，李靖傳雖不一定能完成，但大體上一定會有了輪廓。

舊唐書卷一百二韋述傳說：

（開元）十八年，兼知史官事，轉屯田員外職方……知史官事如故……二十七年轉國子司業，停知史事。……述在書府四十年，居史職二十年，嗜學著書，手不釋卷。國史自令狐德棻至於吳競雖累修撰，竟未成一家之言，至述始定類例補遺續缺，勒成國史一百一十二卷。

新唐書卷一三二韋述傳說：

初令狐德棻、吳競等，撰武德以來國史皆不能成，述因二家參以後事，遂分紀傳，又爲例一篇。

據此可以確知李靖傳已由韋述完成。

新唐書卷一三二韋述傳：

安祿山亂……述獨抱國史藏南山，身陷賊汚僞官，賊平，流渝州，爲刺史薛舒所困，不食死。廣德初，甥蕭直爲李光弼判官，詣闕奏事稱旨，因理述倉卒奔逼能存國史，賊平盡送史官于休烈，以功補過，宜蒙恩宥。有詔贈右散騎常侍。

趙翼二十二史劄記舊唐書前半全用實錄國史舊本條曰：

五代修唐書雖史籍已散失，然代宗以前，尚有紀傳，而庾傳美得自蜀中者亦尚有九朝實錄，今細閱舊書文義，知此數朝紀傳多抄實錄國史原文也。是史修於易代之後，考覆既確，未有不據事直書，若實錄國史供於本朝，必多迴護，觀舊書迴護之多，可見其全用實錄國史而不暇訂正也。

根據以上，可以證實：五代後晉天福二年劉昫所作的舊唐書（即現存的舊唐書），即根據韋述所作國史而未改訂。所以根據現存的舊唐書李靖傳的內容卽可知韋述所成國史內的李靖傳內容。

吳競著貞觀政要作成的時代，約與韋述所成的國史同時，現存舊唐書李靖傳內記的太宗所說的話，和貞觀政要任賢篇記的太宗所說的話，幾乎完全相同；所以依據舊唐書李靖傳和貞觀政要更可推知韋述所成國史內的李靖傳的內容。

茲將各史籍所載內容，有無太宗所說高祖稱臣或渭水之恥的話，按時代順序列一簡表如下：

時代	史籍名稱	高祖稱臣說	渭水之恥說	備註
貞觀初	國史	無	有	
貞觀中	高祖太宗實錄	？	無	
高宗顯慶時	長孫無忌作之李靖傳稿	？	？	由劉知幾評其繁雜，可能二說均有
開元天寶時	韋述作之國史李靖傳	有	有	
開元天寶時	貞觀政要	有	有	
五代時	舊唐書李靖傳	有	有	
宋仁宗時	新唐書李靖傳 突厥傳	無 有	有 無	將新唐書合觀仍係二者均有
宋神宗時	通鑑	有	無	

根據上表，可以看得很清楚：高祖稱臣說，由無變為有，其轉變點，在表面上雖然似乎有實錄和李靖傳稿兩個可能，但是作李靖傳稿的時候，國家只有兩種官史，一種是尚未公佈的國史，一種是業

已在貞觀十四年公佈的實錄。倘若實錄裏沒有高祖稱臣的話，長孫無忌等史官對於有傷高祖尊嚴的記載，誰願意、誰肯、誰敢輕易加進去？何況當時的私籍全無此記載，他們何所據而加入呢？所以判斷最先出現太宗所說高祖稱臣的話的史籍，當然是實錄。

其次，實錄裏既無渭水之恥說，倘若是再無高祖稱臣說，豈不是許敬宗抹去國史所載的渭水之恥說而變爲太宗對李靖沒說什麼話？太宗在聽到李靖戰勝突厥克復定襄後，對李靖那有不說話的道理？許敬宗處處溢太宗之美，那能空空放過這個記載太宗說話的機會？常常溢美太宗，常常移太宗之過於高祖，而且以誣高祖爲常事的許敬宗，在刪去太宗渭水之恥後，輕輕的以高祖稱臣之說來遞補上去，不是極其自然的事嗎？據以上理由和證據，可以肯定判斷：高祖稱臣之說最早見於許敬宗作的太宗實錄。

七　高祖稱臣說的演成

根據現存的舊唐書李靖傳，即可以推知韋述所作的國史內的李靖傳，甚至長孫無忌等所作國史內的李靖傳稿（理由見前），玆細閱其內容：

（貞觀）四年，靖進擊定襄，破之。獲隋齊王暕之子楊正道及煬帝蕭后送於京師，可汗僅以身遁，以功進封代國公，賜物六百段及名馬寶器焉。太宗嘗謂曰：「……卿以三千輕騎深入虜庭，克復定襄威振北狄，古今所未有，足報往年渭水之役。」……頡利乘千里馬將走投吐谷渾，西道行軍總管張寶相擒之（頡利可汗）以獻。俄而突利可汗來奔，遂復定襄常安之地，斥土界自陰山北至於大漠。太宗初聞靖破頡利，大悅，謂侍臣曰：「……往者國家草創，太上皇以百姓之故稱臣於突厥，朕未嘗不痛心疾首，志滅匈奴……今暫動偏師，無往不捷，單于款塞，恥其雪乎？」

從上面這一段記載的表面看，似乎是太宗前後說了兩段話：一段提到往年渭水之恥；另一段提到太上皇（即高祖）稱臣於突厥。但經細心研究後，便可以看出來：

第一：太宗說到渭水之役的時間，明明記在李靖破定襄之後，太宗所說的話裏也提到「克復定襄，威振北狄」，足證太宗對於李靖所說的話，是在克復定襄以後的不久。

第二：太宗說到高祖稱臣於突厥的時間，雖然寫在張寶相擒頡利以後，但是太宗說話的前面，緊接着有：「俄而突利可汗來奔，遂復定襄之地」的記述，而且太宗說話的內容又有「暫動偏師」和「單于款塞」（指突利可汗）的話。足證縱然假設太宗說過那些話（事實上沒有說過），時間上也在李靖克定襄以後的不久。

第三：太宗所說的兩段話（一說渭水之恥，一說高祖稱臣）在同一時間，而在同篇李靖傳裏記作兩段，分在前後，中間夾着克復定襄後數月的擒頡利事（據兩唐書及通鑑：貞觀四年正月克復定襄，三月生擒頡利）。這可以襯出作史者是同時容納兩種不同來源的史料而前後排列在一篇傳裏，痕蹟還是清清楚楚的。所以致此的原因，是史官根據兩種史料抄寫，忽略了史事的時間性，（敍過後事再敍前事，通常都加「先是」二字，不加「先是」，而加「俄而」，故知史官忽略了史事的時間性。）而都抄進去。（根據前面所引劉知幾正史篇的評語，最先犯此錯誤的，以顯慶時的某史官的嫌疑最大）

根據以上可以表現出來兩種特別重要的意義：

（一）可以確切證明唐高祖稱臣之說，一定出於實錄，寫在「突利可汗來奔，遂復定襄常安之地。」以後。渭水之恥之說出於國史，寫在：「靖進擊定襄，破之……」以下（理由見前）。

（二）後人不細察太宗說那兩段話的時間，只見在一傳裏太宗前後說了兩段話，便認爲眞的說過兩段話；於是便相信渭水之恥和高祖稱臣二者都是事實。這樣以來，就等於眞假包公同時出現了。

及吳兢撰貞觀政要，在任賢篇李靖節內記太宗說渭水之恥事的話，只有「足報往年渭水之役」句後，較李靖傳多出一個「矣」字；將「古今所未有」改爲「實古今未有」，其餘和李靖傳完全一樣。至於記太宗所說高祖稱臣的話，只有較李靖傳多出「突厥強梁」四字，「稱臣於頡利」，與李靖傳「稱臣於突厥」略錯兩字外；其餘和李靖傳全沒二樣。可知吳兢是照李靖傳抄寫的。

最值得注意的唯一與李靖傳不同處，就是吳兢把太宗說渭水之恥的話繫在貞觀三年，把太宗說高祖稱臣的話繫在貞觀四年。這樣一來，太宗的眞假兩段話（渭水之恥與高祖稱臣）變成不同時的兩件事都獨立的存在。變得對假包公也無從懷疑了。

天寶時，集賢院學士兼知史官劉餗著隋唐嘉話，因爲他熟悉唐初的故實，曾有一段記渭水之恥太宗傾府庫賂突厥以求和事，但因爲政府公佈的太宗實錄裏不只沒此記載，記載的却是太宗的勝利，「突厥求和詔許之」一類的話；所以劉餗的記載並不爲人所重視。縱然有少數人相信，但因渭水之恥和高祖稱臣已成爲人們錯認可以並存的事，所以決不至因劉餗所記渭水之恥事而妨礙到高祖稱臣事的存在。

及五代石晉時，劉昫作成舊唐書，全是抄國史和實錄原文，對李靖傳當然全依韋述所成的舊稿。渭水之役和高祖稱臣兩段話仍然同存於一傳的前後。雖然說兩段話的時間表現出是完全相同的，但是讀史的人們也不暇考訂了。

宋仁宗時歐陽修纂新唐書，紀傳由宋祁擔任，於李靖傳裏雖只採太宗說：「足滌吾渭水之恥矣」一段，而未採太宗所說高祖稱臣事；但是對高祖稱臣之說仍未放棄而改寫於突厥傳裏。眞假包公不只不同時出現，而且不同地出現，使讀史的人們更沒法子懷疑那一個是假包公了。

及宋神宗時司馬光著通鑑，他完全採用許敬宗所作的太宗實錄，相信太宗確曾說過高祖稱臣於突厥的話。他在通鑑卷一百八十四義寧元年六月，「劉文靜勸李淵與突厥相結……淵從之，自爲手啓卑辭厚禮遺始畢可汗。」一段下加考異曰：

創業注云：仍命封題署云某啓，所司請改啓爲書，帝不許。按太宗云：太上皇稱臣於突厥，蓋謂此時，但溫大雅諱之耳。

對於突厥侵至渭水之役，司馬光也是採用的實錄而不信劉餗所記。他於通鑑卷一百九十一武德九年八月所記：「乙酉，(太宗)又幸城西，斬白馬與頡利盟於便橋之上，突厥引兵退。」一段下加考異曰：

劉餗小說（指隋唐嘉話）：武德末年，突厥至渭水橋……驛召衛公（李靖）問策，……靖請傾府庫賂以求和，潛軍邀其歸路，帝從其言，胡兵遂退。於是據險邀之，虜棄老弱而遁，獲馬數萬匹，帛金一無遺焉。今據實錄紀傳：結盟而退，未嘗掩襲，小說所載爲誤。

從以上兩段考異裏，可以看出：司馬光對於溫大雅的創業起居注和劉餗的小說都不相信。一味的遵從實錄和兩唐書紀傳的記載，相信有高祖稱臣事，對渭水之役則相信太宗並無恥辱。

司馬光作通鑑大體上當然是成功的，但是智者千慮必有一失。太宗有沒有「傾府庫賂突厥以求和」是一回事，有沒有乘突厥退潛軍邀其歸路又是一回事。因相信沒有據險邀擊突厥一事爲眞而連帶判定太宗沒有傾府庫賂以求和一事，未免不合羅輯而武斷。此非本文討論重心不贅述。

重要的是司馬光因不信有渭水之恥而不書恥，完全遵從實錄書爲光榮。連帶着將太宗所說過的「足澡吾渭水之恥」的話，全都略去。從此勢之所趨，自然相信太宗於初聞李靖敗突厥克復定襄之時，所說的話是：「昔太上皇稱臣於突厥」一類的話。因此便將太宗所說高祖稱臣的話，按照實錄採用。他既確定這一大前題以後，再看溫大雅的創業注記高祖和突厥交涉之事雖詳，但絕無稱臣於突厥痕蹟，所以他就在「淵……自爲手啓……遺始畢可汗」句後加考異謂：「太宗云：太上皇稱臣於突厥，……但溫大雅諱之耳。」以了此案。

司馬光因看到太宗所說高祖稱臣的話而驟以爲眞，並未細考許敬宗作實錄的政治背景及他誣高祖事例之多而且甚，其發生錯誤，自不待言；但唐高祖稱臣於突厥案，到此就幾乎等於最後判決爲眞有其事了。

司馬光的作資治通鑑，助纂者有劉攽、劉恕、范祖禹等碩學名儒，採用雜史至三百二十餘種，歷時十九年之久，後世學者一致承認其「文繁意博，體大思精。」所作的通鑑考異，大都審愼確實爲後世所稱道；所以讀史者對於他的考訂便信而不疑。他從太宗實錄，將渭水之恥寫成勝利，後人腦海裏便取消了渭水之恥的名辭，他從太宗實錄採用了太宗所說高祖稱臣的話，後世人便確信高祖眞曾有稱臣於突厥的事。於是眞包公反倒隱而不現，假包公反倒毫無羞慚的存在着。

近人陳寅恪氏在他作的「外族盛衰之連環性及外患與內政之關係」一文裏，對於唐高祖稱臣於突厥事復加案語說：

寅恪案：溫大雅大唐創業起居注所載唐初事最爲實錄，而其紀劉文靜往突厥求援之本末，尙於高祖稱臣一節隱諱不書，逮頡利敗亡已後，太宗失喜之餘，史臣傳錄當時語言，始洩露此役之眞相。

這無異於代假包公編出一套他之所以爲眞的騙人理由。勿怪乎唐高祖稱臣於突厥之說，彌漫於讀史者的腦際，而不易糾正。

綜結高祖稱臣說形成的原因和步驟如下：

第一步：許敬宗的作實錄，有其特殊政治背景特殊目的，許敬宗極力想升官邀賞，爲溢太宗之美，不惜移太宗之過于高祖。於是高祖稱臣於突厥之說產生。

第二步：初草李靖傳稿的史官，認爲國史與實錄都是國家的官史，採兩種史籍合一揉抄，信而不疑。以後作史的人，都照樣或稍變更的抄錄下去。於是高祖稱臣於突厥之說，更得到保障的存在着。

第三步：司馬光雖綜合諸史籍加以考異，但原則仍是相信實錄。而且許敬宗在實錄裏造僞太多，都可與高祖稱臣說成爲觭角，互張聲勢。如太宗首謀起義以及高祖諸多過失等事，使司馬溫公在未揭破其他僞造史事之前，沒機緣懷疑到高祖稱臣問題。並且在司馬溫公的時代，所有的史籍已將高祖稱臣之說演變到獨立存在，與渭水之役無牽涉了，以致他無由可以懷疑了。正因爲他已肯定了高祖稱臣之說，爲找理由來解說，便反倒判爲「溫大雅諱之耳」。創業注是一本小書，因記太原起義與正史紀傳不同而不爲世人相信，溫公再謂之隱諱，如被誣的人有寃無處訴一樣，於是高祖稱臣之說，更容易取得人們的相信。

第四步：陳寅恪因誤信了溫公之論，復解之以數條理由，使高祖稱臣說更粉飾得好像合情合理了（究其根底則錯誤）。讀史者徧讀諸史籍，高祖稱臣說觸目皆是，讀溫公的通鑑考異，又是那樣的肯定，看陳作之文又解釋的可以飾非。怎能不令人陷入於五里霧中呢？

高祖稱臣說最令人牢不可破的原因，是許敬宗造僞太多，有一些被人們誤信多年的史事，都可以作此說的掩護體，它們都可以作攻破此案前的障礙物。試問相信高祖庸愚的，怎能相信高祖超越羣雄而免於稱臣？相信太宗萬能的，怎能相信他還會有渭水之恥？甚至於相信高祖屢次欲立太宗而不瞭解他們父子間有不愉快存在的人，便無法相信許敬宗在實錄裏那樣敢誣高祖。等等不贅。既相信的不去懷疑，縱有懷疑的，在未攻破與此案互爲犄角的諸案之前，當然沒有攻破此案的動機和階梯。所以時至現今，高祖稱臣之說，容易爲人誤信而牢不易破。

八　結　論

隋煬帝大業十三年（六一七）五月，唐高祖起義於太原，他的目的是代隋而有天下，但第一步則在入據隋的都城長安。那時，塞外的東突厥始畢可汗剛叛而不臣附於隋，國勢漸強，唐高祖怕在大兵西進時突厥南下；所以就與突厥書以事聯絡，這文件高祖令稱「啓」，而有司依以前慣例，請改稱

「書」，高祖因有求於突厥，特別屈己，堅主用「啓」。

始畢可汗得啓後，反而想借機會強迫唐高祖稱臣，覆書上表示反對迎接煬帝，願意擁護高祖作天子。蓋當時的習慣：向突厥稱臣的都稱「可汗」，譯爲華語卽是「天子」。唐高祖接到覆信，嘆息許久後，向僚屬們表示寧和突厥決裂，決不能接受始畢可汗的意見，經和他的兒子與僚屬磋商，決定的辦法是廢煬帝而立代王，改易旗幟雜用絳白以示突厥。

唐高祖因爲突厥反對煬帝，所以改立代王。表面固然表示遷就突厥，骨子裏表示仍然不脫離隋朝的系統。至於要改易旗幟的意思：因爲當時突厥封臣屬時例送以黃色的狼頭纛。隋的旗幟是紅色，表示不脫離隋，所以仍然採用一部紅色。又當時有一種童謠讖語說：「白旗天子出東海」，唐高祖爲符應那讖語，內心表示他將來可得天下，所以採用一部白色，而成爲紅白相映的旗幟。總之，高祖立代王改旗幟以示突厥的意思，就是不脫離隋的系統，不能加入突厥的系統，也不能稱可汗，也不能接受狼頭纛，都是不能稱臣於突厥的意思。

唐高祖和突厥幾次交涉，態度堅強，也有僚屬勸他接受突厥意思（卽稱臣）的，高祖也曾大發脾氣責之以大義，堅決不肯答應。

當時中國境內雖然羣雄割據，但控制着核心地帶長安洛陽以及江淮一帶的，還是隋。突厥想推翻隋使中國更紛亂以便隨時侵略，又想着打到長安以取隋多年積聚的金帛寶貨。但是不利用羣雄不易達此目的，縱能達到，也要犧牲很大兵力。唐高祖對突厥想不勞而獲的心理極爲明瞭，便於七月派遣劉文靜出使突厥，和始畢可汗約定：若入長安，民衆土地歸唐，子女玉帛歸突厥。只用突厥兵五百，馬二千匹。突厥費很小本錢可得極大利益，當然始畢可汗大喜，不必向唐再索更優的條件了。而且當時羣雄中，只有唐高祖有此不依靠突厥而能攻取長安的兵力，也只有豁達大度的唐高祖有資格而且肯答應突厥這條件，突厥認爲唐高祖爲唯一的可以利用的對象，當時也是雙方合作的最好的時機，所以對於逼唐高祖稱可汗（卽稱臣）的條件，始畢可汗當然不堅持，因之也就置此條件不談，順利的雙方達成協議了。

以上高祖和突厥交涉的經過，尤其高祖處理對突厥事的一言一行，記室參軍溫大雅都憑着他的親見親聞記在他所作的大唐創業起居注一書裏，因爲沒有對突厥稱臣事，所以在那書裏就沒有稱臣的記載。

突厥協助唐高祖，除欲得長安的財貨外，還希望中國分裂；不料唐高祖由擁立代王爲帝自稱大丞相，進而於煬帝被弒後卽皇帝位（六一八），一二年內成爲羣雄中最大的勢力而且已具有統一的雛形。突厥見此情勢不利於侵掠，和以前想像不符，反而於唐高祖武德三年（六二〇）迎煬帝的蕭后及楊政道至定襄，立政道爲隋王以與唐對抗而阻止統一，並且不時的幫助梁師都、王世充、劉黑闥等以抗唐，唐則由太子建成與秦王世民駐兵北邊以事防守。及武德七年，建成世民內鬨的情形顯著，防禦突厥的責任改操於建成和元吉之手。

武德九年六月四日，玄武門事變發生，建成元吉被殺，秦王世民由被立爲太子而登上帝位，因搜捕建成元吉餘黨的原因，人心未安，河北尤甚。突厥乘此機會，由建成餘黨羅藝防守的涇州入塞南下，一日夜行三百里如入無人之境，直至進到渭水北岸，略無遇到大的阻力。那時太宗剛卽位不久，發各州的兵尚未趕到長安，長安城岌岌可危，太宗不得已只好聽老將李靖的建議，傾府庫的金帛與突厥以求和。突厥兵始退。

突厥退後，太宗立志雪恥，於貞觀三年底派李靖率兵十餘萬伐突厥，貞觀四年正月初，李靖克復定襄，俘了蕭后及隋王楊政道送於長安，太宗大爲歡喜，就說一段稱讚李靖的話，內裏有一句是：

「足澡吾渭水之恥矣！」

以上這些對突厥的事蹟，都按唐代的制度，先由起居郎作成起居注，授之國史館，記載在國史之內了。

貞觀九年（六三五）五月高祖崩，太宗於是年九月，想看國史，當時監修國史的房玄齡和諫議大夫朱子奢都曾勸說阻止，但是太宗不聽，結果還是看了，太宗認爲國史所記玄武門事變等事需要修改，就命令房玄齡和許敬宗刪改國史另爲高祖今上實錄。至貞觀十七年作成高祖及太宗實錄（前段包括貞觀十四年以前），獻給太宗，太宗又令加修改後公佈。

許敬宗才優而行薄，爲迎合太宗的歡心，對國史任意修改，他修改的多，出一般人意料之外。他的原則是溢太宗之美。除一部分明顯之處已被司馬光考證出來外，其餘的還很多不符事實處。例如太原起義將高祖主動改爲太宗主動；高祖不曾說過立太宗爲太子改爲高祖曾數言立太宗爲太子；將建成的軍功盡行掩去，而將太宗的軍功擴大；太宗主動的殺建成元吉改爲太宗不得已被迫而殺建成元吉；等等不能盡述。所欲特別提出的是：爲溢美太宗自然的便要誣及高祖，卽司馬光所謂「歸太宗之過於高祖」是也。這原因是：

（一）如果不誣高祖，不歸太宗之過於高祖，便不容易溢出太宗之美。因爲有時是一功不能兩屬，一過不能兩歸，只好功歸太宗，過歸高祖；有時勢必採用烘雲脫月的方法，不誣高祖以過，不易襯出太宗之功。

（二）玄武門事變前後，高祖太宗父子間感情頗不融洽，因之對於許敬宗的誣高祖，太宗並不反對。而且爲溢自己之美或掩自己之過而誣高祖，太宗更不反對。

（三）那時高祖已死，文武羣臣都是太宗的部屬，誰肯介與他們父子的功過問題，而干與其事，又誰能抗議其事？看許敬宗可以任意修改敬播詳直處的記載，以及許敬宗因修實錄而得重賞，便可證明。

許敬宗歸太宗之過於高祖，既是數見不鮮的事實。他看到國史上記的渭水之恥，有辱太宗的尊嚴，勢必除掉，但是李靖克復定襄後，太宗又不能沒有表示；所以就自然而然的以高祖稱臣之恥來補其空缺。因此，太宗所說高祖稱臣的一段話，便出現於許敬宗作的太宗實錄裏了。

太宗將許敬宗作的實錄公佈後，大體爲人們所共信，但是還有熟悉史事忠於史事的史臣，對於太宗渭水之恥事，另行抄錄保存，高宗時發現許敬宗作的實錄不實而又呈獻出來，加入國史。總之結果是國史記載的太宗所說渭水之恥的話，仍得保留下來。（其情形正如許敬宗雖造太宗首謀舉義，而溫大雅創業起居注仍能保存下來一樣。）於是太宗所說的話，便成爲兩樣的兩段同時俱存了。

國史和實錄都是編年體。唐初國史的紀傳體雖起於貞觀時姚思廉，因當時李靖尚存，並無其傳。至高宗初年，長孫無忌等撰紀傳體的國史五十卷，李靖傳已具有雛形。至玄宗時，韋述作成紀傳體國史一百一十二卷，李靖傳至此時大已體確定。最晚是韋述（可能是長孫無忌修國史時的某一位史官），看到國史，也看到實錄，作李靖傳時，將國史和實錄合抄，以爲太宗兩段話都是眞的，就把國史內記的太宗所說渭水之恥，和實錄裏記的太宗所說高祖稱臣於突厥的兩段話，前後排列起來。前面有：「靖進擊定襄，破之……太宗謂：『……足報往年渭水之役。』，後面又有：「俄而突利可汗來奔，遂復定襄常安之地……太宗……謂侍臣曰：『太上皇以百姓之故稱臣於突厥……』。」

現存舊唐書李靖傳是完全根據韋述作的李靖傳，韋述作的李靖傳又根據長孫無忌時的李靖傳稿，舊唐書李靖傳有如上的記載，就證明韋述或長孫無忌時史官，確是將國史和實錄合抄的。這一方面說明：唐高祖稱臣說最早出於實錄，另一方面說明，從此（韋述、或長孫無忌），高祖稱臣說和渭水之恥說同時並存了（此是本文中最重要的兩點）。

以後諸史家有的採一說，多半採兩說（見前面所列之表）。但因文字關係，又發生說話時間上的多種差異。新唐書記太宗說高祖稱臣的話以前，便將：「遂復定襄常安之地」一語漏掉，只寫「突利及郁射設蔭奈特勒帥所部來奔。……，」通鑑則把太宗說話的時間改變到「突利可汗入朝（貞觀三年十二月）」以後。如不仔細從上而下比較研究，又好像唐太宗說高祖稱臣的話，不止一次。

司馬光看到太宗說高祖稱臣的話後，未知係許敬宗僞造而確信不疑；爲找解說，便反過來說「溫大雅諱之耳」。陳寅恪更解以似是實非的理由，於是高祖稱臣之說，便成爲「曾參殺人，其母投杼」了。

孔子曰：「視其所以，觀其所由。」追根究底，高祖稱臣之說，還是許敬宗爲「歸太宗之過於高祖」，就國史原有的太宗所說：「足澡吾渭水之恥」的話，所改出來的。倘若不追本求源，信以爲眞；正和相信慣犯的騙子，以爲他不至騙的這樣厲害，結果還是受騙，是一樣的。敬請史界諸公細察賜正。

（本論文發表於大陸雜誌第三十七卷第八期）

三、唐太宗的模仿高祖及其對唐帝國的影響

本論文之完成，得國家科學委員會之補助，特此註明。

一　唐太宗的模仿高祖（上）

世皆稱唐高祖庸愚無能，處處受太宗的指導，太原起義由太宗周密佈置，催促再四而後始動，其餘很多的事都由太宗主謀。甚至高祖常常作錯，經太宗的糾正始免失敗。這等等一切，都是太宗即位後，史官爲溢太宗之美而造出來的，在拙作「李唐太原起義考實」及「論唐高祖之才略」諸文裏都曾論及，不必贅述。及閱讀日廣，研究益審，由諸多史實裏，證明唐高祖固然不是處處尊從太宗，相反的，證實唐太宗的用人處事，確是處處模仿高祖。蓋高祖年齡長於太宗三十二歲，太宗自幼隨從於高祖的左右，時日既久，耳濡目染，不只對高祖的用人處事，極爲熟悉，而且對於前因後果，也有了體會和證驗，自然而然的發生了模仿的心理和行動。玆擇其明顯易見的數條列舉於後，以備研究唐史者共同審察、評判而決定新的結論。

唐高祖生於北周武帝天和元年（西元五六六年），崩於唐太宗貞觀九年（西元六三五年），於隋開皇元年（西元五八一年）文帝篡周時，他已十有六歲；隋煬帝大業十四年，煬帝被弒於揚州時，他年五十三歲。加以他和楊隋的親戚關係，以及歷任中外各要職的履歷，所以他對於隋的成敗興衰，都

看得極為清楚，對於隋朝滅亡的原因，尤其觀察得正確而透徹；因此他對人處事的總則，就是：以隋爲鑑。

唐高祖引用楊隋以爲鑑戒的是很多，玆舉數項於下：

全唐文卷三擧義旗誓衆文云：

> ……異哉今上（指隋煬帝）之行己也，獨智自賢……飾非好佞，拒諫信讒，敵怨誠良，仇讎骨肉，巡幸無度，窮兵極武，喜怒不恆，親離衆叛。

舊唐書卷七十五孫伏伽傳說：

> 高祖覽之（孫伏伽上疏）大悅，下詔曰：「……周隋之季，忠臣結舌，一言喪邦，諒足深誡，永言於此，常深歎息。朕每思寡薄……常冀弼諧以匡不逮。」

同書同傳又說：

> （武德）二年，高祖謂裴寂曰：「隋末無道，上下相蒙，主則驕矜，臣惟諂佞，上不聞過，下不盡忠，至使社稷傾危，身死匹夫之手，朕撥亂反正，志在安人，平亂任武臣，守成委文吏，庶得各展其能，以匡不逮。」

全唐文卷一加恩隋公卿民庶詔云：

> 隋政不綱，行止無度，東西奔騁，靡歲獲寧，遂使父子乖離，室家分析……朕……思俾惠澤，逮於鰥寡……。

同書同卷遣太子建成等巡畿甸詔云：

隋末道消，運爲陽九，盜賊蜂起，饑饉薦臻，四海之民，墜於塗炭，是以上天降鑒，爰命朕躬……府庫倉廩，所在開發，流冗之民，隨加鎮撫。

其餘高祖引隋以爲鑑戒之處還多，不贅。

通鑑卷一百九十三貞觀四年秋七月載：

乙丑，上問房玄齡，蕭瑀曰：「隋文帝何如主也？」對曰：「文帝勤於爲治，每臨朝或至日昃，五品以上引坐論事，衛士傳飧而食，雖性非仁厚，亦勵精之主也」。上曰「公得其一，未知其二，文帝不明而喜察，不明，則照有不通，喜察則多疑於物，事皆自決，不任羣臣。天下至廣，一日萬機，雖復勞神苦形，豈能一一中理，羣臣既知主意，唯取決受成，雖有愆違，莫敢諫爭，此所以二世而亡也。朕則不然，擇天下賢才，寘之百官，使思天下之事，關由宰相，審熟便安，然後奏聞，有功則賞，有罪則罰，誰敢不竭心力以修職業，何憂天下之不治乎。」

同書卷一百九十四貞觀六年十二月又載：

上謂侍臣曰：「朕比來決事，或不能皆如律令，公輩以爲事小，不復執奏。夫事無不由小以致大，此乃危亡之端也。昔關龍逢忠諫而死，朕每痛之。煬帝驕暴而亡，公輩所親見也。公輩常宜爲朕思煬帝之亡，朕常爲公輩念關龍逢之死，何患君臣不相保乎？」

貞觀政要卷一：

貞觀九年，太宗謂侍臣曰：「往昔初平京師，宮中美女珍玩，無院不滿，煬帝意猶未足，徵求無已，兼東西征討，窮兵黷武，百姓不堪，遂致亡滅，此皆朕所目見，故夙夜孜孜，惟欲清淨，使天下無事，遂得徭役不興，年穀豐稔，百姓安樂。夫治國猶如栽樹，木根不搖，則枝葉茂榮，君能清淨，百姓何得不安樂乎。」

同書同卷又曰：

貞觀十九年，太宗謂侍臣曰：「朕觀古來帝王，驕矜而取敗者，不可勝數，不能遠述古昔，至如晉武平吳，隋文伐陳已後，心逾驕奢，自矜諸已，臣下不復敢言，政道因茲弛紊。朕自平定突厥，破高麗已後，兼幷鐵勒，席卷沙漠，以爲州縣，夷狄遠服，聲教益廣。朕恐懷驕矜，恆自抑折，日旰而食，坐以待晨，每思臣下有讜言直諫，可以施於政教者，當拭目以師友待之，如此，庶幾於時康道泰爾。」

以上又是太宗引隋以爲鑑誡的例子。高祖引隋爲鑑事，多在起義以後或武德年間，太宗引隋爲鑑事多在貞觀年間，以時間的先後比較，知係太宗模仿高祖而非高祖聽太宗的指導。以上所舉高祖太宗都常引隋爲鑑事，是太宗模仿高祖的第一件事。

舊唐書卷七十五孫伏伽傳說：

武德元年，初以三事上諫，其一曰……陛下勿以唐得天下之易，不知隋失之不難也……其二曰……近者太常官司於人間借婦女裙襦五百餘具以充散妓之服，云擬五月五日於玄武門遊戲，臣竊思審，實損皇猷，亦非貽厥子孫謀爲後代法也。……其三曰……皇太子及諸王等左右羣僚不可不擇而任也……高祖覽之大悅，下詔曰：「秦以不聞其過而亡，典籍豈無先誡，臣僕諂諛故弗之覽也。……萬年縣法曹孫伏伽至誠慷慨，詞義懇切，指陳得失，無所迴避，非有不次之舉，曷貽利行之益。伏伽既懷諒直，宜處憲司，可治書侍御史，仍頒示遠近知朕意焉。」兼賜帛三百匹。時軍國多事，賦斂繁重，伏伽屢奏請改革，高祖並納焉。

舊唐書卷六十二李綱傳說：

（劉）武周攻陷榆次，進逼幷州，元吉大懼，紿其司馬劉德威曰：「卿以老弱守城，吾以強兵出戰。」因夜出兵，攜其妻妾棄軍奔還京師，幷州遂陷。高祖怒甚，謂綱曰：「元吉幼小，未習時事，故遣竇誕宇文歆輔之。強兵數萬，食支十年，起義興運之資，一朝而棄，宇文歆首畫此計，我當斬之。」綱曰：「賴歆令陛下不失愛子，臣以為有功。」高祖問其故，綱對曰：「罪由竇誕不能規諷，致令軍人怨憤，又王年少，肆行驕逸，放縱左右，侵漁百姓，誕曾無諫止，乃隨順掩藏以成其釁，此誕之罪。宇文歆論情則疎，向彼又淺，王之過失，悉以聞奏，且父子之際，人所難言，歆言之，豈非忠懇？今欲誅罪，不錄其心，臣愚竊以為過。」翌日高祖召綱入升御坐謂曰：「今我有公，遂使刑罰不濫。」

舊唐書卷七十二褚亮傳說：

時高祖以寇亂漸平，每冬畋狩，亮上疏諫曰：「……至於親逼猛獸，臣竊惑之，何者，筋力驍悍，爪牙輕捷，連弩一發未必挫其凶心，長戟纔撝不能當其憤氣，雖孟賁抗左夏育居前，卒然驚軼，事生慮表，如或近起林叢，未填坑谷，駭屬車之後乘，犯官騎之清塵，小臣怯懦，私懷戰慄，陛下以至聖之資，垂將來之教，降情納下，無隔直言，臣叨逢明時，遊宦藩邸，身漸榮渥，日用不知，敢緣天造，冒陳丹懇。」高祖甚納之。

舊唐書卷一百八十五李素立傳說：

李素立……武德初，爲監察御史，時有犯法不至死者，高祖特令殺之。素立諫曰：「三尺之法，與天下共之，法一動搖，則人無所措手足。陛下甫創鴻業，遐荒尙阻，奈何輦轂之下，便棄刑書，臣忝法司，不敢奉旨。」高祖從之，自是屢承恩顧。

是高祖有鑑於煬帝因拒諫速亡，而接納羣臣之諫也。

貞觀政要卷二：

貞觀十五年，遣使詣西域，立葉護可汗未還，又令人多賫金帛，歷諸國市馬，魏徵諫曰：「今發使以立可汗爲名，可汗未定立，卽詣諸國市馬，彼必以爲意在市馬，不爲專立可汗，可汗得立，則不甚懷恩，不得立則生深怨，諸蕃聞之，且不重中國，但使彼國安寧，則諸國之馬，不求自至，昔漢文帝有獻千里馬者曰：吾吉行日三十，凶行日五十，鸞輿在前，屬車在後，吾獨乘千里馬將安之乎？乃償其道里所費而返之，又光武有獻千里馬及寶劍者，馬以駕鼓車，劍以賜騎士，今陛下凡所施爲，皆邈過三王之上，奈何至此欲爲孝文光武之下乎？又魏文帝求市西域大珠，蘇則曰：若陛下惠及四海，則不求自至，求而得之，不足貴也，陛下縱不能慕漢文之高行，可不畏蘇則之正言耶。」太宗遽令止之。

舊唐書卷七十四馬周傳說：

周上疏曰：「……臣又伏見明勑以二月二日幸九成宮，臣竊惟太上皇春秋已高，陛下宜朝夕視膳而晨昏起居，今所幸宮去京三百餘里，鑾輿動軔，嚴蹕經旬，非可以旦暮至也，太上皇情或思感而欲即見陛下者，將何以赴之，且車駕今行本為避暑，然則太上皇尚留熱所，而陛下自逐凉處，溫清之道，臣竊未安，然勅書既出，業已成就，願示速返之期以開衆惑。……」太宗深納之。

舊唐書卷七十戴冑傳說：

五年太宗將修復洛陽宮，冑上表諫曰：「陛下當百王之弊，屬暴隋之後，拯餘燼於塗炭，救遺黎於倒懸，遠至邇安，率土清謐，大功大德，豈臣之所稱贊。臣誠小人，才識非遠，唯知耳目之近，不達長久之策，敢竭區區之誠，論臣職司之事，比見關中河外盡置軍團，富室強丁，並從戎旅，重以九成作役，餘丁向盡，去京二千里內，先配司農將作，假有遺餘，勢何足紀，亂離甫爾，戶口單弱，一人就役，舉家便廢，入軍者督其戎仗，從役者責其糇糧，盡室經營，多不能濟，以臣愚慮，恐致怨嗟，七月已來，霖潦過度，河南河北，厥田洿下，時豐歲稔，猶未可量，加以軍國所須，皆實府庫，布絹所出，歲過百萬，丁既役盡，賦調不減，費用不止，帑藏其虛，且洛陽宮殿，足蔽風雨，數年功畢，亦謂非晚，若頓修營，恐傷勞擾。」太宗甚嘉之，因謂侍臣曰：「戴冑於我無骨肉之親，但以忠直勵行，情深體國，事有機要，無不以聞，所進官爵，以酬厥誠耳。」

是唐太宗亦能接納羣臣的諫諍也。

高祖能納諫，太宗亦能納諫，是太宗模仿高祖的第二件事。

舊唐書卷七十五孫伏伽傳說：

武德二年，高祖謂裴寂曰：「隋末無道，上下相蒙，主則驕矜，臣惟諂佞，上不聞過，下不盡忠，至使社稷傾危，身死匹夫之手。朕撥亂反正，志在安人，平亂任武臣，守成任文吏，庶得各展器能以匡不逮，比每虛心接待，冀聞讜言，然惟李綱善盡忠欵，孫伏伽可謂誠直，餘人猶踵弊風俛首而已，豈朕所望哉！」

全唐文卷一載頒示孫伏伽諫書詔有云：

……朕每惟寡薄，恭膺寶命，雖不能性與天道，庶思勉力，常冀弼諧，以匡不逮，而羣公卿士罕進直言，將申虛受之懷，物所未喩。萬年縣法曹孫伏伽至誠慷慨，詞義懇切，指陳得失，無所廻避，非有不次之擧，曷貽利行之益，伏伽旣懷諒直，宜處憲司，可治書侍御史，仍頒示遠近知朕意焉。

這充分可以表現出來高祖鼓勵羣臣對他進諫的誠意。

舊唐書卷三太宗本紀貞觀四年七月載：

甲子朔，日有蝕之，………因令有司詔勑不便，卽宜執奏，不得順旨施行。（通鑑謂：毋得阿從，不盡己意。）

舊唐書卷六十三裴矩傳說：

太宗初卽位，務止姦吏，或聞諸曹按典多有受賂者，乃遣人以財物試之，有司門令史受餽絹一匹，太宗怒將殺之，矩進諫曰：「此人受賂，誠合重誅，但陛下以物試之，卽行極法，所謂陷人以罪，恐非道德齊禮之義。」太宗納其言，因召百寮謂曰：「裴矩遂能廷折，不肯面從，每事如此，天下何憂不治。」

舊唐書卷七十一魏徵傳說：

（魏徵諫後）帝大笑曰：「人言魏徵舉動疏慢，我但覺嫵媚，適爲此耳。」徵拜謝曰：「陛下導之使言，臣所以敢諫。若陛下不受臣諫，豈敢數犯龍鱗？」

舊唐書卷七十四劉洎傳說：

太宗嘗謂侍臣曰：「夫人臣之對帝王，多順旨而不逆，甘言以取容，朕今發問欲聞己過，卿等須言朕愆失。」

都是太宗鼓勵羣臣進諫的實例。

高祖鼓勵羣臣進諫，太宗亦鼓勵羣臣進諫，是太宗模仿高祖的第三件事。

舊唐書卷七十五蘇世長傳說：

嘗引之（指蘇世長）於披香殿，世長酒酣奏曰：「此殿煬帝所作耶？是何雕麗之若此也？」高祖曰：「卿好諫似直，其心實詐，豈不知此殿是吾所造，何須設詭疑而言煬帝乎？」對曰：「臣實不知，但見傾宮鹿臺，瑠璃之瓦，並非受命帝王愛民節用之所爲也。若是陛下作此，誠非所宜……今初有天下而於隋宮之內又加雕飾，欲撥其亂，寧可得乎？」高祖深然之。

蘇世長是否知道披香殿爲高祖所造，無從證實，但是對唐高祖而罵隋煬帝，終有指桑罵槐的設詭之嫌，高祖仍然能「深然之」，可見高祖是有容人之量的。

同傳內又說：

卽日擢拜（世長）諫議大夫，從幸涇陽校獵，大獲禽獸於旌門，高祖入御營，顧謂朝臣曰：「今日畋樂乎？」世長進曰：「陛下遊獵，薄廢萬機，不滿十旬，未爲大樂。」高祖色變，既而笑曰：「狂態發耶？」世長曰：「爲臣計則狂，爲陛下國計，則忠矣。」

蘇世長這種諫法，蹟近諷刺，高祖雖於乍聞之下變色，然終能笑着和緩下去，尤可見他有容人之量。

舊唐書卷七十五張玄素傳說：

貞觀四年，詔發卒修洛陽宮乾陽殿以備巡幸，玄素上書諫曰：「……臣聞阿房成秦人散，章華就楚衆離，及乾陽畢功，隋人解體，且以陛下今時功力，何如隋日役瘡痍之人，襲亡隋之弊，以此言之，恐甚於煬帝，深願陛下思之，無爲由余所笑，則天下幸甚。」太宗曰：「卿謂我不如煬帝，何如桀紂？」對曰：「若此殿卒興，所謂同歸於亂……今若遵舊制，卽是隋役復興……何以昭示子孫，光敷四海。」太宗歎曰：「我不思量，遂至於此。」顧謂房玄齡曰：「洛陽土中朝貢道均，朕故修營，意在便於百姓，今玄素上表實亦可依，後必事理須行，露坐亦復何苦，所有作役，宜卽停之，然以卑干尊，古來不易，非其忠直，安能若此，可賜綵二百匹。」

舊唐書卷七十王珪傳說：

珪獨不拜曰：「臣本事前宮，罪已當死，陛下矜恕性命，不以不肖，置之樞近，責以忠直，今臣所言，豈是爲私下意，陛下忽以疑事誚臣，是陛下負臣，臣不負陛下。」帝默然而罷。

張玄素面稱太宗不如煬帝，王珪責太宗說：「陛下負臣」而太宗都能接受，可見太宗亦很有容人之量。高祖能容人，太宗亦能容人，是太宗模仿高祖的第四件事。

隋唐嘉話：

太宗會罷朝，怒曰：「會殺此田舍漢！」文德后問：「誰觸忤陛下？」帝曰：「魏徵每廷事辱我，使我常不自得！」后退而具朝服立於庭，帝驚曰：「皇后何爲若是？」對曰：「妾聞主聖臣忠，今陛下聖明，故魏徵得直言，妾幸備後宮，安敢不賀。」

以上故事，固然可以表示太宗能接受文德皇后的諫諍而未殺魏徵，但是從另一方面看，如果沒有文德皇后的進諫，則魏徵危矣。魏徵以能諫著名，太宗以能納諫能容人著稱。然而太宗還有時不能忍受魏徵的進諫，認爲：「魏徵每廷事辱我，使我常不自得。」而想殺魏徵；可見太宗容人之量還是不够的。比較高祖的能容蘇世長，猶差一籌。亦可看出太宗模仿高祖的納諫和容人處有時還露出勉力去學和不自然的痕跡。

二　唐太宗的模仿高祖（下）

舊唐書卷七十王珪傳說：

（王珪）……亡命於南山，積十餘歲。高祖入關，丞相府司錄李綱薦珪貞諒有器識，引爲世子府諮議參軍。

同書卷七十八于志寧傳說：

大業末，爲冠氏縣長，時山東盜起，乃棄官歸鄉里（雍州高陵），高祖將入關，率羣從於長春宮迎接，高祖以其有名於時，甚加禮遇。

同書卷六十二楊恭仁傳說：

楊恭仁……隨至河北，爲（宇文）化及守魏縣，時元寶藏據有魏郡，會行人魏徵說下寶藏，執恭仁送於京師，高祖甚禮遇之，拜黃門侍郎，封觀國公。

王珪、于志寧、楊恭仁等，原來和高祖都不相識，而高祖都能加以任用，是高祖能用疏遠。這也是有鑑於煬帝不能用人而加以改正的。

舊唐書卷七十四馬周傳說：

（馬周）至京師，舍於中郎將常何之家。貞觀五年，太宗令百寮上書言得失，何以武吏不涉經學，周乃爲何陳便宜二十餘事，令奏之，事皆合旨，太宗怪其能，問何，何答曰：「此非臣所能，家客馬周具草也，每與臣言未嘗不以忠孝爲意。」太宗卽日召之，未至間，遣使催促者數四，及謁見，與語甚悅，令直門下省。六年，授監察御史。

同書卷七十二李守素傳說：

（李守素）代爲山東名族，太宗平王世充，徵爲文學館學士署天策府倉曹參軍。

同書卷七十三孔穎達傳說：

（孔穎達）隋亂，避地於武牢，太宗平王世充，引爲秦府文學館學士。

是太宗同樣的也能任用和自己疏遠的人才。

高祖能用疏遠，太宗亦能用疏遠，是太宗模倣高祖的第五件事。

舊唐書卷九十劉弘基傳說：

大業末，從征遼，貲乏，行返汾陰。度後期且誅，遂與其屬椎牛。犯法諷吏，捕繫年餘以贖論。因亡命，盜馬自給。至太原，陰事高祖。……自是蒙親禮，出入連騎，間至臥內。

舊唐書卷五十八長孫順德傳說：

順德仕隋右勳衛，避遼東之役，逃匿太原，深爲高祖太宗所親委。

又據劉文靜傳謂：劉文靜本是「坐與李密連婚，煬帝令繫於郡獄。」的罪犯，高祖也讓他出獄任大將軍府的軍司馬，不久以後，就派他出使突厥，擔當外交重任，可見高祖的用人，是不放棄罪犯的。

舊唐書卷五十七劉師立傳說：

初爲王世充將軍，親遇甚密，洛陽平、當誅、太宗惜其才，特免之爲左親衛。

舊唐書卷六十六杜楚客傳說：

如晦弟楚客，少隨叔父淹沒於王世充，淹素與如晦兄弟不睦，譖如晦兄於王行滿，王世充殺之，並囚楚客幾至餓死……洛陽平，淹當死，楚客涕請如晦救之。………如晦感其言，請於太宗，淹遂蒙恩宥。

同書同卷杜淹傳說：

淹聰辯多才藝，弱冠有美名，與韋嗣福爲莫逆之交，相與謀曰：「上好用嘉遁，蘇威以幽人見徵，擢居美職。」遂共入太白山。揚言隱逸，實欲邀求時譽，隋文帝惡之，謫戍江表，後還鄉里，……王世充僭號，署爲吏部，大見親用。及洛陽平，初不得調……時封德彝典選，以告房玄齡……於時遽啓太宗，引爲天策府兵曹參軍，文學館學士。

冊府元龜卷四十一帝王部寬恕條說：

韋挺授銀青光祿大夫黃門侍郎，攝魏王泰府事，時泰有寵，庶人承乾多罪失，太宗微有廢立之意，中書侍郎杜正倫以洩漏禁中語徙邊，挺時亦預其事，太宗謂之曰：「朕已罪正倫，不忍復置卿於法。」尋拜太常卿。承乾之廢也，挺又以交搆聞，太宗竟寢其事，待之如初。十九年爲御史大夫，從李勣擊破蓋牟城，詔挺統兵鎮守，挺素無威略，不堪其憂，乃貽書於道術人公孫當實辭怨望，會當以他罪自殺，於其囊中得挺所與當書，太宗召挺問之，對多不以實，太宗尤責讓之，仍以宿經驅策，不忍加誅，授朝散大夫，守象州刺史。

劉師立是當誅的罪犯，杜淹是當死的罪犯，韋挺又是連續犯罪的罪犯，太宗都能任用他們，是太宗亦能用罪人也。

高祖能用罪人，太宗亦能用罪人，高祖用罪人的事，時間在前，太宗用罪人的事，時間在後，而且高祖用罪人事都是太宗親見親聞，所以說：太宗用罪人也是模仿高祖的。

太宗的模仿高祖能用罪人，是太宗模仿高祖的第六件事。

舊唐書卷六十七李靖傳說：

大業末，累除馬邑郡丞，會高祖擊突厥於塞外，靖察高祖，知有四方之志，因自鎖上變，將詣江都，至長安道塞不通而止，高祖克京城，執靖將斬之。靖大呼曰：「公起義兵本爲天下除暴亂，不欲就大事而以私怨斬壯士乎？」高祖壯其言，太宗亦固請，遂捨之。

舊唐書卷五十九屈突通傳說：

煬帝幸江都，令通鎮長安，義兵起，代王遣通進屯河東，既而義師濟河，大破通將桑顯和於飲馬泉，永豐倉又爲義師所剋，通大懼，留鷹揚郎將堯君素守河東，將自武關趨藍田以赴長安。軍至潼關謂劉文靜所遏，不得進，相持月餘。通又令顯和夜襲文靜，詰朝大戰，義軍不利，顯和縱兵破二柵，惟文靜一柵獨存，顯和兵復入柵而戰者往復數焉。文靜爲流矢所中，義軍氣奪，垂至於敗。顯和以兵疲，傳餐而食，文靜因得分兵以實二柵，又有遊軍數百騎自南山來擊其背，三柵之兵復大呼而出，表裏齊奮，顯和軍潰，僅以身免，悉虜其衆，通勢彌蹙。或說通歸降，通泣曰：「吾蒙國重恩，歷事兩主，受人厚祿，安可逃難，有死而已。」每自摩其頸曰：「要當爲國家受人一刀耳。」勞勉將士未嘗不流涕，人亦以此懷之。高祖遣其家僮召之，通遽命斬之。通聞京師平，家屬盡沒，乃留顯和鎮潼關，率兵東下，將趨洛陽。通適進路而顯和降於劉文靜，遣副將竇琮、段志玄等率精騎與顯和追之。及於稠桑，通結陣以自固。竇琮縱通子壽令往　之，通大呼曰：「昔與汝爲父子，今與汝爲仇讎，」命左右射之。顯和呼其衆曰：「京師陷矣，汝並關西人欲何所去。」衆皆釋仗。通知不免，乃下馬東南向再拜號曰：「臣力屈兵敗不負陛下，天地神祇，實所鑒察。」遂擒通送于長安。高祖謂曰：「何相見晚耶！」通泣對曰：「通不能盡人臣之節，力屈而至，爲本朝之辱以愧代王。」高祖曰：「隋室忠臣也。」命釋之，授兵部尚書，封蔣國公。

李靖是敵對高祖的，屈突通是和高祖戰爭許久的，高祖都能用之，是高祖能用仇人也。

舊唐書卷七十一魏徵傳說：

俄而建德悉衆南下，攻陷黎陽，獲徵，署爲起居舍人。及建德就擒，與裴矩西入關，隱太子聞其名，引直洗馬，甚禮之。徵見太宗勳業日隆，每勸建成早爲之所，及敗，太宗使召之謂曰：「汝離間我兄弟何也？」徵曰：「皇太子若從徵言，必無今日之禍。」太宗素器之，引爲詹事主簿，及踐祚，擢拜諫議大夫，封鉅鹿縣男。

舊唐書卷一百八十七馮立傳說：

馮立……有武藝，略涉書記，隱太子建成引爲翊衛車騎將軍，託以心膂，建成被誅……（立）率兵犯玄武門，苦戰久之，殺屯營將軍敬君弘，謂其徒曰：「微以報太子矣！」……俄而來請罪，太宗數之曰……對曰：「出身事主，期之効命，當職之日，無所顧憚。」……太宗慰勉之。……未幾，突厥至便橋，立率數百騎與虜戰於咸陽，殺獲甚衆。

同書同卷謝叔方傳說：

初從巢刺王元吉，征討數有戰功，元吉奏授屈咥直府左車騎。太宗誅隱太子及元吉於玄武門，叔方率府兵與馮立合軍拒戰于北闕下，殺敬君弘呂世衡，太宗兵不振……明日出首，太宗曰：「義士也，」命釋之，歷遷西伊二州刺史，善綏邊鎮。

魏徵是隱太子建成對付太宗的謀士，馮立、謝叔方是擊敗太宗的敵方將領，太宗都能用之，是太宗亦能用仇人也。

高祖能用仇人，太宗亦能用仇人，是太宗模仿高祖的第七件事。

舊唐書卷六十八秦叔寶（瓊）傳說：

拜馬軍總管，又從征美良川，破尉遲敬德功居多。高祖遣使賜以金瓶勞之曰：「卿不顧妻子遠來投我，又立功効，朕肉可爲卿用者，當割以賜卿，況子女玉帛乎？卿當勉之。」尋授秦王右三統軍。

同書卷六十二鄭元璹傳說：

頡利嗣立，留元璹，每隨其牙帳，經數年，頡利後聞高祖遺其財物，又許結婚，始放元璹來還。高祖勞之曰：「卿在虜廷，累載拘縶，蘇武弗之過也。」拜鴻臚寺卿。

由以上二例，可知高祖對於有功之臣是加以慰勞的。

舊唐書卷六十七李勣傳說：

（貞觀）十五年，徵拜兵部尚書……以功封一子爲縣公，勣時遇暴疾，驗方云：鬚灰可以療之。太宗乃自剪鬚爲其和藥，勣頓首見血，泣以懇謝。帝曰「吾爲社稷計耳，不煩深謝。」

舊唐書卷六十七李靖傳說：

（貞觀）四年，靖進擊定襄，破之，獲隋齊王暕之子楊正道及煬帝蕭后送於京師，（頡利）可汗僅以身遁，以功封代國公，賜物六百段及名馬寶器焉。太宗嘗謂曰：「昔李陵提步卒五千，不免身降匈奴，尙得書名竹帛，卿以三千輕騎，深入虜庭，克復定襄，威振北狄，古今所未有，足報往年渭水之役。」

高祖謂秦瓊說：「朕肉可爲卿用者，當割以賜卿。」太宗就自剪鬚爲李勣和藥。高祖勞鄭元璹說：

「蘇武弗之過也。」太宗就先提及李陵而後贊李靖曰：「威振北狄，古今所未有。」態度口吻何等肖似！倘若不是模仿，前後怎能那樣的如出一輒。

高祖能慰勞稱讚功臣，太宗亦能慰勞稱讚功臣，是太宗模仿高祖的第八件事。

唐會要卷四十君上愼恤條說：

武德二年二月，武功人嚴甘羅行刼，爲吏所拘，高祖謂曰：「汝何爲作賊？」甘羅言：「饑寒交切，所以爲盜。」高祖曰：「吾爲汝君，使汝窮乏，吾罪也。」因命捨之。

是高祖能愼恤臣民也。

同書同卷同條又說：

貞觀二年十月三日，殿中監盧寬，持私藥入尚食厨，所司議當重刑。上曰：「祇是錯誤。」遂赦之。

太宗的愼恤臣下，與高祖又是何等的肖似！

以上是太宗模仿高祖的第九件事。

如果太宗處事對人只有一二件和高祖處事對人相似，就不能斷定他是模仿，如果相似的地方很多，就不能否認其中定有模仿的成份。以上所舉太宗處事對人和高祖相似的太多了。蓋太宗自幼卽侍從高祖，起義前後，高祖又引爲左右手，關於高祖的處事對人，太宗隨時都看得到，聽得到。事無鉅細，高祖隨時向他講解。耳濡目染，天長日久，太宗的模仿高祖，遂於不知不覺中養成。根據以上，太宗模仿高祖，本已可作定案，但更重要的唐太宗模仿高祖的事，是用伏兵計。茲檢討於下：

通鑑卷一八三說：

晉陽鄉長劉世龍密告淵云：「威、君雅欲因晉祠祈雨爲不利。」五月癸亥夜，淵使世民伏兵於晉陽宮城之外，甲子旦，淵與威君雅共坐視事，使劉文靜引開陽府司馬胙城劉政會入立庭中稱有密伏，淵自威等取狀視之，政會不與曰：「所告乃引留守事，唯唐公得視之。」淵陽驚曰：「豈有是耶？」視其狀云：威君雅潛引突厥入寇，君雅攘袂大詬曰：「此乃反者欲殺我耳！」時世民已布兵塞衢路，文靜因與劉弘基，長孫順德等共執威君雅繫獄。

舊唐書卷五十八劉弘基傳說：

義兵將舉……王威高君雅欲爲變。高祖伏弘基及長孫順德廳事之後，弘基因摔左右執威等。

是高祖起義之前，先有用伏兵計執王威高君雅的成功，然後再實行起義的。更值得注意的是：伏兵計的主要執行人就是太宗。

舊唐書卷二太宗本紀載：

（武德）九年，皇太子建成齊王元吉謀害太宗，六月四日，太宗率長孫無忌、尉遲敬德、房玄齡、杜如晦、宇文士及、高士廉、侯君集、程知節、秦叔寶、段志玄、屈突通、張士貴等於玄武門誅之。

通鑑卷一百九十一武德九年六月載：

庚申（四日），世民率長孫無忌等，伏兵於玄武門……建成元吉……入趣玄武門……至臨湖殿覺變，即跋馬東歸宮府，世民從而呼之。元吉張弓射世民，再三不彀，世民射建成，殺之。…

……元吉步欲趨武德殿，敬德追射，殺之。

太宗在卽帝位之前，先有用伏兵計誅建成元吉的成功，然後纔有高祖立他爲太子，更後太宗纔得卽帝位。太宗的伏兵於玄武門內，與高祖的伏兵晉陽宮城之外，又是何等的相似！

唐太宗於發動玄武門事變前，受高祖的抑制（如禁令房玄齡、杜如晦事奉他和下尉遲敬德於獄。）受建成、元吉的嫉忌，（如奪其兵權。）困難萬分，在極度困難之下，太宗不會不竭精思考對付策略的。那時，長於軍事的李靖和李勣，都不肯爲太宗用，房玄齡、杜如晦又不長於軍事。其餘的僚屬中，也少有兼長於軍事謀略和伏兵經驗的。處於艱苦環境中的唐太宗，既是高祖用伏兵計的執行人，對於他自己的經驗心得，不會不回憶到考慮到的。唐太宗既然必定會回憶到太原起義前高祖命他執行的伏兵計，而玄武門事變時所採用的伏兵計，又與前者那樣的相似，能說不是太宗自己根據以前他所親自經歷的伏兵計而計劃出來的策略嗎？伏兵計是唐太宗在玄武門事變中得到成功以及以後得卽帝位的最大因素，如果是某一位部屬貢獻的計策，在傳記裏不會不書明這項特大功勳的。而現存所有太宗諸功臣的列傳裏，全找不到貢獻伏兵計的記載，所以可以判斷：玄武門事變時太宗所用的伏兵計，就是太宗在太原奉高祖命所執行的伏兵計的翻版。這是太宗模仿高祖的第十件事。

衡量以上諸事，太宗模仿高祖而採的伏兵計，可以說是他模仿高祖諸事中的代表作，也是對唐帝國影響最大的一項。

三　對於政治的影響

政治的良窳，國家的盛衰，都與領導人用人處事的作風有極密切的關係。太宗在用人處事等方面的模仿高祖，對唐代的政治當然具有很大的影響。太宗未得帝位以前的模仿高祖，影響到他的得卽帝位，卽位以後的模仿高祖，又影響到唐帝國的內政，外交等等。光耀史册的貞觀之治，主要在太宗英明的領導。倘若不是太宗在用人處事上的模仿高祖，國史上有沒有貞觀之治，卽大有問題。不過何項影響何事，析言至爲繁瑣，而且因爲唐太宗的種種光榮史蹟，都以他的得卽帝位爲先決條件，所以茲僅擇太宗因模仿高祖採用伏兵計而得卽帝位一項，對於唐帝國影響至大的，論之於後。首先述對於政治的影響：

第一是長子繼承制度的破壞：太宗卽位（武德九年八月九日）後，雖然仍然想維持長子繼承制度，於武德九年十月卽立長子中山王承乾爲皇太子，但是太宗這種理想，終被太宗在玄武門事變成功的影響所發出的新潮所衝破。

正因爲太宗模仿高祖的伏兵計而取得帝位，太宗諸子對太宗的奪嫡發生崇拜、羨慕，也想同樣仿效。濮王泰就是想模仿太宗的諸皇子之一。

舊唐書卷七十六濮王泰傳說：

時皇太子承乾有疾，泰潛有奪嫡之意，招駙馬都尉柴令武、房遺愛等二十餘人，厚加贈遺，寄以腹心。黃門侍郎韋挺，工部尚書杜楚客相繼攝泰府事，二人俱爲泰要結朝臣，津通路遺，文武羣官各有附託，自爲朋黨。

同書同傳恒山王承乾傳亦說：

承乾先患足，行甚艱難，而魏王泰（卽濮王泰）有當時美譽，太宗漸愛重之，承乾恐有廢立，甚忌之。泰亦負其材能，潛懷奪嫡之計，於是各樹朋黨，遂成釁隙。

魏王泰（卽濮王泰）爲什麼潛有奪嫡之意？顯然是想模仿太宗而冀求得到成功。

舊唐書卷三太宗本紀載：

夏四月庚辰朔，皇太子有罪，廢爲庶人。漢王元昌，吏部尙書侯君集並坐與連謀伏誅。丙戌，立晉王治爲皇太子。

這就是太子承乾與魏王泰各樹朋黨，互相鬪爭的結果。

太子承乾爲什麼被廢？晉王治何以得立？由貞觀十七年，太宗廢承乾爲庶人時，他們父子的談話中，可以得知。據舊唐書卷七十六濮王泰傳說：

承乾敗，太宗面加譴讓，承乾曰：「臣貴爲太子，更何所求，但爲泰所圖，特與朝臣謀自安之道，不逞之徒遂教臣爲不軌之事，今若以泰爲太子，所謂落其度內。」太宗因謂侍臣曰：「承乾言亦是，我若立泰，便是儲君之位可經求而得耳。泰立，承乾晉王皆不存，晉王立，泰共承乾可無恙也。」乃幽泰於將作監。

由此可知太宗希望諸子相安無事的心理。他這種心理，又顯然是受玄武門事變影響而形成的。

舊唐書卷四高宗本紀載：

高宗天皇大聖大弘孝皇帝，諱治，太宗第九子也。……（貞觀）五年，封晉王。

晉王治是太宗的第九子，繼承以高祖第二子身分作皇帝的太宗而爲皇帝，長子繼承的制度遂打破了。

太宗以伏兵殺太子建成而取得帝位，可謂特殊情形。高宗以太宗第九子的身分，由被立爲太子而繼承爲皇帝，都是老皇帝太宗所同意的。可謂非長子繼承已爲合法了。

從此以後，唐代繼任的皇帝有中宗、睿宗、玄宗、肅宗等等。據舊唐書卷七中宗、睿宗本紀載：

中宗大和聖昭孝皇帝，諱顯，高宗第七子，母曰則天順聖皇后。

睿宗玄眞大聖大興孝皇帝，諱旦，高宗第八子，中宗母弟。

同書卷八玄宗本紀：

玄宗至道大聖大明孝皇帝，諱隆基，睿宗第三子也。母曰昭成順聖皇后竇氏。

同書卷十肅宗本紀：

肅宗文明武德大聖大宣孝皇帝，諱亨，玄宗第三子也。母曰元獻皇后楊氏。

從太宗起，到肅宗止，唐代前期一連六個皇帝，都非長子的身分。這六個皇帝在位的年代，從太宗貞觀元年（六二七）起，到肅宗寶應元年（七六二）止，有一百三十五年之久。在全唐二百八十九年中，幾乎佔了一半的時間了。

舊唐書卷八玄宗本紀：

睿宗卽位，與侍臣議立皇太子，僉曰：「除天下之禍者，享天下之福，拯天下之危者，受天下之安，平王（時玄宗封爲平王）有聖德定天下，又聞成器已下咸有推讓，宜膺主鬯，以副羣心。」睿宗從之。

到睿宗時，歷代立長的理論也被侍臣們所揚棄了。起而代之的議論確是：「除天下之禍者，享天下之福，拯天下之危者，受天下之安。」了。

通鑑卷一百九十一，武德九年六月四日，玄武門事變後，載有蕭瑀、陳叔達對高祖說的一段話：

建成元吉本不豫義謀，又無功於天下，疾秦王功高望重，共爲姦謀，今秦王已討而誅之。秦王功蓋宇宙，率土歸心，陛下若處以元良，委以國務，無復事矣。

睿宗侍臣們所說的話和蕭瑀、陳叔達的話，何等相似！蕭瑀、陳叔達的話，雖然現在已經考定爲史官僞造，但睿宗的侍臣們確認以爲眞，而且引爲根據了。太宗的玄武門事變對唐代以後立君的標準，大有更改，影響力之大，可想而知。

舊唐書卷九十六宋璟傳說：

時太平公主謀不利於玄宗，嘗於光範門乘輦，伺執政以諷之。衆皆失色。璟昌言曰：「東宮有大功於天下，眞宗廟社稷之主，安得有異議？」乃與姚崇同奏請令公主就東都。

擁護有功於天下者的人們，又是何等的理直氣壯！可見那時只論有功無功，不問長不長了。

舊唐書卷九十五讓皇帝憲傳說：

讓皇帝憲，本名成器，睿宗長子也。……（睿宗）文明元年（六八四）立爲皇太子……及睿宗降爲皇嗣，則天冊授成器爲皇孫……睿宗踐阼，拜左衛大將軍，將建儲貳，以成器嫡長，而玄宗有討平韋氏之功，意久不定，成器辭曰：「儲副者天下之公器，平時則先嫡長，國難則歸有功，若失其宜，海內失望，非社稷之福，臣今敢以死請。」累日涕泣固讓，言甚切至，時諸王公卿亦言楚王（指玄宗）有社稷大功，合居儲位，睿宗嘉成器之意，乃許之。

本來合於繼承帝位的睿宗長子讓皇帝憲，見玄宗有討平韋氏之功，而累日涕泣固讓，看他所說的一段話，知他是誠心誠意的甘拜下風，由此可以襯出來當時立功不立長的潮流。這潮流的本源是起於唐太宗因模仿高祖於玄武門事變成功而得即帝位的。

第二是太子地位的不安：太宗的太子承乾，由地位不安而被廢，前已提及。高宗被立爲太子後，地位也並不安定。據舊唐書卷六十五長孫無忌傳說：

> 無忌曰：「晉王（即高宗）仁孝，天下屬心久矣。伏乞召百寮，必無異辭，若不蹈舞同音，臣負陛下萬死。」於是建立遂定。因加無忌太子太師。尋而太宗又欲立吳王恪，無忌密爭之，其事遂輟。

太宗欲立吳王恪，假如不是長孫無忌的密爭，晉王很可能被廢掉，晉王爲太子地位的不安，由此可知。

高宗的太子們地位更是不安了。舊唐書卷八十六燕王忠傳說：

> 燕王忠，高宗長子也。……（永徽）三年，立忠爲皇太子……顯慶元年，廢忠爲梁王。

同書同卷章懷太子賢傳說：

> 章懷太子賢，……高宗第六子也……上元二年孝敬皇帝薨，其年六月立爲皇太子……宮人潛議云：賢是（武）后姊韓國夫人所生，賢亦疑懼，則天又嘗爲賢撰少陽政範及孝子傳以賜之，仍數作書以責讓賢，賢逾不自安，調露二年，（明）崇儼爲盜所殺，則天疑賢所爲，俄使人發其陰謀事，……乃廢賢爲庶人。

高宗之子燕王忠、章懷太子賢兩個都是被立爲太子後，又被廢掉的。其太子地位的不安可知。中宗和睿宗兩位皇帝，都是已卽帝位後，又被武則天廢掉的，另當別論。

中　之子節愍太子重俊爲太子時，地位也是不安的。舊唐書卷八十六節愍太子重俊傳說：

節愍太子重俊，中宗第三子也……（神龍）二年秋，立爲皇太子。性雖明果，未有賢師傅，舉事多不法……時武三思得幸中宮，深忌重俊，三思子崇訓尙安樂公主，常教公主凌辱重俊，以其非韋氏所生，常呼之爲奴。勸公主請廢重俊爲王，自立爲皇太女，重俊不勝忿恨。三年七月，率左羽林大將軍李多祚……殺武三思及崇訓于其第。自率兵趨章肅門斬關而入，求韋庶人及安樂公主所在。……韋庶人及公主擁帝（中宗）馳赴玄武門樓，召羽林將軍劉景仁等……列守。……千騎王歡喜等倒戈斬（李）多祚……於樓下，餘黨悉潰，……重俊……率其屬百餘騎……奔終南山……爲左右所殺。

重俊的太子地位不僅不安，而且性命亦不得保了。

睿宗所立太子的地位也極不安，舊唐書卷九十五讓皇帝憲傳說：

讓皇帝憲，本名成器，睿宗長子也，……（睿宗）文明元年，立爲皇太子……睿宗踐阼，……將建儲貳，……成器辭曰……累日涕泣固讓，言甚切至……睿宗嘉成器之意，乃許之。

凡人多半喜歡作皇帝的，爲帝位而爭的史不絕書，成器要辭讓皇帝以至於「累日涕泣固讓。」似乎是不近人情，但經仔細研究，始知在玄宗有討平韋氏之功的情形下，成器怕作建成第二，其地位的不安、心理的不安可以想見。

玄宗爲太子時，地位亦極不安定，舊唐書卷九十六姚崇傳說：

時玄宗在東宮，太平公主干預朝政。

新唐書卷八十三太平公主傳亦說：

玄宗以太子監國，使宋王岐總禁兵，主恚權分，乘輦至光範門召宰相曰：「廢太子，……。」太子懼。

可知玄宗爲太子時，甚至已經監國時，還是有被廢的危險。其地位之不安，心理上的不安可知。繼玄宗以後的諸帝，肅宗、代宗、德宗等，在爲太子時，地位亦均不安定。不多贅述。

第三是宮廷多爭亂，因爲帝位繼承制度的破壞，縱然册立了太子，太子的地位亦不安定，太子離卽帝位的距離極遠，能否實現卽帝位，是很不可靠的；因此，遂啓非太子的諸王們逐鹿的野心。又加自武后篡唐以後，開了女子干政之風，於是女子亦可參加帝位的逐鹿。皇子、公主、皇后同樣都有逐鹿的資格，逐鹿者的範圍便擴大了。太子旣有了繼承帝位的資格，就想順利的達到卽帝位的目的，諸公主以及皇后，見當時的制度已經破壞，沒有力量阻止制裁其行動，便想取太子地位而代之；於是唐代宮廷之爭特多。茲不願以繁屑的事實說明，僅願追求其淵源。

凡參加宮廷鬪爭者都抱有奪取政權的希望，這種希望是長子繼承帝位制度破壞的情形下，應運而生的，長子繼承制度的破壞，又是由太宗所發動的玄武門事變得到成功所促成的。

唐代宮廷之爭佔着歷史的重要部分，女子干政也佔着重要部分，追根求源，唐太宗模仿高祖的伏兵計而發動的玄武門事變實爲其最原始的源泉，其對唐代政治影響之大，可以概見。

四　對於帝祚的影響

唐太宗模仿高祖的伏兵計而發動的玄武門事變，對唐帝國的另一大影響是導致武后的篡唐，使唐的帝祚幾絕。在表面上看來，武后的篡唐稱周（六九〇年）和玄武門事變（六二六年）時間相距六十四年之久，似乎沒有什麼關係，實際上兩件大事間的因果分明，脈絡清晰。

武后所以能篡唐，有三個重要的關鍵：

（一）武后入宮爲太宗才人。

（二）武后入高宗宮爲昭儀。

（三）武后的被立爲皇后。

這三關通過了，武后篡唐之勢遂成。

通鑑卷一百九十五貞觀十一年十一月載：

故荆州都督武士彠女年十四，上（指太宗）聞其美，召入後宮爲才人。

貞觀十一年，武后十四歲，太宗已四十歲，假設建成不於玄武門事變中被殺，那時已四十九歲了。假設高祖不死，那時已七十二歲。

假如沒有玄武門事變，高祖決不會只做九年皇帝就禪位，是可以斷言的。那樣，現在所稱的貞觀十一年（武后入宮之年），不是高祖老皇帝仍然在位，便是新皇帝建成即位不久。（無論如何不至即位已十一年）。以建成的年齡計，納武后入宮的機會很少。即令太宗以秦王的身分納武后入秦王府，武后以後，最高只是一位秦王妃而已，很難得有立爲皇后和篡唐的機會。正因爲太宗的由玄武門事變而得登帝位，然後纔能納武后入宮爲才人。換句話說：武后入太宗宮爲才人，是她通過了後來篡唐稱帝改周的第一關。

武后所以能篡唐的第二關鍵，是武后的得入高宗宮爲昭儀。武后的得入高宗宮爲昭儀，又是建在高宗得爲太子及以後在東宮的環境上的。

原來太宗卽位後不久，卽立長子承乾爲太子。高宗在貞觀五年封爲晉王，本來似乎沒有被立爲太子的希望。但是因爲太宗在玄武門事變中奪嫡成功，鼓勵了太宗諸子都想仿效太宗；因此各樹朋黨，互相競爭。太子承乾怕作了建成第二，爲先發制人計，遂於貞觀十六年圖謀不軌，結果於十七年被廢。當他被廢的時候，太宗和承乾的意見，據舊唐書卷七十六濮王泰傳說：

> 承乾曰：「臣貴爲太子，更何所求？但爲泰所圖，特與朝臣謀自安之道，不逞之人遂敎臣爲不軌之事。今若以泰爲太子，所謂落其度內。」太宗因謂侍臣曰：「承乾言亦是，我若立泰，便是儲君之位可經求而得耳。泰立，承乾晉王皆不存，晉王立，泰共承乾皆無恙也。」

據此，太宗的立晉王（高宗）爲太子，完全是有鑒於玄武門事變，而怕他們弟兄間再重演此類慘劇的。

太宗對於玄武門事變是永不能忘的。他深怕他的兒子們重演慘劇而極思預防之策。他又認爲以前對太子承乾疏於管敎以致發生事故，而極謀對新太子的管敎有所改善。舊唐書卷四高宗本紀說：

> 立晉王爲皇太子，太宗每視朝，常令在側決庶政，或令參議。

新唐書卷三高宗本紀說：

太宗嘗命皇太子遊觀習射，太子辭以非所好，願得奉至尊居膝下，太宗大喜，乃營寢殿側爲別院，使太子居之。

這是太宗爲管教太子方便，而使太子住在接近寢殿的別院裏的。

全唐文卷十一高宗立武昭儀爲皇后詔說：

朕昔在儲貳，特荷先慈，常得侍從，弗離朝夕。

可知高宗爲太子時，就與武昭儀（卽武后）時常接近的。

唐會要卷三皇后條：

太宗皇后長孫氏，武德九年八月二十一日立爲皇后，貞觀十年五月二十六日崩于立政殿。

據此可知高宗於貞觀十七年被立爲太子時，早已失去母愛。

太宗於立晉王爲太子後，貞觀十八年卽坐鎭洛陽籌備伐高麗的軍事，十九年二月卽由洛陽出發親征高麗，直到九月始班師，十一月纔返囘京師。二十年八月駕幸靈州，十月始囘。二十一年五月，幸翠微宮，七月始囘。二十二年正月，又幸溫泉湯，往來經旬。太宗既時常離京，便無從與太子接近，縱然囘京，在日理萬機的情況下，也無暇敎管太子（高宗）。因之，事實上高宗也很少有機會得到父愛。

舊唐書卷八十二許敬宗傳說：

（貞觀）十七年，以修武德貞觀實錄成，封高陽縣男，賜物八百段，權檢校黃門侍郎，高宗在春宮，遷太子右庶子。十九年，太宗親伐高麗，皇太子定州監國，敬宗與高士廉等共知機要，……高宗嗣位，代于志寧爲禮部尙書。

同書同卷李義府傳說：

尋除監察御史，又敕義府以本官兼侍晉王（卽高宗），及昇春宮，除太子舍人，加崇賢舘直學士。

據此可知高宗爲晉王時，李義府就是侍奉晉王的。許敬宗是於高宗被立爲太子後始作東宮官的，但是他確是曾知太子機要。李義府、許敬宗都是和太子（高宗）接近的。另一事值得注意的是許敬宗受太宗知遇而遷太子右庶子，是因修武德、貞觀實錄有功，而太宗修武德貞觀實錄的動機，還是起於玄武門事變。

舊唐書卷八十一許敬宗傳說：

敬宗好色無度……母裴氏早卒，裴侍婢有姿色，敬宗嬖之以爲繼室。

同書同卷李義府傳說：

有洛州婦人淳于氏坐繫於大理，義府聞其姿色，囑大理丞畢正義求爲別宅婦，特爲雪其罪。

據此可知許敬宗李義府都是好色的小人。高宗爲太子時既與他們生活上接近，他的行爲自然的會受他們倆的影響。

舊唐書卷六則天皇后紀說：

則天年十四時，太宗聞美容止召入宮。……后素多智計，兼涉文史。

可見武后自幼就是美麗可愛，而且是有計謀有辦法的。

通鑑卷一百九十九所載：

上（高宗）之爲太子也，入侍太宗，見才人武氏而悅之。

也是極爲自然的事。

新唐書太宗本紀貞觀二十年三月載：

庚午，不豫，皇太子聽政。……十一月己丑，詔祭祀表疏番客兵馬宿衞行魚契給驛授五品以上官及除解決死罪皆以聞，餘委皇太子……二十一年四月壬辰，命有司決事於皇太子。……

可見貞觀十九年太宗親征高麗使太子監國以後，逐漸把政權交給太子。在武后智慧的眼裏，皇太子當然是她要用心去奉承以冀得寵的對象。太子對她「見而悅之」是她寤寐以求的事。貞觀晚年太宗常離京他往，正在靑年而失去父母愛的皇太子渴思着愛，太子的左右許敬宗李義府又是那樣的品德，慢說武后樂意，縱然不樂意也逃不出皇太子的手掌，所以駱賓王討武氏檄裏所說：「穢亂春宮」的事，自然發生。

新唐書卷七十六高宗廢后王氏傳說：

初蕭良娣有寵，而武才人貞觀末以先帝宮人召爲昭儀。

可知在貞觀二十三年太宗崩後，武后就入高宗宮爲昭儀了。於是武后順利的通過她篡唐的第二關。武后篡唐的第三個關鍵是她的被立爲皇后。她被立爲皇后決定的經過。據新唐書卷九十三李勣傳說：

帝欲立武昭儀爲皇后，畏大臣異議未決，李義府、許敬宗又請廢王皇后，帝召勣及長孫無忌，于志寧、褚遂良計之，勣稱病不至，帝曰：「皇后無子，罪莫大于絕嗣，將廢之。」遂良等持不可，志寧顧望不對。帝後密訪勣，曰：「將立昭儀而顧命之臣皆以爲不可，今止矣。」答曰：「此陛下家事，無須問外人。」帝意遂定，而王后廢。詔勣、志寧奉冊立武氏。

據此可知高宗欲立武后之議，本遭顧命大臣們的反對而幾乎無法實現，雖有李義府、許敬宗等小人助之亦無能爲力；但是最後忽然得到急轉直下的轉機，就在李勣對高宗委爲「此陛下家事」的一句話，有以促成。

李勣當時任司空要職，高宗特准他乘小馬出入東西臺，受着極高的尊崇。立武后事，顧命大臣皆言不可，爲什麼李勣就說句消極承認而不負責任的話呢？勢必要追尋其淵源。

通鑑卷一百九十九貞觀二十三年四月記曰：

乙亥，上（太宗）行幸翠微宮，上謂太子（高宗）曰：「李世勣（卽李勣）才智有餘，然汝與之無恩，恐不能懷服，我今黜之，若其卽行，俟我死，汝於後用爲僕射親任之，若徘徊顧望，當殺之耳。」五月戊午，以同中書門下三品李世勣爲疊州都督，世勣受詔，不至家而去。

老皇帝太宗待李勣猜疑而用權術於前，所以以後李勣對新皇帝高宗不負責任，豈不是正所以報老皇帝陛下嗎？但是太宗爲什麼要猜疑李勣呢？還需更往前求其本源。

隋唐嘉話說：

太宗將誅蕭牆之惡以主社稷，謀於衛公靖，靖辭，謀於英公李勣，勣亦辭，帝由此珍二人。

雖云珍二人，但太宗對於不幫他奪嫡的李勣、李靖，終不如對極力擁護或慫恿他奪嫡的人，親近而視為心腹，也是人之常情。這就是說：太宗於老年多病時所以懷疑李勣的理由，是根據他將發動玄武門事變前，李勣不肯幫忙的往事。

反過來說，因為李勣在玄武門事變前不幫太宗的忙；所以太宗猜疑李勣而囑咐其愛子那些話。因為太宗的猜疑李勣，所以李勣於高宗問立后事時，便以不負責任的話答覆。簡言之，太宗的發動玄武門事變，已經伏下後來武后的被立為皇后的伏線了。

武后被立為皇后是她所以能篡唐的第三個關鍵，也是最後的最重要的一關，早已於太宗將發動玄武門事變時，種下了種子。兩事距時雖遠，脈絡確極清晰。

太宗為發動玄武門事變，於不知不覺中奠下了後來武后篡唐的基礎。

武后篡唐改國號為周，歷時十有五年（自六九〇至七〇五年）如非李昭德，狄仁傑等的勸阻，武后很可能立了武承嗣為皇太子。如非張柬之等的擁立中宗復位，則唐是否能以恢復？尚為一未知數。

總之，唐太宗模仿高祖採用伏兵計發動玄武門事變而得卽帝位一事，由於因果關係的交織，致以後武后得以篡唐，使唐祚幾乎斷絕。對唐帝國影響至大且鉅。

五　對於國際地位的影響

唐代初年，最強的鄰國，一是高麗、二是突厥。高麗與唐和平相處，沒有衝突，和唐敵對的國家，主要的就是突厥（指東突厥）。

高祖武德末年，突厥寇唐的次數很多，據通鑑記載：

武德七年三月丁酉，突厥寇原州。

五月辛未，突厥寇朔州。

六月突厥寇代州之武州城，州兵擊破之。

七月己巳，苑君璋以突厥寇朔州，總管秦武通擊却之。

七月戊寅，突厥寇原州，遣寧州刺史鹿大師救之。

庚辰，突厥寇隴州，遣護軍尉遲敬德擊之。

癸未，突厥寇陰盤。

己丑，突厥吐利設與苑君璋寇幷州。

苑君璋引突厥寇朔州。

八月戊辰，突厥寇原州。

壬申，突厥寇忻州，丙子，寇幷州，京師戒嚴。

戊寅，寇綏州。刺史劉大俱擊却之。

庚寅，岐州刺史柴紹破突厥於壯陽谷。

九月癸卯，突厥寇綏州，都督劉大俱擊破之。獲特勒三人。

十月己巳，突厥寇甘州。

武德八年六月丙子，遣燕郡王李（羅）藝屯華亭縣及彈箏硤……以備突厥。丙戌，頡利可汗寇靈州。

己酉，突厥頡利可汗寇相州。

丙辰，代州都督藺謩與突厥戰於新城。

八月壬戌，突厥踰石嶺，寇并州。癸亥，寇靈州。

丁卯，寇潞、沁、韓三州。

詔安州大都督李靖出潞州道，行軍總管任瓌屯太行以禦突厥，頡利可汗將兵十餘萬大掠朔州。

壬申，并州道行軍總管張瑾與突厥戰於太谷，全軍皆沒。

庚辰，突厥寇靈武。甲申，靈州都督任城王道宗擊破之。

丙戌，突厥寇綏州，丁亥，頡利可汗遣使請和而退。

九月癸巳，突厥沒賀咄陷并州一縣。丙申，代州都督藺謩擊破之。

丙午，右領軍王君廓破突厥於幽州，俘斬二千餘人。突厥寇藺州。

戊寅，突厥寇鄯州，遣霍公柴紹救之。

戊戌，突厥寇彭州。

武德九年二月丁亥，突厥寇原州，遣折威將軍楊毛擊之。

辛亥，突厥寇靈州。

癸丑，南海公歐陽胤奉使在突厥，帥其徒五十五人謀掩襲可汗牙帳，事泄，突厥囚之。

丁巳，突厥寇涼州，都督長樂王幼良擊走之。

四月丁卯，突厥寇朔州。庚午寇原州，癸酉寇涇州。

戊寅，安州大都督李靖與突厥頡利可汗戰於靈州之硤石，自旦至申，突厥乃退。

癸未，突厥寇西會州。

五月戊戌，突厥寇秦州。

丙午，突厥寇蘭州。

以上突厥所寇的原州、朔州、代州、忻州、幽州、涇州、隴州、甘州、靈州、涇州、蘭州、鄯州、彭州、涼州大體都在邊疆。既沒有繼續侵入內地的記載，當是不久即退去了。比較深入內地的是寇幷州，更深人的是寇相州和潞、沁、韓三州。據舊唐書地理志，潞州在京師東北一千一百里，沁州在京師東北一千二十五里，相州在京師東北一千四百二十一里。如此可以作一簡單結論說：突厥的侵唐，自武德七年到九年的上半年，都很不得手。

當時唐高祖對突厥的態度，據通鑑卷一百九十一武德八年四月記：

初，上以大下大定，罷十二軍。既而突厥寇不已，辛亥，復置十二軍。以太常卿竇誕等為將軍。簡練士馬，議大舉伐突厥。

同年又記曰：

先是，上與突厥書用敵國禮。秋七月甲辰，上謂侍臣曰：「突厥貪婪無厭，朕將征之。自今勿復為書，皆用詔敕。」

唐高祖對突厥態度的強硬，由此可見。

正因爲太宗模仿高祖採用伏兵計策略的決定，遂於武德九年六月四日，發生了玄武門事變，太子建成齊王元吉被殺，高祖立秦王世民爲太子，世民於是年八月九日登上帝座。這是唐帝國內部的鉅大變化。正因此內部的變化，影響到唐帝國對突厥的關係，也發生鉅大的變化。

通鑑卷一百九十一武德九年六月載：

辛巳（二十五日），幽州大都督廬江王瑗反。

舊唐書卷六十廬王瑗傳說：

（武德）九年，累遷幽州大都督……時隱太子建成將有異圖，外結於瑗。

新唐書卷七十八廬江郡王瑗傳說：

太子死，太宗令通事舍人崔敦禮召瑗。（王）君廓……卽謂瑗曰：「事變（指玄武門事變）未可知，大王國懿親，受命守邊，擁兵十萬而從一使者召乎？」

根據以上記載，可知幽州大都督李瑗是建成的黨羽，擁兵有十萬之衆。他於六月二十五日反，後來雖然被王君廓殺掉，但是在他反的前後，幽州一帶的動蕩不安，可以想知。

新唐書卷九十二羅藝傳說：

黑闥引突厥入寇，藝復以兵與皇太子建成會洺州，遂請入朝。帝（指唐高祖）厚禮之，拜左翊衞大將。藝負其功，且貴重不少屈。秦王左右嘗至其營，藝疾辱之。高祖怒以屬吏，久乃釋。時突厥放橫，藉藝盛名欲憚虜，詔以本官領天節軍將鎭涇州。太宗卽位，進開府儀同三司，藝內懼乃圖反。

由以上記載，知道和太子建成接近，與秦王不合的羅藝，於突厥放橫之時，有憚虜的威名。在太宗卽位的前後，他確是鎭守涇州的，而且在「內懼圖反」的狀態。

新唐書卷九十七魏徵傳說：

（太宗）卽位，拜諫議大夫，封鉅鹿縣男。當是時，河北州縣素事隱（太子）巢（剌王）者不自安，往往曹伏思亂。徵白太宗曰：「不示至公，禍不可解。」帝曰：「爾行安喩河北。」道遇太子千牛李志安，齊王護軍李思行傳送京師，徵與其副謀曰：「屬有詔（東）宮（齊王）府舊人普原之。今復執送志安等，誰不自疑者，吾屬雖往，人不信。」卽貸而後聞。

可知太宗於玄武門事變以後，雖有赦令，但仍在不斷的逮捕建成元吉的餘黨。而逮捕最多使太宗和魏徵都感到需要安諭的地區，是河北州縣。更由此可以推知河北一帶是建成元吉舊部最多的地區，也就是他們的軍隊素來駐防的區域。在那個區域裏，人心是極爲不安的。

舊唐書卷二太宗本紀載：

（武德九年八月）甲戌，（十九日）突厥頡利寇涇州。乙亥（二十日）突厥進寇武功，京師戒嚴。……己卯（二十四日）突厥寇高陵。辛巳（二十六日）行軍總管尉遲敬德與突厥戰於涇陽大破之，斬首千餘級。癸未（二十八日）突厥頡利至於渭水便橋之北。

這裏最値得注意的有四點：

第一：突厥的由涇州入侵，是乘着河北一帶人心不安的機會，選定了與太宗不和的羅藝所守的涇州而入侵的。

第二：涇州在京師長安西北四百九十三里，武功離京師一百五十里。於一日之間，突厥南侵竟達三百里以上，幾乎如入無人之境。鎮涇州的羅藝如果稍加抵抗，突厥的入侵決不能如此之速。這種情形是唐建國以來所不曾有的，實可驚人。

第三：八月二十六日尉遲敬德如果眞的大敗突厥，則二十八日突厥頡利可汗決不能到渭水便橋之北，可知敬德縱有小勝，必有大敗，最低限度必被突厥擊破一個缺口。不然，突厥決不能飛越唐軍陣地而南進到渭水便橋之北。

第四：尉遲敬德是玄武門事變中太宗的第一功臣，當時的官職是涇州道行軍總管。涇陽是長安北面的重要門戶，敬德所率領的必是唐太宗的精銳軍隊。敬德在涇陽不能堵禦住突厥的軍隊，而讓他們侵到渭水便橋之北，必定是太宗在智盡力竭之後，不得已的結果。

至於以後突厥的退去，據隋唐嘉話說：

衛公（李靖）……以白衣從趙郡王南征，靖巴漢、擒蕭銑、蕩平揚越，師不留行，皆武之。於武德末年，突厥至渭水橋，控弦四十萬。太宗初親庶政，驛召衛公問策。時發諸州軍未到，長安居人勝兵不過數萬，胡人精騎騰突挑戰，日數十合。帝怒欲擊之。靖請傾府庫賂以求和，潛軍邀其歸路。帝從其言，胡兵遂退。

隋唐嘉話爲劉餗所著。他是天寶初年集賢院學士兼知史官。他的父親子玄是有名的史學家，他的哥哥貺也是史官，他們父子兄弟前後任史官三十多年，對唐初史事記載的眞實性，必遠超過高祖太宗實錄。因此，他的記載是可信的。他既記胡兵退的原因是「靖請傾府庫賂以求和……帝從其言。」則突厥之退，確是因爲已經得到太宗的重賂。

數年以來，突厥未能爲唐的大患，高祖對突厥亦採強硬政策，及玄武門事變發生後，突厥軍竟然直抵渭水北岸的便橋，逼的聰明神武的唐太宗，不得不放棄了高祖對突厥所採的強硬政策，而「傾府庫賂（突厥）以求和。」使唐帝國的國際地位驟然降落，這轉變的樞紐是玄武門之變。

玄武門事變之所以能發生，是太宗決定模仿高祖的伏兵計，玄武門事變又給唐帝國引來了這樣大的外患，造成爲那樣大的恥辱；雖然是起因於唐太宗模仿高祖事件中的微微一念，然而對於唐帝國發生影響之大，確是難以估計的。使唐帝國的國際地位降低，亦是不能否認的事實。

雖然玄武門事變給唐帝國帶來了那樣大的不幸，但後來反而因禍得福。

舊唐書卷二太宗本紀：

（武德九年九月）丁未（二十二日），引諸衛騎兵統將等，習射於顯德殿庭，謂將軍已下曰：「自古突厥與中國更有盛衰，若軒轅善用五兵，即能北逐獯鬻、周宣驅馳方召，亦能制勝太原，至漢晉之君，逮於隋代，不使兵士素習干戈，突厥來侵，莫能抗禦，致遺中國生民塗炭於寇手，我今不使汝等穿池築苑，……唯習弓馬，庶使汝鬭戰，亦望汝前無橫敵。」於是每日引數百人於殿前發射，帝親自臨試，射中者隨賞弓刀布帛，朝臣多有諫者曰：「今引裨卒之人，彎弧縱矢于軒陛之側，陛下親在其間，正恐禍出非意，非爲社稷計也。」上不納。白是後，士卒皆爲精銳。

在突厥兵撤退後二十餘日，太宗就不聽羣臣之諫而在殿庭習射，並且以防禦突厥爲對將士講話的主要內容，若不是渭水之恥對太宗刺激的深刻，何至如此？

舊唐書卷二太宗本紀載：

貞觀元年春正月辛丑（十七日），燕郡王李（原姓羅）藝據涇州反，尋爲左右所斬，傳首京師。

舊唐書卷五十六羅藝傳說：

太宗卽位，拜開府儀同三司，而藝懼不自安，遂於涇州詐言閱武，因追兵，矯稱奉密詔勒兵入朝，率軍至于豳州……

羅藝本是建成的黨羽，他不在玄武門事變後卽刻反，而晚在貞觀元年七月纔反，可以想知是：太宗有鑒於突厥入侵時他不抵抗而想撤換他以強化邊防，因而逼他反的。換句話說：由於渭水之恥的刺激，反使太宗加速進行內部統一的工作。太宗對梁師都的破滅，亦是因渭水之恥的刺激而提前了。

再看突厥方面，從頡利侵至渭水掠得金帛以後的情形，據舊唐書卷一百九十四上頡利可汗傳說：

貞觀元年，陰山已北薛延陀，回紇，拔也古等部皆相率背叛，擊走其欲谷設，頡利遣突利討之，師又敗績，輕騎奔還，頡利怒拘之十餘日，突利由是怨望，內欲背之。其國大雪，平地數尺，羊馬皆死，人大飢……二年，突利遣使奏言，與頡利有隙，奏請擊之……三年，薛延陀自稱可汗于漠北，遣使來貢方物。……頡利每委任諸胡，疏遠族類，胡人貪冒，性多翻覆，以故法令滋彰，兵革歲動，國人患之，諸部攜貳，頻年大雪，六畜多死，國內大餒，頡利用度不給，復重斂諸部，由是下不堪命，內外多叛之。

總括以上，一、薛延陀背叛；二、突利怨望；三、大雪大饑；四、內政紊亂，四種現象，除第三項非人爲現象外，其餘三項不只全係人爲，而且全與侵唐有直接關係。

（一）關於薛延陀背叛：舊唐書卷一百九十九下鐵勒（卽薛延陀）傳說：

貞觀二年，葉護可汗死，其國大亂，乙失鉢之孫曰夷男，率其部落七萬餘家附於突厥，遇頡利之政衰，夷男率其徒屬反，攻頡利，大破之，於是頡利部諸姓多叛頡利，歸于夷男，共推爲主，夷男不敢當。時太宗方圖頡利，遣遊擊將軍喬師望從間道齎冊書拜夷男爲眞珠毘伽可汗，賜以鼓纛。夷男大喜，遣使貢方物，復建牙於大漠之北鬱督軍山下，在京西北六千里，東至靺鞨，西至葉護，南接沙磧、北至俱倫山，迴紇，拔野古，阿跌，同羅、僕骨，霫諸大部落皆屬焉。三年，夷男遣其弟統特勒來朝，太宗厚加撫接，賜以寶刀及寶鞭謂曰：「汝所部有大罪者斬之，小罪鞭之。」（此句據唐會要補正）夷南甚喜。

原先諸部共推夷男爲主而不敢當，及唐太宗派人拜夷男爲可汗後，他便大喜而建牙爲諸部落之主。可知這個轉變的力量，完全由於唐太宗的培植。唐太宗爲何要培植夷男？還是因爲受了渭水之恥的刺激，亟思報雪，培植夷男以牽制突厥的緣故。

（二）突利背叛：背叛的遠因，據新唐書卷二百十五突厥傳說：

（突厥侵至渭水時，太宗）又馳騎語突利曰：「爾往與我盟，急難相助，今無香火情耶？能一決乎？」……頡利……聞與突利語陰相忌……秦王縱反間，突利乃歸心……

這是以後頡利突利二可汗分裂的種子，還是唐太宗在突厥到達渭水時所播下的。

（三）至於突厥內政的紊亂，舊唐書突厥傳云：

頡利委任諸胡，疏遠族類，胡人貪冒，性多翻覆，以故法令滋彰，兵革歲動。

新唐書卷二百十五上突厥傳又說：

頡利得華士趙德言，才其人委信之，稍專國，又委政諸胡。斥遠宗族不用，……胡性冒沓，數翻不信，號令無常，……㝅歛苛重。

頡利內政之壞，顯與「委政諸胡」有關，頡利爲什麼斥遠宗族不用？依理推測是：

(一)因突利之怨恨不服而引起。

(二)渭水之盟後，頡利既得有財貨和勝利，而驕恣之心蒙生。

（頡利於武德三年繼位，原有憑陵中國之心，及貞觀初，國內政亂，其轉變當爲得勝而驕。）

以上兩個原因，任何一因，都與頡利的侵至渭水有關。

唐太宗在渭水之盟後，訓練將士不忘國恥，離間頡利突利以分其力，培植鐵勒以牽制突厥，食不甘味的志滅突厥。而頡利國內的處境確有如上所言的四項不景氣，所以唐太宗先於貞觀元年，平了叛變的羅藝以除突厥來侵的洞隙，繼於貞觀三年，平定了與突厥溝通的梁師都，終派李靖李勣大舉討伐，得突利的引導，和鐵勒的外助，遂得把頡利擒獲，獻俘太廟，洗刷了渭水之恥。

渭水之役，本爲頡利的勝利，唐太宗的恥辱，三四年後，得失易位，固然因唐太宗爲傑出的英雄，但是渭水之恥實有激勵的效力。

唐太宗俘虜頡利可汗後，於貞觀四年四月初二日御順天門樓，軍吏執頡利可汗獻捷，太宗數他五條罪狀，頡利拜伏哭謝，太宗先派人善爲招待，以後封他爲右衛大將軍。

貞觀四年四月初三日，西北各部君長見到太宗這樣偉大，共請上尊號為「天可汗」。唐太宗成為東亞的盟主，唐帝國成為東亞的領導國家，唐帝國的國際地位升高了，升高的超過秦漢，為中國史上空前所未有。

總括以上諸史實，如果太宗不模仿高祖而採用伏兵計，則他在玄武門事變中決不會成功而得登帝位。如建成不被殺，則北邊的士氣人心正常，突厥決不能侵至渭水便橋。那樣，唐太宗決不至有賂突厥以求和的渭水之恥。倘若沒有渭水之恥，唐太宗也不會那樣發憤圖強，離間頡利與突利，聯絡鐵勒，以至後來戰勝突厥俘獲頡利。如果沒有那些勝利，西北君長也不會擁護他稱「天可汗」。

簡言之，如果沒有玄武門事變，建成嚴防北邊，突厥不會侵至渭水，唐與突厥必南北對立若干年下去，不分勝負。那樣，也不會很快的使唐太宗成為「天可汗」。玄武門事變的發生，使唐帝國對突厥先失敗而後勝利，先招來了恥辱而後再將恥辱昭雪，並給唐太宗帶來了空前的「天可汗」頭銜，使唐帝國由被壓迫而變成為東亞盟主。唐的勢力先屈而後伸，國際地位先降低而轉升高，都與玄武門事變有極密切的關係，而其支配的原動力，就在唐太宗模仿高祖伏兵計而發動玄武門事變的一事上。

六　結　論

世皆稱唐太宗為唐開國君主，他代高祖取得天下，處處指導高祖，這全是經過史官修飾之辭與事實全不符合的。而真實的史事，則是唐太宗的處事用人處處模仿高祖。在太宗的許多模仿高祖的史事中，以模仿高祖的伏兵計而發動玄武門事變一項為最重要。這一件事影響於唐帝國的也至大且鉅。舉其尤要者如下：

(一) 因爲唐太宗的取得帝位，無形中鼓勵了諸皇子的覬覦帝位，相爭的結果，長子常不得繼承帝位，因之打破了歷代長子繼承的制度。並且因爲太子常常不得繼承，所以唐代太子的地位，是極度不安的。不居其位的欲得其位，既得其位的欲保其位，因之唐代宮廷之爭特多。

(二) 因爲太宗的得帝位，使武則天得有入宮爲才人的機會，種下她後來篡唐的原因。又因爲太宗鑒於玄武門事變而防備諸皇子重演慘劇，便立了仁柔的晉王治（卽高宗）爲太子，種下了後來武則天入高宗宮爲昭儀的種子。更因爲太宗想發動玄武門事變時向李勣問計，李勣不答；所以太宗於老年猜疑李勣。以致李勣對高宗立武氏爲皇后事不加阻止，遂促成武則天的得爲高宗的皇后。武則天的得爲高宗皇后，遂造成她篡唐之勢，使唐國帝祚幾乎斷絕。

(三) 太宗卽位後，建成元吉餘黨惶恐不安，太宗的命令不能順利推行，突厥頡利可汗便乘此機會，舉兵南下，直達渭水北岸。太宗迫不得已，只好盡出府庫所存的金帛送給突厥，結盟講和。這件事給唐太宗很大的恥辱。降低了唐的國際地位。唐太宗立志誓雪此恥，練兵選將，結納外援，離間突厥內部。果然於貞觀三年派李靖將兵討伐突厥，四年擒獲頡利可汗，盡雪前恥。西北各國酋長看到太宗的成功，大家給他上個尊號稱爲「天可汗」。唐太宗就成爲東亞各國的盟主。唐帝國成爲東亞的領導國家，造成中國史上最燦爛的一頁。假設沒有玄武門事變的發生，太宗不會有渭水之恥，沒有渭水之恥的刺激，唐太宗也不會那樣的發憤圖強，躍上「天可汗」的寶座。

總之，由太宗模仿高祖伏兵計而發動的玄武門事變，給唐帝國帶來了許多的動亂與不安，也帶來了空前盛世與光明，更給唐帝國帶來了莫大的國恥和空前的光榮。

（本論文發表於師大學報第十五期）

四、唐代的政教關係

本文係作者經國家長期發展科學委員會補助，所撰「唐代的政教關係與道佛之爭」專題論文之一部分，特此註明，並致謝忱。

一　政教的合作

洛中紀異錄云：

唐高祖神堯皇帝將舉義師入長安，忽夜夢身死墜於牀下，爲羣蛆所食。及覺甚惡之，乃詣智滿禪師而密話之。滿卽賀曰：「公得天下矣。」帝大驚謂滿曰：「何謂也？」滿曰：「其死，是斃也；墜於床是下也；羣蛆所食者是億兆之所趨附也。臣不敢直指天子，故曰陛下，是至尊之象也。」甚喜。又曰「貧道爲沙彌日，常攻易，今敢爲公占之。」及卦成曰：「得乾飛龍在天，又是帝王之徵也。」時太宗侍帝之側，滿又曰：「公子大人。」及去，又語帝曰：「此公子福德無量，何憂天下乎？」帝與太宗俱大悅。帝至霍邑，又夢甲馬無數。帝見滿問是何軍伍？對曰：「公身中神也。若無此，何以威制天下。」後數夜復作前夢，帝覺，召太宗言之，復曰：「吾事濟矣。」太宗拜於前，連呼萬歲者四。帝復大悅。其後，果卽位。乃復營其寺（晉陽眞智寺）賜額爲興義，以太原帝舊田宅業產並賜之，永充常住。今之寺內見（現）有圖夢堂，乃塑師與帝並在。

既有圓夢堂之修，智滿爲唐高祖圓夢事當爲眞。夢是否値得相信，玆不置評。但智滿的圓夢，增加高祖許多信心，當無問題。高祖前在太原問夢，後至霍邑又問夢，想智滿係受高祖聘請隨軍以備顧問的。由此可知智滿對高祖精神上的鼓勵。及高祖卽帝位後，對智滿的賜與之厚，可見高祖是承認他有功的。更由此可以看出，唐代在高祖開國之前，政教雙方已經有合作互助的事例。

武德三年（六二〇），高祖命秦王世民討伐王世充時，少林寺的和尙也曾協助唐軍反抗王世充。全唐文裴漼少林寺碑記云：

太宗文皇帝……躬踐戎行。僧志操、惠瑒、曇宗等，審靈睠之所往……率衆以拒僞師，抗表以明大順。執充（指王世充）姪仁則以歸本朝……太宗嘉其義烈。

少林寺僧對秦王世民的協助，也是唐初政教合作的又一事例。

續高僧傳慧休傳說：

暨武德年內，劉（黑）闥賊興，魏相諸州，並遭殘戮。忽一旦警急，官民小大棄城逃隱。休在雲門，聞有斯事，乃率學士二十餘人，東赴相州，了無人物，使牢城自固。四遠道俗，承休城內，方來歸附。當斯時也，人各藏身，而休挺節存國，守城引衆，可謂亂世知人者矣。其年不久，天策陳兵，遠臨賊境。軍實無委，並出當機。休旣處僧端，預明利害，集衆告曰：「官軍靜亂，須有逢迎，僧食衆物，義當前送。」……獨詣軍門，具陳來意。於是曹公徐世勣引勞賞悅，仍令部從隨休至寺，任付糧粒。及平殄後，曹公爲奏，具述休功，登卽下敕，入賊諸州，見有僧尼止留三十，相州一境，特宜依定，以事驗人。

這是秦王世民討劉黑闥時，佛僧對秦王在物資上的幫助，也可以說是政教合作的又一例。

廣弘明集卷二十八上唐太宗於行陣所立七寺詔云：

項籍方命，封樹紀於丘墳，紀信捐生，丹青著於圖象。猶恐九泉之下，尙淪鼎鑊，八難之間，永纏冰炭。愀然疚懷，用忘興寢，思所以樹立福田，濟其營魄。可於建義已來，交兵之處爲義士凶徒隕身戎陣者，各建寺刹，招延勝侶。望法鼓所震，變炎火於青蓮，淸梵所聞，易苦海於甘露。

同書同卷唐太宗行陣所立七寺詔後注云：

破薛舉於豳州立昭仁寺，破霍老生於臺州立普濟寺，破宋金剛於晉州立慈雲寺，破劉武周於汾州立弘濟寺，破王世充於芒山立昭覺寺，破竇建德於鄭州立等慈寺，破劉黑闥於洺州立昭福寺。右七寺並官造，又給家人車牛田莊，並立碑頌德。

太宗借佛教超渡義士的英靈，以慰軍心，七寺的僧侶必定要照樣達到這個任務。七寺既係官造，寺內僧侶的生活，當然也由官家供給。僧人幫助政治，政治施惠於僧侶，雙方合作互助，是一個最普通的方式。

續高僧傳玄奘傳有云：

及至洛濱，特蒙慰問，並獻諸國異物，以馬馱之。別敕引入深宮之內殿，面奉天顏，談叙眞俗，無爽帝旨。從卯至酉，不覺時延。迄于閉鼓，上卽事戎旃，問罪遼左，明旦將發，下敕同行。固辭疾苦，兼陳翻譯，不違其請。乃敕京師留守梁國公房元齡專知監護，資備所須，一從天府。

可知太宗對玄奘的禮遇，和對他的協助。

舊唐書卷一百九十一玄奘傳也說：

貞觀十九年（六四五），歸至京師。太宗見之大悅，與之談論。於是詔將梵本六百五十七部於弘福寺翻譯，仍勑右僕射房玄齡太子左庶子許敬宗廣召碩學沙門五十餘人相助整比。高宗在東宮，爲文德太后追福，造慈恩寺及翻經院，內出大幡勑九部樂，及京城諸寺幡蓋衆使送玄奘及所翻經像諸高僧等入住慈恩寺。顯慶元年（六五六），高宗又令左僕射于志寧、侍中許敬宗、中書令來濟、李義府、杜正倫、黃門侍郎薛元超等，共潤色玄奘所定之經；國子博士范義碩、太子洗馬郭瑜、弘文館學士高若思等助加翻譯，凡成七十五部。

這是政府派大批人員協助僧人共同作譯經工作的實例。也是政治宗教在文化上的合作。

新唐書則天順聖皇后傳說：

麟德初，后召方士郭行眞入禁中爲蠱祝，

同書卷一百五上官儀傳說：

初武后得志，遂牽制帝，專威福。帝不能堪。又引道士行猒勝。中人王伏勝發之，帝因大怒，將廢爲庶人。

高宗因發現武后行猒勝而大怒，可見武后行猒勝所祝的事，一定不利於高宗。更可以看出的是：武后引用道士行猒勝，爲的求在政治上的順利發展。也可以說道敎的道士們對武后的合作協助。

舊唐書卷一百一十九明崇儼傳說：

（儀鳳）四年（卽調露初）爲盜所殺。時語以爲崇儼密與天后爲猒勝之法，又私奏章懷太子不堪承繼大位。太子密知之，僭使人害之。

同書卷八十六章懷太子賢傳說：

立爲皇太子，大赦天下。尋令監國。賢處事明審，爲時論所稱。儀鳳元年，手勑褒之。……又招集當時學者太子左庶子張大安、洗馬劉訥言、洛州司戶格希玄、學士許叔牙、成玄一、史藏諸、周寶寧等注范曄後漢書，表上之，賜物三萬段，仍以其書付秘閣。時正議大夫明崇儼以符劾之術爲則天所任，使密稱英王狀類太宗。又宮人潛議云：賢是后姊韓國夫人所生。……賢逾不自安。調露二年，崇儼爲盜所殺。則天疑賢所爲……乃廢爲庶人，幽於別所。永淳二年遷於巴州。文明元年，則天臨朝，令左金吾將軍丘神勣往巴州檢校賢宅以備外虞。神勣遂閉於別室，逼令自殺。

章懷太子賢爲武后的親生子，爲高宗所寵愛，又處事明審，時論所稱。但因有殺道士明崇儼之嫌，竟然由廢爲庶人，而後被逼自殺。其中主要原因，必是武后認定他是政敵。武后所信任的明崇儼，竟不顧疏不間親的基本原理而密奏太子賢不堪繼承大位，當然是想助武后奪得政權。凡人莫不愛其子，而武后竟爲道士明崇儼故不惜殺其愛子，可知武后對明崇儼的重視和信任。換句話說：就是武后爲奪得政權，而與道士密切的合作。

通鑑卷二百四，天授元年（六九〇）七月載：

東魏國寺僧法明等撰大雲經四卷，表上之，言太后乃彌勒佛下生，當代唐爲閻浮提主，制頒於天下。

舊唐書卷一百八十三薛懷義傳說：

懷義與法明等造大雲經，陳符命，言則天是彌勒下生，作閻浮提主，唐世合微。

通鑑卷二百四，天授元年九月載：

丙子，侍御史傅遊藝帥關中百姓九百餘人，詣闕上表請改國號曰周，賜皇帝姓武氏。太后不許，擢遊藝爲給事中。於是百官及帝室宗戚遠近百姓四夷酋長沙門道士合六萬餘人俱上表如遊藝所請。皇帝亦上表自請賜姓武氏。……庚辰，太后可皇帝及羣臣之請。壬午，御則天樓赦天下，以唐爲周，改元。乙酉，上尊號曰聖神皇帝。

可見武后稱帝以前，佛僧道士們具有擁戴之功。進一步說：武后的稱帝，是佛僧們造大雲經陳符命，給舖平了道路的。

因爲佛僧幫助了武后登上了皇帝寶座，所以武后對佛僧們具有感激心理，處處給予優待以獎其功，例如。

通鑑卷二百四所載：

天授元年十月壬申，敕兩京諸州各置大雲寺一區，藏大雲經，使僧升高座講解其撰疏。僧雲宣等九人皆賜爵縣公，仍賜紫袈裟，銀龜袋。

武后既封佛僧們官爵，又幫助佛教的發展。由此可以看出在武后心目中佛僧們對她的幫助。

舊唐書卷一百九十一神秀傳說：

神秀乃往荆州居於當陽山。則天聞其名，追赴都，肩輿上殿，親加跪禮，敕當陽山置度門寺以旌其德。

續高僧傳神秀傳亦說：

神秀……則天太后聞之，召赴都，肩輿上殿，親加跪禮，設內道場，豐其供施，時時問道。……神龍二年（七〇六）卒……詔賜謚曰大道禪師。

武后對神秀親加跪禮，又准其肩輿上殿，禮遇之隆可知。武后倘若沒有用他的地方，何至待他如此之厚，當然有借重他的地方存在。

唐會要卷四十一雜記有云：

延載元年勅盜公私尊像入大逆條，盜佛殿內物同乘御物。

武后對於佛像及殿內物的保護，猶同御物，尊佛的程度可知。武后對佛如此的尊重，也是由於政教雙方的互助合作的關係。

舊唐書玄宗本紀載：

（景龍四年——七一〇）六月，中宗暴崩，韋后臨朝稱制。韋溫、宗楚客、紀處訥等謀傾宗社。以睿宗介弟之重，先謀不利。道士馮道力，處士劉承祖皆善於占兆。詣上布誠款……乃與太平公主謀之。公主喜，以子崇簡從。上乃與崇簡、朝邑尉劉幽求……寶昌寺僧普潤等定策誅之。

這是寺僧普潤等對玄宗在政治上的協助。

寺僧對玄宗協助，玄宗自有籌功的辦法。至於玄宗即位以後，對道教特別尊崇而對佛教稍差，那是另有其政治的原因的。

冊府元龜卷之五十三帝王部尙黃老條云：

開元二十九年（七四一）四月漏下後，帝謂侍中牛仙客、中書令李林甫曰：「朕自臨御以來，向三十年來，未嘗不四更初起，具衣服禮謁尊容，蓋爲蒼生求福也。」

舊唐書懿宗本紀咸通十四年（八七三）載：迎佛骨時制有云：

朕以寡德，纘承鴻業，十有四年……朕憂勤在位，愛育生靈，遂乃尊崇釋教，至重玄門，迎請眞身，爲萬姓祈福……

玄宗信道，自稱爲蒼生求福，懿宗信佛，也稱爲萬姓祈福。爲蒼生，爲萬姓祈福，可能是眞意，也可能是託詞，最低限度，爲個人祈福，是絕無問題的。

唐太宗爲太穆皇后追福手疏云：

聖哲之所尙者，孝也。仁人之所愛者，親也。朕幼荷鞠育之恩，長蒙撫養之訓。蓼莪之念，何日忘之，罔極之情，昊天匪報。昔子路歎千鍾之無養，虞邱嗟二親之不待，方寸亂矣，信可悲夫。朕每痛一月之中，再罹艱疚，與言永慕，哀切深衷。欲報靡因，唯資冥助。敬以絹二百匹，奉慈悲大道，儻至誠有感，冀銷過去之衍，爲善有因，庶獲後緣之慶。（全唐文卷十）

由此手疏，可知太宗爲其母太穆皇后追福的目的，在銷過去之衍和獲後緣之慶。

總括上述，無論爲存爲歿，或是爲蒼生爲個人，總而言之信奉宗教是爲求福無疑。帝王爲存爲歿去求福，宗教就在這點上去滿足帝王。

大唐六典卷之四有云：

每觀……齋有七名：其一曰金籙（潛確類書引六典錄作籙，下黃錄亦同）大齋。（調初陰陽，消災伏害，爲帝王國王（王當作土）延祚降福。其二曰黃籙齋。（並爲一切拔度先祖）其三曰明眞齋（學者自齋齊先緣）。其四曰三元齋（正月十五日天官爲上元，七月十五日地官爲中元，十月十五日水官爲下元，皆法身自懺愆罪焉。其五曰八節齋（修生求仙之法）。其六曰塗炭齋（通濟一切急難）。其七曰自然齋（普爲一切祈福）。……

每寺……僧持行者有三品，其一曰禪；二曰法；三曰律，大抵皆以清靜悲慈爲主。……

凡道觀三元日千秋節日，凡（凡恐衍）修金錄（錄當作籙），明眞等齋，及僧寺別敕設齋，應行道官給料。

高祖神堯皇帝（五月六日），太穆皇后（五月一日），太宗文武聖皇帝（五月二十六日），文德聖皇后（六月二十一日），高宗天皇大帝（十二月四日），大聖天后（十一月二十六日），中宗孝和皇帝（六月二日），和思皇后（四月七日），睿宗大聖眞皇帝（六月十日），昭成皇后（正月二日），皆廢務。（凡廢務之忌，若中宗已上，京城七月行道，外州三月行道。睿宗及昭成皇后之忌，京城二七日行道，外州七月行道。睿宗及昭成皇后之忌，京城二七日行道。外州七日行道。）八代祖獻祖宣皇帝（十二月二十三日），宣莊皇后（六月三日），七代祖懿祖光皇帝（九月八日），光懿皇后（八月九日），皆不廢務。六代祖太祖景皇帝（九月十八日），景烈皇后（五月六日），五代祖代祖元皇帝（四月二十四日），元眞皇后（三月六日），孝敬皇帝（四月二十五日），哀皇后（十二月二十日），皆不廢務。京城一日設齋，凡國忌日，兩京定大寺觀各二散齋，諸道士女道士及僧尼，皆集于齋所，京文武五品以上，與淸官七品以上，皆集行香以退。若外州亦各定一觀一寺以散齋，州縣行香，應設齋者蓋八十有一州焉。

由以上記載，知僧道的工作，最主要的就是設齋求福。自古以來「國之大事，在祀與戎。」祭祀就是求福的。唐代的皇帝固然擔任着其他祭祀的責任，但是求福的大部份工作，由僧尼道士代爲分擔去。僧道分擔了皇帝的一部份大事，就是和皇帝的合作。

皇帝沒有不希望爲自己求福的，而人間的最大幸福在一般人說來是「福、祿、壽。」三者。皇帝用不着求祿，福也不成問題，而需要求的就是「壽」。想達到壽就要服長生之藥。唐代的道佛二教就想在這一方面去滿足（勿寧說迎合）皇帝的要求。也是他們對皇帝合作的主要項目之一。

舊唐書太宗本紀貞觀二十二年（六四八）載：

使方士那羅邇娑婆於金飈門造延年之藥。

通鑑卷二百五天册萬歲元年（六九五）載：

武什方自言能合長生藥，太后遣驛於嶺南采藥。

同書卷二百六久視元年（七〇〇）五月載：

太后（指武后）使洪州僧胡超合長生藥，三年而成，所費鉅萬，太后服之，疾小瘳。

舊唐書憲宗本紀載：

上服方士柳泌金丹藥。

同書穆宗本紀亦載：

上餌金石之藥。

同書武宗本紀載：

帝重方士，頗服食修攝，受法籙，至是（會昌六年—八四六—三月）藥躁，喜怒失常。

通鑑卷二百四十九宣宗大中十三年（八五九）載：

上餌醫官李伯玄、道士虞紫芝山人王樂藥，疽發於背。

據以上諸條記載，知唐代諸帝，有的服佛僧的長生藥，有的服道士的長生藥。目的達到與否，是另一問題；但皇帝們爲求長生而用僧、道們製藥，僧道們爲圖勢力的發展而爲皇帝製長生之藥，則是數見不鮮的事實。這是宗敎與政治合作的第二個項目。

國以民爲本，民以食爲天，民食的豐歉，全賴於天，所以風調雨順是國家政府所最冀望的。旱了要求雨，雨下多了，又希望止雨。皇帝們對此點自認不如僧道，因之僧道們又擔任起這項工作，去和皇帝合作。

續高僧傳明淨傳說：

貞觀三年，從去冬至來夏六月，迥然無雨。天子下詔釋李兩門，嶽瀆諸廟，爰及淫祀，普令雲祭。於時萬里赫然，全無有應。朝野相顧，慘愴無賴。有潘侍郎者曾任密州。知淨能感，以狀奏聞。勅召至京，令往祈雨，告以所須，一無損費。惟願靜念三寶，慈濟四生，七日之後，必降甘澤。若欲酬德，可國內空寺並私度僧，並施其名，得弘聖道，有勅許焉。雖無供給香油。於莊嚴寺靜房禪默，至七日向曉，問寺衞者曰：「天之西北應有白虹，可試觀之。」尋聲便見。淨曰：「雨必至矣。」須臾雲合，驟雨忽零，比至日晡，海內通洽。百官表奏皇上之功。淨之陰德全無稱述。新雨初晴，農作並務。苗雖出隴，更無雨嗣，萎仆將死，投計無所。左僕射房玄齡躬造淨所，請重祈雨。淨曰：「雨之昇降，出自帝臣，淨有何德，敢當誠寄。前許無報，幽顯同憂，若修素請，雨亦應致。」以事奏聞，帝又許焉。乃勅權停俗務，合朝受齋。淨乃依前靜坐。七日之末，又降前澤，四民歡泰，遂以有年。勅乃總度三千僧，用酬淨德。

朝野僉載：

景雲中，西京霖雨六十餘日，有一胡僧名寶嚴，自云有術法能止雨。設壇場誦經咒。其時禁屠宰，寶嚴用羊二十口馬兩匹，以祭祈請。經五十餘日，其雨更盛。於是斬逐胡僧，其雨遂止。

都是僧人求雨止雨的實例。

在太宗令明淨祈雨的一段故事裏，最值得注意的是：明淨祈雨所希望的報酬，是「可國內空寺並私度僧……」，第二次又令他祈雨時，明淨便說：「若修素請，雨亦應致。」而最後明淨祈到了雨，太宗便「敕乃總度三千僧，用酬淨德」。皇帝為年景之豐收而令明淨祈雨，明淨代太宗祈雨目的在求太宗下勅度僧。對雙方都有利益，這就是政教合作的基因。

次柳氏舊聞云：

元宗嘗幸東都，天大旱且暑。時聖善寺有天竺乾僧無畏，號三藏，善召龍致雨之術。上遣力士疾召無畏請雨。……上強使之。……無畏不得已乃奉詔。有司爲陳請雨之具，幡幢像設甚備。無畏笑曰：「斯不足以致雨」悉令徹之，獨盛一鉢水，以小刀攪旋之，故言數百咒，水須臾有若龍狀，其大類指，赤色，首噉水上，俄復投於鉢中。無畏復以刀攪水咒者三。頃之，白氣自鉢中興，如爐烟直上數尺，稍引出講堂外。無畏謂力士曰：「亟去，雨至矣。」力士極馳而去……纔及天津橋之南，風雨亦隨焉而至。……力士比復奏，衣盡霑濕。時孟溫禮爲河南尹，目覩其事。後吏部員外郎李華撰無畏碑，亦云奉詔致雨，滅火返風，昭昭然偏於耳目也。今洛京天津橋有菏澤寺者，卽高力士去請咒水祈雨，回至此寺前，雨大降。明皇因於此地造寺而名菏澤焉。寺今見在。

考次柳氏舊聞，爲李德裕所撰，所記之事，爲史官柳芳聞之于高力士的。德裕之父吉甫嘗聞其說，以告德裕而追記出來。所記無畏求雨等等，固不可全信，但玄宗令無畏求雨之事，當不會虛構。

太宗玄宗是唐代比較英明的皇帝，他們爲要求雨，都祈靈於僧道，其他各帝用僧道求雨之事，定不乏其例。僧道爲求發展的順利，竟代皇帝擔起求雨的工作，這是宗教與政治合作的第三個項目。

總觀宗教對政治的合作，無非是代皇族（包括存歿）和天下蒼生求福。

皇帝們所得的福，天的下雨是否爲僧道求福祈雨的結果，當然極成問題；不過，在唐代的皇帝看來，多多少少會與僧道求福祈雨有關。皇帝們既承認僧道對他是有幫助的，所以很自然的也給與僧道們以合作。

帝王對佛道合作的表示第一就是封官給爵，例如：

甲、武后時，「僧雲宣等九人，皆賜爵縣公，仍賜紫袈裟，銀龜袋。」（通鑑天授元年）

乙、中宗時，「僧慧範九人加五品階。」（通鑑神龍二年），後因太平公主奏，復「加三品，封公爵。」（僧史略）

丙、代宗時，授不空和尚「以特進鴻臚卿……加開府儀同三司，封肅國公。」（權德輿：大唐興善寺三藏和尚影堂碣銘序）。

丁、史崇。武后時，太清觀主。授金紫光祿大夫，鴻臚卿員外，置同正員，河內郡開國公。（全唐文）

帝王對佛道合作的第二方法是賜名號或賜謚，例如：

甲、「大曆六年（七七一）……敕京城僧尼，臨壇大德各置十人，以爲常式，有闕卽塡。」可知「大德」爲對僧的賜號。

乙、咸通十一年（八七〇）十一月十四日延慶節，賜左街雲顥三慧大師；右街僧徹淨光大師，可孚，法智大師，重謙，靑蓮大師。（見僧史略）可知「大師」爲對僧的賜號。

丙、「神秀以神龍二年卒……有詔賜謚曰大通禪師。」（舊書神秀傳）「開元……十五年卒……賜謚曰大慧禪師」（舊書一行傳）。

丁、高宗贈道士潘師正太中大夫，賜曰體玄先生（舊傳）
玄宗贈道士葉法善越州都督（元龜帝王部尚黃老一）

帝王對佛道合作的第三方法，是賜宅賜田或物，例如：

甲、「（高祖）果即位，乃復營其寺，賜額爲興義，以太原帝舊田宅業產並賜之（智滿）」（洛中記異錄）

乙、太宗於行陣所立七寺，並官造，又給家人車牛田莊（於行陣所立七寺詔後注）

丙、尙獻甫……出家爲道士……景雲二年（七一一），優詔賜物一百段，又每歲春秋二時，特給羊酒糜粥。（舊唐書尙獻甫傳）

帝王對佛道合作的第四種方法，是禮遇，例如：

甲、唐太宗對玄奘的「不違其請」和「備資所須」（續高僧傳玄奘傳）。

乙、武則天對神秀的「親加跪禮」，和准他「肩輿上殿」（舊唐書神秀傳）。

無論在精神方面或物質方面，唐代帝王對於佛道，可謂優禮備至。合作之誠，可以說達到相當高的標準了。

二　政教的衝突

宗教和政治的合作，對雙方是互相有益的，但是關於政府因受宗教的幫助而得的利益，就很難得到正確的答案，所以當時的人士，都是仁者見仁智者見智，言人人殊。

在另一方面，宗教對政府的害處，卻比較具體；所以便有很多人可以羅列出來事實，言之鑿鑿。因之，根據當時人的言論，便可知道宗教對政府害處的大概。

當時言論所提出的宗教對政府的害處：

第一是宗教的寺觀浪費人力和財力。例如：

武德時傅奕請廢佛法表有云：

復廣置伽藍，壯麗非一，勞役工匠，獨坐泥胡，撞華夏之鴻鐘，集蓄僧之僞衆，動淳民之耳目，索勞私之貨賄。女工羅綺，翦作淫祀之旛，巧匠金銀，散雕舍利之塚。秔梁麵米，橫設僧尼之會，香油蠟燭，枉照胡神之堂，剝削民財，割絕國貯。朝廷貴臣曾不一悟，良可痛哉！

（全唐文卷一百三十三）

武后時張廷珪諫建大像疏曰：

陛下信心歸依，發弘誓願，壯其塔廟，廣其尊容，已徧於天下久矣。……如佛所言，則陛下傾四海之財，殫萬人之力。窮山之木以爲塔，極冶之金以爲像，雖勞則甚矣，費則多矣。而所獲福不愈於禪房之匹夫……通計工匠，率多貧窶，朝驅暮役，勞筋苦骨，簞食瓢飲，晨炊星飯，饑渴所致，疾疹交集。……營築之資，僧尼是稅，乞丐所致，而貧闕猶多。州鎮徵輸，星火逼迫，或謀計靡所，或鬻賣以充，怨聲載路，和氣未洽。（舊唐書卷一百一張延珪傳）

同時李嶠上疏諫曰：

「天下編戶，貧弱者衆，亦有傭力客作以濟糇糧，亦有賣舍貼田以供王役。造像錢見（現）有一十七萬餘貫，若將散施，廣濟貧窮，人與一千，濟得一十七萬餘戶，極饑寒之弊，省勞役之勤，順諸佛慈悲之心，霑聖君亭育之意，人神胥悅，功德無窮。」（舊唐書卷九十四李嶠傳）

睿宗時，辛替否諫爲金仙玉眞公主廣營二觀疏曰：

> 營寺造觀，日繼於時，檢校試官，充臺溢署，伏惟陛下愛兩女爲造兩觀，燒瓦運土，載土塡坑，道路流言皆云：計用錢百餘萬貫……而乃以百萬貫錢造無用之觀以受六合之怨乎？以違萬人之心乎？（舊唐書辛替否傳）

玄宗時姚崇十事要說：

> 武后造福光寺，上皇（指睿宗）造金仙玉貞觀，費鉅百萬，臣請絕道佛營造，可乎？（新唐書姚崇傳）

像以上的言論，可謂不勝枚舉。至於寺觀所佔田產的多少？茲列舉幾項記載以見一斑。據金石萃編卷一一三重修大像寺記說：

> 頃者，莊田典賣於鄉里，林木摧毀於樵童。……出淸俸以收贖，營莊大小共七所，都總管五十三頃五十六畝，三角熟荒並柴浪等八頃三十八畝，半坡側荒四十五頃一十八畝，□□熟□□（□者爲闕字）瓦屋一百十二間，草舍二十間，果園一所，東市善和坊店舍共六間半並瓦風伯莊荒熟共一十一頃五十畝。

前書卷八六記浮屠後開元十八年金仙長公主捨文云：

> 范陽東南五十里，上坻村、趙襄子淀中麥田莊，並果園一所，及環山林麓，東接房南嶺，南逼他山，西止白帶山口，北限大山分水界，並永充供給山門所用。

全唐文卷三二四王維請施莊爲寺表：

臣遂于藍田營山居一所，草堂精舍，竹林果園，並是亡親宴坐之餘……伏祈施此莊爲一小寺，兼望抽諸寺名行僧七人，精勤禪誦，齋戒住持。

萬齊融阿育王寺常住田碑有云：

粵寺東十五里塔墅常住田者，宋元嘉二年奉□□所立也。湖之左右，夾壤二區，蓁梗始艾，畬畬粗立。僧徒理勝，力未贍農，童牧因間私竊種藝。……乃推湖西，易墅讓爲間田。……惟割湖東十頃，復古賜地，竊海北漸會山南麓樓子根盤以東，峙富都股引而西注，眞陸水膏腴之沃壤，實神靈滋液之奧區。於是莫其畛畷，孚其版籍，農野罷侵。田畯至喜，人到於今稱焉。

以上所舉，當然不是寺觀財產最多的，但是數目業已可觀了，所以辛替否疏裏又說：

今天下佛寺，蓋無其數。一寺堂殿，倍陛下一宮，壯麗甚矣，用度過矣。是十分天下之財，而佛有其 八，陛下何有之矣，百姓何食之矣，臣竊痛之！

「十分天下之財而佛有其七八」，或許言之過甚，但宗教的寺觀，佔天下之財的重要分量，絕無問題。唐代的賦稅，前期爲租、庸、調，後期爲兩稅法。國家取於民者，一是人力(包括力役和兵源)，二是物力。而寺觀裏的僧道，是免賦稅免服役的，影響國家收入至大。僧道的人數愈多，影響國家的收入愈大。在當時已引起嚴重的經濟問題。所以當時人士基於此點提出大聲疾呼的，還有的是。例如：

武后時名相狄仁傑上疏說：

今之伽藍，制逾宮闕，功不使鬼，必役於人，物不天來，終須地出，不損百姓，將何以求。生之有時，用之無度，編戶所奉，恆苦不充，痛切肌膚，不辭箠楚。僧道一說，矯陳禍福，剪髮解衣，仍嫌其少，亦有離間骨肉，事均路人，身自納妻，謂無彼此，皆託佛法，詿誤生人。里閈動有經坊，闤闠亦有精舍，化誘所急，切于官徵，法事所須，嚴于制勅。逃丁避罪，併集法門，無知之僧，凡有幾萬。且一夫不耕，猶受其弊，浮食者衆，又劫人財。臣每思惟，實所悲痛。今之大像，若無官助，義無所成，若費官財，又盡人力，一旦有難，將誰救之。（唐會要卷四十九）

代宗時彭偃上疏說：

……臣聞天生烝人，必將有職，遊行浮食，王制所禁，故有才者受爵祿，不肖者出租征，此古之常道也。今天下僧道，不耕而食，不織而衣，廣作危言險語以惑愚者。一僧衣食歲計約三萬有餘，五丁所出，不能致此，舉一僧以計天下，其費可知，陛下日旰憂勤，將去人害，此而不救，奚其為政？（舊唐書彭偃傳）

李叔明請刪汰僧道疏亦說：

佛空寂無為者也，道清虛寡欲者也，今迷其內而飾其外，使農夫工女墮業以避役，故農桑不勤，兵賦日屈，國用軍儲為斁耗。（全唐文卷三百九十四）

當時輿論對宗教的不滿可知，構成問題的嚴重可見。身為一國之主的皇帝們，怎能無動於中？

第二是佛教妨害人口的增加：因為佛教徒是不結婚的。佛教徒的加多，很有妨礙於人口的繁殖和增加。民為邦本，古有名訓，妨害人口增加，卽是妨害到國家的人力、兵源以至國力；所以就有些人注意到這個問題。武德時，傅奕在他的「請除釋教疏」裏說：

今之僧尼，請令匹配，即成十萬餘戶，產育男女，十年長養，一紀教訓，自然益國，可以足兵，四海免蠶食之殃，百姓知威福之所在。

憲宗時裴垍在他的「沙汰僧道議」裏，也提到這一問題說：

傳曰：「女子十四有爲母之道，四十九絕生育之理。男子十六有爲人父之道，六十四絕陽化之理」。臣請僧道士一切限年六十四以上，尼女冠四十九以上，許終身在道，餘悉還爲編人，爲計口授地，收廢寺以爲廬舍。

文宗在「條流僧尼敕」裏，也說：

惟我元元，務在長育，擅有髡削，亦宜禁斷……於戲，理國之本在正風俗，故王化首婚姻之道，所以序人倫。覇圖著胎養之令，所以務生聚。……安有廢中夏之人，習外蕃無生之法？

傅奕、裴垍的意見，雖未被採用，只是這個問題，仍然存在而被保留着。決不是唐代政府當局誤認對政府有益的。

第三是宗教有時妨害政府的統治權：例如太宗時，佛僧對令道士在僧前詔的抗議，高宗時，佛教徒逼得高宗下詔停沙門拜君，以及教徒常不遵守政府法令等等，容在後面敘述，茲不多贅。

宗教雖然對政府有上述各種的妨害，不免和政府有些衝突，但政府有時還需要他們，因之政府既不願將僧道完全剷除，但也決不願意他們人數加多和寺觀的擴大。唐律中就明白規定禁止私度僧尼及私自入道的律條。唐律云：

諸私入道及度之者，杖一百。若由家長，家長當罪。已除貫者徒一年。本貫主司及觀司三綱知情者與同罪。若犯法令出觀寺，經斷不還俗者，從私度法。卽監臨之官，私輒度人者，一人杖一百，二人加一等，罪止流三千里。

疏義曰：

私入道，謂爲道士女冠僧尼等，非是官度而私入道，及度之者，各杖一百。注云：若由家長，家長當罪。旣罪家長，卽私入道者不坐。已除貫者，徒一年。本貫主司，謂私入道人所屬州縣官司及所住觀寺三綱知情者，各與入道人及家長同罪。若犯法還俗，合出觀寺。官人斷訖，牒觀寺知，仍不還俗者，從私度法。斷後陳訴，須著俗衣。仍被法服者，從私度法，科杖一百。卽監臨之官，不依官法，輒度人者，一人杖一百，二人加一等，罪止流三千里。若州縣官司所度人，免課役多者，當條雖有罪名，所爲者，自從重論。並依上條妄增減出入課役科之。其官司私度人被度者，知私度情而受度者爲從坐。若不知私度情而受度人無罪。

唐律爲高祖時所作，太宗時修訂，唐律疏義爲太宗時所作，其中規定私度僧道處罰極爲嚴格，可知高祖太宗早已明瞭僧道增多對國家不利，纔在唐律上加以嚴格的限制了。

舊唐書高祖本紀武德九年（六二六）載：

五月辛巳，以京師寺觀不甚淸淨，詔曰：「釋迦闡教，淸淨爲先，遠離塵垢，斷除貪慾，所以弘宣勝業，修植善根，開導愚迷，津梁品庶。是以敷演經教，檢約學徒，調懺身心，捨諸染著，衣服飲食，咸資四輩。自覺王遷謝，像法流行，末代陵遲，漸以虧濫。乃有猥賤之侶，規自尊高。浮惰之人，苟避徭役，妄爲剃度，託號出家，嗜慾無厭，營求不息，出入閭里闤闠，驅策田產，聚積貨物，耕織爲生，估販成業，事同編戶，迹等齊人，進違戒律之文，退無禮典之訓。至乃親行劫掠，躬自穿窬，造作妖訛，交通豪猾，每罹憲網，自陷重刑，黷亂眞如，傾毀妙法，譬茲稂莠，有穢嘉苗，類彼淤泥，混夫淸水。又伽藍之地，本曰淨居，栖心之所，理尙幽寂，近代以來多立寺舍，不求閑曠之境，唯趨喧雜之方。繕采崎嶇，棟宇殊拓，錯舛隱匿，誘納姦邪。或有接延鄽邸，鄰近屠酤，埃塵滿室，羶腥盈道，徒長輕慢之心，有虧崇敬之義。且老氏垂化，本實冲虛，養志無爲，遺情物外，全眞守一，是謂玄門，驅馳世務，尤乖宗旨。朕膺期馭宇，興隆敎法，志思利益，情在護持。欲使玉石區分，薰蕕有辨，長存妙道，永固福田。正本澄源，宜從沙汰。諸僧尼道士女冠等，有精勤練行守戒律者，並令大寺觀居住，給衣食勿令乏短。其不能精進戒行者，有闕不堪供養者，並令罷遣，各還桑梓，所司明爲條式，務依法敎，違制之事，悉宜停斷，京城留寺三所觀二所，其餘天下諸州，各留一所，餘悉罷之。」

以上的詔令是武德九年五月頒發的，而六月四月玄武門事變即發生了，所以這詔令後面，註明「事竟不行」四字。其實，雖然高祖時候「事竟不行」，但是這詔令，確成爲唐代以後諸帝（信佛過甚的例外），處理道佛觀寺的基本原則。這原則就是「正本澄源，宜從沙汰。」

廣弘明集卷第二十八上載太宗度僧於天下詔有云：

其天下諸州有寺之處，宜令度人爲僧尼，總數以三千爲限，其州有大小，地有華夷，當處所度少多，委有司量定。務取精誠德業，無問年之幼長。其往因減省還俗，及私度白首之徒，若行業可稱，通在取限。必無人可取，亦任其闕數。若官人簡練不精，宜錄附殿失。但戒行之本，唯尙無爲。多有僧徒，溺於流俗，或假託神通，妄傳妖怪，或謬稱醫筮，左道求財。或造詣曹，囑致贓賄。或鑽膚焚指，駭俗驚愚。……有一於此，大虧聖敎。朕情深護持，必無寬捨。……務使法門淸整。所在官司，宜加檢察。

唐太宗對度僧的標準，已明白宣佈。是「務取精誠德業」，其目的在「務使法門淸整」。假託神通等等的大虧聖敎者，都在不取之列。

武則天對僧尼本是較優待的，但是仍有：「僧入觀不禮拜天尊，道士入寺不瞻養仰佛像，各勒還俗。」（僧道並重勅），和「僧及道士敢毀謗佛道者，先決杖卽令還俗。」（禁僧道毀謗制）等等整頓的規定。

玄宗是比較尊崇道敎的，所以對僧尼的禁令也較多。現在所可以看到的有：

全唐文卷二十一禁百官與僧道往還制。

卷二十六禁創造寺觀詔。禁坊市鑄佛寫經詔。

卷二十八禁女士施錢佛寺召。禁僧道掩匿詔。

卷二十九禁僧道不守戒律詔。

卷三十禁僧徒斂財詔，禁僧俗往還詔。

以上諸詔內，値得注意的，多係僧與道並提，寺與觀並提。可知並非專對佛僧，對皇帝尊崇的

[illegible]寺是一樣被管制的。其次要注意的是政府怕僧道的勢力太擴大，更禁止他們作種種不[illegible]不利的行爲。

[illegible]宗本是深信佛教的，但仍有禁僧尼道士往來聚會詔，禁公私借寺觀居止詔（全唐文卷四十六）等的規定，都是要整頓僧道，剷除寺觀弊端的。

皇帝對僧道，一面限制其擴充，以防其勢力更大，一面加以嚴格管理，以防止其損害國家。這兩種辦法有窮時，繼其後的是第三種辦法——比較更爲嚴厲的，就是強迫還俗。對僧尼實行大規模的強迫還俗的，有玄宗、武宗兩帝。如：

舊唐書卷八玄宗本紀開元二年（七一四）載：

正月丙寅，紫微令姚崇上言請檢責天下僧尼，以僞濫還俗者二萬餘人。

同書卷十八上武宗本紀會昌五年（八四五）載：

天下所拆寺四千六百餘所，還俗僧尼二十六萬五百人。

政府對宗教既加以種種約束，宗教對政府便施以反抗。他們反抗的方法第一種便是遇事力爭。例如貞觀十一年（六三七），太宗下詔令道士在僧前，僧智實等就提出抗議。其所上書有云：

今之道士不遵其法，所著冠服，並是黃巾之餘，本非老君之裔，行三張之穢術，棄五千之妙門。反同張禹，漫行章句，從漢魏已來，常以鬼道化於浮俗。妄託老君之後，實是左道之苗，若位在僧之上，誠恐眞僞同流，有損國化。……謹錄道經及漢魏諸史佛先道後之事，如別所陳，伏願天慈曲垂聽覽。（廣弘明集卷二十五）

龍朔二年（六六二），高宗制沙門等致拜君親，釋威秀等便上表於高宗皇帝，主張沙門不合拜俗。其表有云：

今若遽拜君父，乖異羣經，便證驚俗之譽，或陳輕毀之望。……僧等奉佩惶惶，投庇失厝，恐絲綸一發。萬國通行，必使寰海望風，方弘失禮之譽，悠哉後代，或接效尤之傳。伏惟陛下，中興三寶，慈攝四生，親承付囑之旨，用勵學徒之寄。僧等內遵正教，固絕跪拜之容，外奉明詔，令從儒禮之敬。……謹列衆經不拜俗文，輕用上簡，伏願天慈賜垂照覽。（廣弘明集卷二十五）

同時釋道宣等列佛經論明沙門不應敬俗云：

梵網經下卷云：出家人法不禮拜國王父母六親，亦不敬事鬼神。涅槃經第六卷云：出家人不禮敬在家人。四分律云：佛令諸比丘長幼相次禮拜，不應禮拜一切白衣。佛本行經第五十三卷云：輸頭檀王與諸眷屬百官次第禮佛已，佛言王今可禮優波離等，諸比丘王聞佛教卽從座起頂禮，五百比丘新出家者，次第而禮薩遮尼……

其他上書的還多的很，好像似全體總動員，對高宗命令施以總攻擊。固然也有很多人和他們抗辯，但後終於逼得高宗下詔停沙門拜君，纔告一段落。由此可知佛僧對政府和皇帝抗爭的方法和力量的不了。

政府第二個抗爭的方法，是置政府法令於不顧。

禁止私度僧尼和道士，而其法亦甚嚴，（前面已引）而佛道兩教對付的辦法是私度。

據法苑珠林稱高宗朝，全國有寺四千餘所，據大唐六典說：

凡天下寺總五千三百五十八所。

從高宗到玄宗，寺院增加約一千所，是否都是官設，大有疑問。

又據法苑珠林稱高宗朝全國僧尼六萬人，據新唐書百官志崇玄署條下謂：

寺五千三百五十八，僧七萬五千五百二十四，尼五萬五百七十六。

所記寺數同於大唐六典，大唐六典爲玄宗時李林甫所作，可知寺數爲玄宗時的數目。在寺的數目下的僧尼數目，當亦爲玄宗時的僧尼數目。僧尼加起總數爲十二萬六千一百。較之高宗時已超出一倍以上。所增加出來的一倍以上的僧尼，是否全係官度？又是疑問。

全唐文玄宗不許私度僧尼及住蘭若敕，文曰：

夫釋氏之教，義歸眞寂，爰置僧徒以奉其法，而趣末忘本，去實據華，假託方便之門，以爲利養之府。徒蠲賦役，積有姦訛。至使浮俗奔馳，左道穿鑿，言念淨域，浸成逋藪。非所以協和至理，弘振王猷。宜有澄淸，以正風俗。朕先知此弊，故預塞其源，不度人來，向二十載。訪聞在外有三十以下小僧尼，宜令所司及府縣括責處分。

是敕文頒於開元十九年（七三一），謂「不度人來，向二十載。」可知玄宗卽位以來，都未曾官度僧尼。在玄宗二十載不度僧尼的情形下，竟發現有三十歲以下的小僧尼，這小僧尼不是私度的嗎？再合寺院數目的增加，僧尼數目的增加等同觀，可知私度僧尼遠超過官度的數目。

自天寶初，玄宗對佛教的約束稍爲放寬，三年，曾因大赦而准許官度僧尼，但對私度僧尼，仍是嚴厲禁止。據唐會要稱：

天寶五載（七四六）二月二十五日，京兆尹蕭靈昊奏，私度僧尼等，自今以後有犯，請委臣府司，男夫並一房家口，移隸磧西。

對於私度僧尼規定嚴厲的處罰，便可襯出當時私度僧尼之風仍在盛行着。

安史之亂以後，各地藩鎮割據，他們不聽政府的命令，專權跋扈，他們爲度僧斂財，更行私度僧尼。據舊唐書李德裕傳稱：

元和以來，累勅天下州府不得私度僧尼，徐州節度使王智興，聚財無厭，以敬宗誕月，請於泗州置僧壇度人資福，以邀厚利。江淮之民皆羣黨渡淮。德裕奏論曰：「……意在規避王徭，影庇資產，自正月已來，落髮者無算。」

由以上記載，最値得注意的有兩事：

一、「元和以來，累勅天下州府不得私度僧尼，」必是根據不斷有私度僧尼的事實而發。

二、「自正月以來，落髮者無算。」可知私度僧尼數目之多。

僧史略有云：

自唐末已來，諸侯角立，稍闕軍須，則召度僧尼道士先納財，謂之香水錢，後給公牒云。念此爲弊事，復毀法門，吁哉！

這裏要注意的是：

一、所謂諸侯卽是各地割據的藩鎭。

二、所謂公牒，是藩鎮給受度僧道的憑證，不是政府的官度而是藩鎮的私度。

三、所謂召僧尼道士先納財……後給公牒，可知他們所私度的不限於僧尼，而包括道士女冠在內。

四、私度雖為藩鎮斂財的行為，而僧尼道士，為加多他們的教徒，也是樂意私度的。因為被私度而為僧道的人，入了舊有的寺觀，纔可以「規避王徭」倘若但納香水錢而不能規避王徭，便不會有那樣多的人願意接受私度了。總之，私度僧道，是主持寺觀的僧道，和藩鎮合作欺騙政府的行為。

僧史略又謂：

> 文宗太和四年（八三〇）正月，祠部請天下僧尼冒名非正度者，具名申省，各給省牒，以憑入籍，時入申名者，計七十萬。

未經官方給牒的黑市僧尼，申請登記領牒的，竟達七十萬人之多，這數目實可驚人。尤可注意的，過去私自受度，未到太和四年而死去的，當然不必申請登記領牒，假如自開元十九年（七三一）起，至太和四年（八三〇）已經整一百年。在此百年內私度的僧道已經死去的，怕未定少於七十萬。約略估計，在此百年期間，私度僧道，當不會在百萬以下。

根據私度僧道人數之多，可以作一結論說：佛道兩教，只圖宗教勢力的發展，而不肯遵守政府之法令，政府雖有嚴禁私度之令，而佛道二教仍然在暗地裏蔑視政府，我行我素。這是佛道對政府不宣而進行的冷戰。這是宗教和政府抗爭的又一種方式。

日人圓仁入唐巡禮記云：

> 會昌四年（八四四）二月，駕幸右街金仙觀，是女觀，觀中有女道士，甚有容，大子召見如

意，勅賜絹乙千匹，遂宣中官令修道觀，便通內，特造金仙樓，其觀本來破落，後修造嚴麗，天子頻駕幸。……

八月中，太后薨，郭氏太和皇后，緣太后有道心，信佛法，每條疏僧尼時，皆有陳詞，皇帝令進藥酒，而藥殺矣。又義陽殿皇后蕭氏，是今上阿孃，甚有容，今上召納爲妃，而太后不奉命，天子索弓射殺，箭透入胸中而薨。

同書又說：

會昌四年勅令兩軍於內裏築仙臺，高百五十尺，十月起首，每月使左右神策軍健三千人，搬土築造。皇帝切欲得早成，每日有勅催築。兩軍都虞侯把棒檢校，皇帝因行見，問內長安曰：「把棒者何人？」長官奏曰：「護軍都虞侯勾當築臺。」皇帝宣曰：「不要你把棒勾當，須自擔土。」便交搬土。後時又駕築臺所。皇帝自索弓。無故射殺虞侯一人，無道之極也。

前言武宗頻駕幸金仙觀，召見有容的女道士，中言射殺太后，末言無故射殺虞侯等事，均有不合情理之處。所言武宗荒淫暴虐之處，古今罕有。所言郭氏太和皇后……信佛法等等，露出來是僧尼的口吻。蓋武宗立意毀佛，僧尼受到壓迫，便造出武宗種種暴虐謠言以洩憤怒，圓仁既是佛僧，入唐以後，接觸之人當然以佛僧爲多，聽佛僧之言順便記錄，非圓仁所造，亦非事實。只是受了佛僧之影響，無意間作了宣傳人罷了。

根據以上所論，可以作一結語：武宗毀佛時，佛僧有計劃的造謠中傷以示反抗。這是宗教反抗政府（或皇帝）的第三種方法。

三　政教的相互影響

二十二史劄記唐諸帝多餌丹藥條云：

古詩云：服食求神仙，多爲藥所誤。自秦皇漢武之後，固共知服食金石之誤人矣。及唐諸帝，又惑於其說而以身試之。貞觀二十二年，使方士那羅邇娑婆于金飆門造延年之藥。（舊書本紀）高士廉卒，太宗將臨其喪，房玄齡以帝餌藥石，不宜臨喪，抗疏切諫。（士廉傳）。是太宗實餌其藥也。……李藩亦謂憲宗曰：文皇帝服胡僧藥，遂致暴疾不救。（憲宗本紀）是太宗之崩，實由於服丹藥也。

趙翼的判斷，是不錯的。據舊唐書太宗本紀，太宗年齡只有五十二歲。唐高祖壽七十歲（舊書高祖本紀），太宗比高祖的年齡，少十八歲。假設太宗不服丹藥，固然也不能保他年齡必及高祖，但是無論如何太宗的年齡必超過五十二歲，是可以斷言的。

新唐書卷七十六高宗廢后王氏傳：

初蕭良娣有寵，而武才人貞觀末以先帝（太宗）宮人召爲昭儀。

據此，武后的入宮爲高宗昭儀的時間，實在貞觀末（卽貞觀二十三年）。根據拙作「武則天入寺爲尼考辯」（載大陸雜誌二十四卷五、六兩期），其事是可信的。假使太宗不崩於貞觀二十三年（六四九），無論如何，那年，太宗的才人武則天，決不能入爲高宗昭儀，也是可以斷言的。

舊唐書高宗本紀永徽六年（六五五）載：

冬十月己酉，廢皇后王氏爲庶人，立昭儀武氏爲皇后，大赦天下。

假設太宗於永徽六年尙能健在，年齡只有五十八歲，高宗當不至登上帝位。縱然太宗退爲太上皇而高宗卽位，但是太上皇的才人武則天，也決不可能作了高宗的皇后。

武則天的作了高宗的皇后，是以她先作了昭儀爲基礎的。縱然太宗活不到永徽六年，只要活到貞觀二十三年以後，則武則天決不能於貞觀二十三年作高宗的昭儀。如此，永徽六年時，也未必得作皇后了。永徽六年武后已三十二歲，如果那年沒有作皇后，怕以後也難以作成皇后了。

武后作高宗皇后，是她以後操握行政大權、稱天后、稱太后以及廢中宗簒唐、改國號爲周的濫觴。武后稱皇后時，如果太宗沒有早崩，也不過五十八歲，年齡並不爲老，如果太宗不服丹藥，活到五十八歲是不難的。換句話說。如果太宗不服丹藥而早崩，則武后入爲高宗昭儀及得立爲皇后事，必將改觀，而武周代唐事也不能實現了。

武周代唐不只是唐代的大事，也是中國歷史上女子稱帝僅有的大事，影響以後的歷史至鉅，這種空前絕後的大事，可以說由太宗服胡僧丹藥早崩而引起的。

假設沒有武后的稱帝，高宗和以後的諸帝都不至於有像武后制令「釋教升於道教之上」的措施。如此，則胡僧爲太宗造丹藥之事，不只影響了中國的政局，而且影響了宗教的本身。

二十二史劄記唐諸帝多餌丹藥條云：

憲宗又惑長生之說，皇甫鎛與李道古等遂薦山人柳泌、僧大通待詔翰林。尋以泌爲臺州刺史，令其採天臺藥以合金丹。帝服之日加燥渴，裴潾上言：「金石性酷烈，加以燒煉，則火毒難制。」不聽。帝燥益甚，數暴怒責左右，以致暴崩。（憲穆二紀、及裴潾王守澄傳）是又憲宗之以藥自誤也。

舊唐書憲宗本紀元和十五年（八二〇）正月載：

戊戌，上對（劉）悟於麟德殿，上自服藥不佳，數不視朝，人情怕懼。……庚子……是夕上崩於大明宮之中和殿，享年四十三。時以暴崩，皆言內官陳弘志弒逆，史氏諱而不書。

據以上記載，憲宗死於道家所製金丹，是沒有問題的。

自德宗奉天之難以後，唐政府遂行姑息之政，由是朝廷益弱，憲宗剛明果斷，自初卽位，慨然發憤，志平僭叛，能用忠謀，不惑羣議。其中興事蹟計有：

一、元和元年（八〇六）秋九月，遣高崇文克成都，擒劉闢。
二、元和二年（八〇七）冬十月，使王鍔討鎮海李錡，執之。
三、元和五年（八一〇）吐突承璀誘執昭義盧從史，送京師。
四、元和十二年（八一七）冬十月，李愬雪夜入蔡州，擒吳元濟。
五、元和十三年（八一八）秋七月，詔討李師道，十四年二月，劉悟斬李師道以降。
六、元和十四年（八一九）秋八月，魏博節度使田弘正入朝。天下藩鎮，大致已平，及憲宗崩後，元和十五年冬十月，王承宗薨，其弟承元請除帥，徙田弘正于成德，徙王承元于義成。穆宗長慶元年（八二一）春正月，盧龍帥劉總棄官爲僧，以張弘靖代之。至此天下藩鎮完全平定。

舊唐書憲宗本紀後，史臣蔣係曰：

憲宗嗣位之初，讀列聖實錄，見貞觀開元故事，竦慕不能釋卷，顧謂丞相曰：「太宗之創業如此，玄宗之致理如此，既覽國史，乃知萬倍不如先聖，當先聖之代，猶須宰執臣寮同心輔助，豈朕今日獨能爲理哉！」自是延英議政，晝漏率下五六刻方退。自貞元十年已後，朝廷威福日削，方鎭權重。德宗不委政宰相，人間細務，多自臨決。姦佞之臣如裴延齡輩數人得以錢穀數術進，宰相備位而已。及上自藩邸監國，以至臨御，訖于元和，軍國樞機，盡歸之於宰相。由是中外咸理，紀律再張，果能剪削亂階，誅除羣盜。睿謀英斷，近古罕儔，唐室中興，章武而已。任异鑄之聚斂，逐羣度於藩方，政道國經，未至衰紊。惜乎服食過當，閹豎竊發，苟天假之年，庶幾于理矣。

睿謀英斷近古罕儔的唐憲宗，以貞觀開元爲努力的目標，已經誅除羣盜了，唐之威令已復振了。假設憲宗不因服金丹而於四十三歲時早崩，則河北三鎭必不至於復叛，唐室之衰亡，必不至如此之早，往後延長若干年都不一定。換言之，唐代未能走上復興之路，憲宗服道家所製丹藥而致早崩，實爲一重要關鍵。

舊唐書武宗本紀會昌六年三月載：

壬寅，上不豫，制改御名炎，帝重方士，頗服食修攝，親受法籙，至是藥躁，喜怒失常，疾既篤，旬日不能言。宰相李德裕等請見，不許。中外莫知安否，人情危懼。是月二十三日宣遺詔以皇太叔光王柩前即位，是日崩，時年三十三。

新唐書卷七十七武宗王賢妃傳云：

帝稍惑方士說，欲餌藥長年，後寖不豫。才人每謂親近曰：「陛下日燎丹，言我取不死，膚澤消槁，吾獨憂之。」俄而疾侵。

武宗死於道教徒所鍊的丹藥，也是沒問題的。武宗享年只三十三歲，較之太宗，憲宗更為年幼。武宗本青年有為，任用李德裕為相，功業卓著。計：

一、會昌元年，任用張仲武，收復幽燕。

二、會昌元年至三年，任用劉沔、張仲武平定回鶻。

三、會昌三年，任用王元逵、何弘敬、石雄等平定昭義。

四、同年，任用王逢平河東之亂。

五、會昌元年至六年，制馭宦官，使不得牽制政權和兵權。

史稱武宗「紀律再張，聲名復振，足以蹈彰武出師之迹，繼元和戡亂之功。」實不為過。但因服道家所製的丹藥以致早崩。他所信任的名相李德裕也隨之罷相。及宣宗即位，李德裕被貶而死。起而代操政權的是原來被貶於遠方的牛黨，牛黨對藩鎮既不主張用兵，對宦官也不主張裁抑而反加以聯絡，因之政局大變。總之武宗之死，李德裕之貶，正如奕棋者的「棋走一步錯，全盤皆輸。」一樣。而這一步的錯棋，就在武宗服了道教徒所鍊的丹藥。

通鑑卷二百四十九，大中十三年載：

上餌醫官李玄伯、道士虞紫芝、山人王樂藥，疽發於背。八月，疽甚。宰相朝臣皆不得見。……（王）宗實直至寢殿，上已崩。

宣宗之崩，實由服了道士們的藥。

舊唐書宣宗本紀後史臣曰：

> 臣嘗聞黎老言大中故事，獻文皇帝器識深遠，久歷艱難，備知人間疾苦。自寶曆已來，中人擅權，事多假借，京師豪右，大擾窮民。洎大中臨馭一之日，權豪斂迹，二之日姦臣畏法，三之日閽寺讋氣。由是刑政不濫，賢能效用，百揆四嶽，穆若清風，十餘年間，頌聲載路。上宮中衣澣濯之衣，常膳不過數器，非母后侑膳，輒不舉樂。歲或小饑，憂形於色，雖左右近習，未嘗見怠惰之容。與羣臣言，儼然煦接，如待賓僚。或有所陳聞，虛襟聽納。

司馬光於通鑑卷二百四十九亦稱：

> 宣宗性明察沈斷，用法無私，從諫如流，重惜官賞，恭謹節儉，惠愛民物，故大中之政，迄於唐亡，人思詠之，謂之小太宗。

據以上記載，宣宗是一位賢君，他能於短期內使權豪斂迹，姦臣畏法，閽寺讋氣，十餘年間，頌聲載路。假設天假以年，則唐室前途，大有好轉希望。無奈他享壽只五十齡，竟因服道士藥而早崩，使唐室從此不振。

總括以上所述，道教的丹藥，使唐代皇帝壽命短促對唐代政治的影響，何可測量！

舊唐書玄宗本紀載：

> 開元二十一年正月庚子朔，制令士庶家藏老子一本，每年貢舉人，量減尚書論語兩條策，加老子策。

通鑑卷二百十四載：

（開元）二十五年春正月，初置玄學博士，每歲依明經舉。

這是考試制度受道教影響而改變的實例。

舊唐書玄宗本紀載：

開元二十九年春正月丁丑制兩京諸州各置玄元皇帝廟，並崇玄學，置生徒，令習老子莊子列子文中子，每年准明經例考試。

同書同紀又載：

天寶二年正月丙辰……兩京崇玄學改爲崇玄館，博士爲學士。

這是政治組織上受了道教的影響而成立的專門研究道德經的結構。

以上是道教對政治的影響，下面再論佛教對政治的影響。

武后是中國歷史上唯一的女皇帝，她在高宗時代已經是大權在握了。高宗崩中宗繼位後，武后以太后名義秉政，一切要取決於她，事實上與皇帝相差無幾。待嗣聖元年（六八四）武后廢中宗爲廬陵王，其易輕如奕棋。李敬業起兵揚州，武后使李孝逸擊平之，歷時只是兩個月。那是唐室諸王勢力衰微，對武后實無抗爭之力，武后如果要做皇帝，無人可以阻擋，但武后遲遲未做皇帝的原因，實在是因在那時的中國，找不到女子可以做皇帝的歷史根據。

舊唐書卷五十一太宗文德順聖皇后傳說：

太宗……常與后論及賞罰之事，對曰：「牝雞之晨，惟家之索。（此係文德皇后引用尚書牧誓篇的古語）妾以婦人，豈敢豫聞政事。」太宗固與之言，竟不之答。

文德皇后是高宗皇帝的生母，也就是武后的婆母，她拘於古訓而不敢以婦人與聞政事，可知那時的古訓還在發生力量。婦人不能與聞政事，仍是當時定形的風氣。武后以太后預政，已經受到人們的批評了，那裏還可以做皇帝？

武后天授元年（六九〇）七月，頒大雲經於天下。九月，武后竟改國號爲周稱起「聖神皇帝」來。這變化爲何這樣的快呢？

通鑑卷二百四天授元年七月載：

東魏國寺僧法明等撰大雲經四卷，表上之，言太后（指武后）乃彌勒佛下生，當代唐爲閻浮提主，制頒於天下

據此便可明知武后的稱帝與僧法明表上的大雲經有關。

大方等大雲經四大雲初分如來涅槃健度第三十六云：

佛告淨光天女言：汝於彼佛暫一聞大涅槃經。以是因緣，今得天身。值我出世，復聞深義。捨是天形，卽以女身當王國土，得轉輪王所統領處四分之一。……汝於爾時，實是菩薩。爲化衆生，現受女身。

同經六大雲初分增長健度第三十七之餘云：

我涅槃已七百年後，是南天竺，有一小國，名曰無明。彼國有河，名曰黑闇。南岸有城，名曰穀熟。其城有王，名曰等乘，其王夫人產育一女，名曰增長。……其王未免忽然崩亡。爾時諸

大臣卽奉此女以繼王嗣。女既承正，威伏天下。閻浮提中所有國王悉來承奉，無拒違者。

以上出於佛教經典（大雲經）中的兩段故事，前爲女身當王國土，後爲王女繼承王位。前女爲菩薩所化，後女繼位後，能威伏天下。這是女子可以作國王的歷史根據。根據大雲經所載的故事，可以打破中國過去女子不與聞政事的傳統觀念，作爲武后可以做皇帝的經典根據。當然是武后利用的最好材料。

通鑑卷二百四天授二年四月載：

癸卯，制以釋教開革命之階，升於道教之上。

武后所以要陞釋教於道教之上的理由，是因爲釋教有開革命之階的功勳。

武后承認釋教爲她的革命之階，就是她賴佛教之力纔可以革唐之命，改周稱帝的明證。

武后以後，韋后也想效法武后，安樂公主也想作皇太女，太平公主也和玄宗爭奪政權，肅宗張后也想立越王系而把持政權。唐代這一連串的女子干預政治，都淵源于武后的稱帝，而武后的稱帝是受佛教的影響的；佛教對于唐代政治的影響，又是何等的重大。

舊唐書卷一百十八王縉傳說：

初代宗喜祠祀未甚重佛，而元載、杜鴻漸與縉喜飯僧徒。代宗嘗問以福業報應事，載等因而啓奏。代宗由是奉之過當，嘗令僧百餘人於宮中陳設佛像，經行念誦，謂之內道場。其飲膳之厚，窮極珍異，出入乘廐馬，度支具廩給。每西蕃入寇，必令羣僧講誦仁王經以攘虜寇，苟幸其退，則橫加錫賜。胡僧不空官至卿監封國公，通籍禁中，勢移公卿，爭權擅威，日相凌奪。

> 凡京畿之豐田美利，多歸於寺觀，吏不能制。僧之徒侶，雖有贓姦畜亂，敗戮相繼，而代宗信心不易，乃詔天下官吏，不得箠曳僧尼。又見緇等施財立寺，窮極瓌麗。每對揚啓沃，必以業果爲證。以爲國家慶祚靈長，皆福報所資，業力已定，雖小有患難，不足道也。故祿山思明毒亂方熾，而皆有子禍，僕固懷恩將亂而死，西戎犯闕未擊而退。此皆非人事之明徵也。帝信之愈甚，公卿大臣，既挂以業報，則人事棄而不修，故大曆刑政日以陵遲，有由然也。

代宗大曆年間刑政日以淩遲，完全是因爲信任佛徒宰相元載等人輔政，相信佛教的業果之說的緣故，由以上的一段記載，是可以看得清清楚楚的。佛教影響代宗政治至深且鉅，可以概見。代宗時代，安史之亂剛平，而藩鎮跋扈，倘若代宗不信佛教而採積極政策，勵精圖治而使中央恢復強大，則唐代後半段的歷史，必可改觀。結果未能走上彼道，而陷入此塗，佛教何能辭其咎。

咸通十四年三月，詔兩街僧於鳳翔法門寺迎佛骨，入內道場三日，當時曾下制曰：

> 朕以寡德，纘承鴻業，十有四年。頃屬寇猖狂，王師未息。朕憂勤在位，愛育生靈，遂乃尊崇釋教，至重玄門，迎請眞身爲萬姓祈福。今觀覩之衆，隘塞路岐，載念狴牢，寢興在慮。嗟我黎人，陷於刑辟，況漸當暑毒，繫於縲紲，或積幽凝滯，有傷和氣，或關連追擾有妨農務，京畿及天下州府禁囚徒，除十惡忤逆故意殺人，官典犯贓，合造毒藥，放火持仗，開發坟墓外，餘罪輕重，節級遞減一等。（舊唐書懿宗本紀）

懿宗自謂「迎請眞身爲萬姓祈福。」是他認爲迎來佛骨便可爲萬姓祈福的。他又因迎佛骨而赦減罪刑，可見佛教對於政治的影響之大。

通鑑卷二百五十咸通三年（八六二）載：

上奉佛太過，怠於政事。

舊唐書懿宗本紀後史臣曰：

（懿宗）所親者巷伯，所昵者桑門，以蠱惑之侈言，亂驕淫之方寸，欲無怠忽，其可得乎？……徐寇雖殄，河南幾空，然猶削軍賦而飾伽藍，困民財而修淨業，……佛骨纔入於應門，龍輴已泣於蒼野，報應無必，斯其驗歟？

懿宗因信蠱惑之侈言，而有所怠忽，結果因飾伽藍而削軍賦，以致民生日困而國事日非。佛教對政治影響之大，何可估量！

佛教所謂十惡中的第一條，就是「殺生」，五戒的第一戒，是「不殺」。中國的佛教信徒，從梁武帝起禁肉食，以後相沿成風。道教從何時起禁肉食，雖不可考，但到唐代政府主持人因信佛教或道教而禁斷屠殺，則爲事實。禁斷屠殺，無論是受佛教或道教影響，暫不窮究，但是，因受宗教影響，使政治上加添許多禁屠的事實，則可斷言。換言之，禁斷屠殺，就是政治受宗教影響的符號，這符號在唐代是隨時可見的。茲將舊唐書及唐會要諸書所載「禁屠」事列出，以明政治不斷的受到宗教的影。

一、唐高祖武德二年（六一九）正月二十四日詔：每年正月九日及每月十齋日，……宜斷屠釣。（唐會要）

二、長壽元年（六九二）五月丙寅，禁天下屠殺及捕魚蝦。（通鑑）

三、聖曆元年（六九八）夏五月，禁天下屠殺。（舊書武后本紀）
四、聖曆三年（七〇〇）斷屠殺。（唐會要）
五、中宗景龍元年（七〇七）遣使江淮，分道贖生。（同上）
六、　　二年（七〇一）九月八日勅：鳥雀昆蟲之屬，不得擒捕。（同上）
七、睿宗景雲二年（七一一）二月辛卯，禁屠。（新紀）
八、先天元年（七一二）十二月勅：禁人屠殺鷄犬。（唐會要）
　　二年（七一三）六月勅：殺牛馬騾等，犯者科罪。（同上）
九、玄宗開元十八年（七三〇）三月二十八日勅：諸州有廣造簺滬取魚，並宜禁斷。（同上）
十、玄宗開元十九年（七三一）正月己卯，禁採捕鯉魚，天下州府春秋二時社及釋奠，停牲牢。（舊紀）
十一、玄宗開元二十二年（七三四）十月十三日勅：每年正月七月十月三元日，起十三日至十五日，並宜禁斷宰殺漁獵。（唐會要）
十二、玄宗開元二十三年（七三五）八月十四日勅：兩京五百里內，宜禁捕獵。（同上）
十三、天寶五載（七四六）七月二十三日，河南採訪使張倚奏：「諸州府今後應緣春秋二時私社，望請不得宰殺」……從之。（同上）
十四、天寶六載（七四七）正月二十九日詔……「自今以後，特宜禁斷採捕」。（同上）
十五、天寶七載（七四八）五月十三日勅：「自今以後，天下每月十齋日，不得輒有宰殺」。（同上）

十六、肅宗至德二年（七五七）十二月二十九日勅：三長齋月，並十齋日，並宜斷屠釣，永爲常式。（唐會要）

十七、　乾元元年（七五八）四月二十二勅：每月十齋日及忌日，並不得採捕屠宰，仍永爲常式。（同上）

十八、德宗建中元年（七八〇）五月勅：自今以後，每年五月，宜今天下諸州縣，禁斷採捕弋獵，仍今所在斷屠宰。（同上）

十九、　貞元十五年（七九九）九月己巳，自今中和重陽二節，每節只禁屠一日。（舊紀）

二十、文宗開成二年（八三七）八月勅：慶成節宜令內外司及天下州府，但以素食，不開屠殺，永爲常式。（會要）

二十一、武宗會昌四年（八四四）四月，中書門下奏：「請正月元日斷（屠）三日，每遇列聖忌日，斷一日，……正月七月十月三元日，各斷屠三日，餘望並停。」……從之。（同上）

二十二、懿宗咸通十一年（八七〇）六月，赦文：其京城久旱，未降雨間，宜權斷屠宰。（會要）

二十三、哀帝天祐元年（九〇四）九月勅：乾和節，文武百寮，諸道進奏官，准故事于寺觀設齋，不得宰殺，許設酒果脯醢。（同上）

最值得注意的：武宗是著名的反佛皇帝，但是他仍不免有斷屠的政令。斷屠是出於釋教的，武宗反佛而猶不能脫離佛教的支配，可知武宗已受佛教影響於不知不覺中了。

宗教既能影響政治，同時也沒有法子可以脫離了政治的影響。最顯明的例子，莫過於中宗時代。

中宗神龍元年（七〇五）正月張柬之等起兵擁中宗復位，二月復國號爲唐。舊唐書中宗本紀記曰：

二月甲寅，復國號依舊爲唐。社稷宗廟陵寢郊祀行軍旗幟服色天地日月寺宇臺閣官名，並依永淳以前故事……老君依舊爲玄元皇帝。

所載依永淳以前故事的項目，包有寺宇，可知寺名已恢復舊觀了，並且老君依舊爲玄元皇帝，這兩項都是宗教隨政治轉變的。

中宗復位後，張柬之等未能接受洛州長史薛季昶和朝邑尉劉幽求的建議而剷除武三思，反而重用武三思以致武氏勢力復振。所以中宗答張景源請改中興寺勅說：

則天大聖皇后思顧託之隆，審變通之數，忘己濟物，從權御宇，四海由其率順，萬姓所以咸寧，唐周之號暫殊，社稷之祚斯永……朕所以撫璇璣握金鏡，事惟繼體，義即讚戎，其若文叔之起春陵，少康之因陶正，中興之號，理異於茲，宜革前非，以歸事實。自今已後，更不得言中興。其天下大唐中興寺觀，宜改爲龍興寺觀。諸如此例，並即令改。（全唐文卷十七）

中興寺觀復改爲龍興寺觀，又是受政治的影響。

封演魏州開元寺新建三門樓碑說：

河朔之州，魏爲大魏之招提，開元爲大開元者，在中宗時，草創則曰中興，在玄宗時革故則曰開元，道無常名，隨時而已。

這便是寺觀隨政治而改名的具體說明。

新唐書百官志崇玄署下注有云：

唐置諸寺觀監，隸鴻臚寺，每寺觀有監一人。貞觀中廢寺觀監。上元二年，置漆園，尋廢。開元二十五年，置崇玄學於玄元皇帝廟。天寶元年，兩京置博士、助教各一員，學生百人，每祠享以學生代表齋郎。二載改崇玄學曰崇賢館，博士曰學士，助教曰直學士，置大學士一人，以宰相爲之，領兩京玄元宮及道院，改天下崇玄學爲通道學，博士曰道德博士，未幾而罷。寶應永泰間，學生存者亡幾。大曆三年，復增至百人。初天下僧尼、道士、女冠皆隸鴻臚寺。武后延載元年，以僧尼隸祠部。開元二十四年，道士、女冠隸宗正寺。天寶二載以道士隸司封。貞元四年崇玄館罷大學士，後復置左右街大功德使，東都功德使、修功德使總僧尼之籍及功役。元和二年，以道士女冠隸左右街功德使。會昌二年，以僧尼隸主客，大清宮置玄元館，亦有學士。至六年廢，而僧尼復隸兩街功德使。

這是寺觀的隸屬，因受政治的影響而改變的。

唐會要卷八十五籍帳條說：

開元十八年十一月勅，諸戶籍三年一造。

大唐六典卷之四云：

兄道士女道士僧尼之簿籍，亦三年一造。

僧道之簿籍三年一造的辦法，是仿戶籍三年一造的辦法。宗教受政治的影響，又是一例。

政治上的需要是國泰民安，國泰民安又要建在風調雨順上，所以風調雨順是皇帝所渴望的。宗教的存在和發展，要仰賴政治上保護，因之宗教不得不順應政治的需要。政治上需要爲萬姓祈福，宗教就給萬姓祈福，政治上需要爲已故的人祝福，宗教就給已故的人祝福，政治上需要風調雨順，宗教就擴大從前的宗教事務，而求雨止雨。如唐太宗時令僧明淨祈雨，玄宗令僧無畏求雨（見前節），都是實例。佛教本以成佛超凡爲旨，初傳入中國時，沒有求雨止雨的事例。及唐代竟有求雨止雨的事例，可見宗教的行動，也受了政治影響而發生轉變。

續高僧傳惠安傳：

惠安，未詳何許人，神龍中，遊京兆，多先見。時唐休璟立邊功，貴盛無比，安往造焉曰：「相公甚美，必有甚惡，數月將有大禍，然可禳去。」休璟素知安能厭勝，諾而拜之。安曰：「無他術，但奉一計耳。請選一有才幹者，用爲曹州。」因得張君。本京官，卽日陞之宮贊相，次作守定陶，委之求二犬，可高數尺而神俊者。張君到任，銳意精求，得二犬，如其所求以獻之。休璟大悅，召安視之，曰：「極善。」後旬餘，安却來曰：「事在今夕，願相君嚴爲警備。」遂留安宿。是夜，休璟坐於堂之前軒，左右十數輩執弧操矢，立於榻之隅。休璟與安共處一榻。至夜分，安笑之曰：「相君之禍免矣，可以就寢。」休璟喜而謝之，遂徹左右俱寢。迨曉，安呼休璟，「可起矣」。問安曰：「二犬何所用乎？」遂尋其跡至園中，見一人仆地而卒，視其頸有血焉。蓋爲物所嚙者，又見二犬在大木下仰。視之，一人袒而匿身。休璟驚且詰之。其人泣而指死者曰：「某與彼俱賊也。昨夕偕來欲害相國，蓋遇此二犬，環而且吠，彼爲所噬旣殞，某藏匿無地，天網所羅，爲犬蹲守，今甘萬死。」且命縛之曰：「此罪固當死，然非某心也。乃受制於人耳。」乃釋之。賊拜泣而去。休璟拜謝安曰：「非吾師神力，死於二犬之手矣。」安日：「此相國之福，豈安所能爲哉。」這是佛僧爲人們厭勝的例子。厭勝本爲道教的事，而佛僧竟也爲人厭勝，可見佛僧因受政治環境的需要而擴展業務了。

玄宗禁僧尼不守戒律詔有云：

邇聞道僧不守戒律，或公訟私競，或飲酒食肉，非處行宿，出入市廛，罔避嫌疑，莫遵本教。有一塵累。深壞法門，宜令州縣官，嚴加捉搦禁止。

禁僧徒斂財詔：

朕念彼流俗，深迷至理，盡軀命以求緣，竭資財而作福，未來之勝因莫效，見在之家業已空。事等繫風，猶無所悔，愚人寡識，屢陷刑科。近日僧徒，此風尤甚，因緣講說，眩惑州閭，谿壑無厭，唯財是斂，津梁自壞，其教安施，無益於人，有蠹於俗，或出入州縣，假託威權，或巡歷鄉村，恣行教化，因其聚會，便有宿宵，左道不常，異端斯起。

僧尼固然有很多是守戒律的，不斂財的。看玄宗的禁僧尼不守戒律和禁僧徒斂財詔，知道僧徒們的不守戒律是當時必有的現象。所謂「公訟私競。」和「出入州縣，假託威權。」等情，不是顯明受了政治的影響嗎？

至於宗教的興衰，常常繫於政府的提倡與壓抑，正若影之隨形，響之隨聲一樣，如武后的崇佛而佛教大盛，玄宗尊道而道教昌隆，憲宗兼信佛道，而二教同樣發展，武宗壓抑佛教而佛教轉衰，都是最顯明的例證。原因在：皇帝有政權兼有軍權，遇事可以武力作後盾。宗教沒有軍隊，所以不能和皇帝抗衡。

（本論文載於師大學報第十二期）

五、唐人喜愛牡丹考

本論文之完成，得國家科學委員會之補助，特此註明。

一　牡丹的起源

牡丹始於何時，說者不一，唐段成式酉陽雜俎前集一九廣動植類四草篇牡丹條說：

成式檢隋朝種植法七十卷中，初不記說牡丹，則知隋朝花藥中所無也。開元末，裴士淹爲郎官，奉使幽冀，迴至汾州衆香寺，得白牡丹一顆，植於長安私第，天寶中爲都下奇賞。

欽定全唐文卷七百二十七舒元輿牡丹賦序云：

古人言花者，牡丹未嘗與焉。蓋遁於深山自幽而芳不爲貴者所知，花則何遇焉。天后之鄉西河也，有衆香精舍，下有牡丹，其花特異。天后歎上苑之有闕，因命移植焉；由此京國牡丹日月寖盛。

依以上所引的兩段記載，牡丹的移植於長安，雖然有天后時和玄宗開元末兩說之不同，但可總括起來說：牡丹至唐時始有。

李綽尚書故實說：

世言牡丹花近有，蓋以國朝文士集中無牡丹歌詩，張公嘗言楊子華有「畫牡丹處極分明」。子華北齊人，則知牡丹花已久矣。

倘若承認此記載可信，則北齊時已有牡丹。和前面所云牡丹至唐時始有之說，頗有出入。究竟二說孰是？不可不加詳察。

考尙書故實一書，係李綽客遊張嘉貞之玄孫之家，記述其言而成。文內所云「張公」，即指張嘉貞之玄孫，但其名爲誰何？現已不詳。以李綽轉述已不知名之張嘉貞之玄孫的話，既已屬不能憑信，何況張嘉貞之玄孫只是說：「楊子華有畫牡丹處」云云，而不是說楊子華有記述牡丹處。根據畫來臆斷，實難必信其正確可靠。

李時珍本草有云：

牡丹……唐人謂之木芍藥，以其花似芍藥而宿榦似木也。

可知牡丹與芍藥極爲相似。今以牡丹芍藥相比較，芍藥的葉花較爲瘦小，牡丹的葉花較爲肥碩。如果畫芍藥畫的較爲豐碩，則已極類似牡丹，後人若將肥碩的芍藥畫而臆斷爲牡丹，是極容易犯的錯誤。蓋芍藥之與牡丹，比貓之與虎的差別還小，極難分辨。所以李綽據張嘉貞玄孫論畫之言以推斷，認爲北齊時已有牡丹，不免有容待商討之處。

青瑣高談云：

（玄宗時）宮中牡丹品最上者御衣黃……他日宮中貢一尺黃，乃山下民王文仲所接也。……

不云所種而日所接，可知至少在唐玄宗時，已實行接枝法。而且應用在牡丹上了。

郭橐駝樹書：

凡接牡丹須令人看視之，如一接活者逐歲有花，如初接不活，削去再接，只當年有花。……凡花皆宜春種，惟牡丹宜秋社前後種接。

柳宗元有種樹郭橐駝傳，他大約與柳宗元同時或稍早，長於種植。他提到接牡丹方法，更可知牡丹確是可以接枝的。

宋王禹偁芍藥詩序（見小畜集）云：

自天后以來，牡丹始盛而芍藥之豔衰矣。考其實，牡丹初號木芍藥，蓋本同而末異也。

所謂牡丹和芍藥本同而末異，已含有牡丹接枝於芍藥根上的意思。

明王世懋花疏（見續說郛第四十）有云：

牡丹本出中州，江陰人能以芍藥根接之，今遂繁滋，百種幻出。余澹圃中絕盛，遂冠一州。

用芍藥接枝，可以使牡丹發生變幻，已得到了證實。

薛鳳翔牡丹八書（同上）接四云：

風土記書接法不詳，亦不甚中肯綮，凡接花須於秋分之後，擇其牡丹壯而嫩者爲母，如一叢花枝，須割去弱者取強盛者存二三枝，皆入土二寸許，以細鋸截之，用刀劈開，以上品花釵兩面削成鑿子形插入母腹，預看母之大小，釵亦如之，……後用土封好，覆以二瓦以避雨水，……養花之家，先須以老本分移單栽，候發嫩枝爲接花母本也。隆慶以前，尙以芍藥爲本，萬曆庚子以後，始知以常品牡丹接奇花更易活也。故繁衍無旣。

最値得注意的是：牡丹的接法，在明穆宗隆慶以前，尙以芍藥爲本。意思是隆慶以前歷來很久都是以芍藥爲本的。

考我國的植物花草，無論係古代舊有，或以後自外傳入的，都有記載或可考，牡丹既不見於古籍，又不記自外傳來，只有由接枝慢慢演變而成的一途。

根據前面的記載和例證，明隆慶以前牡丹仍以芍藥爲本，又根據我國喜歡保守舊法的傳統判斷，牡丹係由芍藥接枝演變而來無疑。（不過最早是用兩種不同的芍藥接枝？或是用一種野生的原始的牡丹幼苗和芍藥接枝？不詳。此是植物學上的問題，茲不深究。）

牡丹既係由芍藥接枝演變而成，其演變過程勢需經過若干年。在演變未成之時，當然仍稱爲芍藥。及其演變到部分的或全部的有牡丹之實質的時候，因其花似芍藥而宿榦似木，故自然而然的名之爲木芍藥，而仍無牡丹之名。換言之，就是先有牡丹之實而後始有牡丹之名。如此，現在可以作出重要的結論：

一、在由芍藥接枝演變成和芍藥不同之時，不知何人在何時，據其情形自然而然叫它木芍藥。及以後，此名漸漸的爲人們所採用。

二、木芍藥和芍藥的差別更顯明時，由某一位有地位有力量的人開始改叫它牡丹。（因爲沒有力量的人爲它改名，不容易爲當時及後世的人普遍的接受。）

由此更可作一簡單結語即是：木芍藥之名在先，牡丹之名在後。

木芍藥之名始於何時，不可詳考，據李時珍：「牡丹，唐人謂之木芍藥」一語，不言隋唐人而專謂唐人，可知大致至唐時始有此名。

考牡丹之起源，一爲牡丹之實質，一爲牡丹之名。牡丹之實質，因係一點一點的漸漸的演變而成，所以極難確定。其大體形成，大約與木芍藥之名同時，木芍藥之名旣大致至唐時始有，牡丹之實質，大致成於唐時。再前或多或少的定有成分的折扣，所以極難考證。玆專考牡丹之名的起源於下：

酉陽雜俎前集：

成式檢隋朝種植法七十卷中，初不記說牡丹，則知隋朝花藥中所無也。

藥譜云：

血檀（牡丹皮）……錦繡根（芍藥）

酉陽雜俎爲唐文宗時段成式所著，藥譜爲後唐明宗天成中進士侯寧極所著。合以上兩種記載觀察，旣謂隋朝花藥中無牡丹，又證實後唐時已有牡丹，而且牡丹和芍藥二者已分別的獨立存在着。則知牡丹之名，必出隋以後，五代後唐以前。

通志略草木略第一云：

牡丹，本無名，依芍藥得名，故其初曰木芍藥。古亦無聞，至唐始著。

據此可以確定牡丹之名必起於李唐之世。

李濬摭異記云：

開元中，禁中初重木芍藥，卽今牡丹也。得四本，紅、紫、淺紅、通白者。上因移植於興慶池東沉香亭前。會花方開，上乘照夜白，太眞妃以步輦從，……上曰：賞名花對妃子，焉用舊樂詞爲？遂命龜年持金花牋宣示翰林院學士李白進淸平調詞三章。

在「卽今牡丹也」句下，註曰：

開元天寶花木記云：禁中呼木芍藥爲牡丹也。

根據以上，可以推得以下三點結論：

一、在開元中以前，牡丹業已存在，只是一般人仍呼爲木芍藥。

二、在開元中，一般人所呼爲木芍藥的，在禁中則稱爲牡丹。

三、到天寶年間，原先開元中禁中所重的木芍藥，一般人便普遍的稱爲牡丹了。（因玄宗與楊貴妃同賞牡丹，而囑李白作淸平調事在天寶年間。引文中稱玄宗爲上，而不稱玄宗，知撫異記作者記事之時所指的今，卽是天寶年間。）

以上既確定牡丹之名先出現於禁中（卽宮庭），所以應先考牡丹初現於宮庭之時。

舒元輿牡丹賦序有云：

古人言花者，牡丹未嘗與焉，……天后之鄉西河也，有衆香精舍下有牡丹，其花特異，天后歎上苑之有闕，因命移植焉，由此京國牡丹日月寖盛。

柳宗元龍城錄（異人錄略同）云：

高皇帝御羣臣，賦宴賞雙頭牡丹詩，惟上官昭容一聯爲絕麗，所謂勢如連璧友，心若臭蘭人者。

依前段記載，牡丹之移植於上苑（宮內有內苑，宮外有禁苑，此上苑應在宮內），是始於天后之時。

依後段記載，高宗皇帝在位時，宮庭之內已種植了牡丹。從表面看來，高宗皇帝在位的時代在先，武后稱帝的時間在後，豈不有些矛盾麼？而事實上這兩件事是毫無衝突的。理由申述於後。

通鑑卷二百二，上元元年（西元六七四）秋八月壬辰載：

皇帝（高宗）稱天帝，皇后稱天后。

同書卷二百三，弘道元年（六八三）十二月丁巳載：

上（高宗）崩於貞觀殿。

依以上記載，知武后稱天后以後，高宗又在位十年始崩。在這十年以內，武后旣稱天后，高宗仍是皇帝，天后將牡丹由西河移植到長安，然後高宗宴羣臣賞牡丹，是毫無衝突的事。

更有進者：我國史事記載的法則，採用皇帝的廟號或大臣的諡法，可以不拘時間。例如唐太宗少時神勇善射，司馬溫公幼時與羣兒遊戲等。考武則天的諡號頗多，要之，都可簡稱天后。依此例，天后之移植牡丹於上苑，不一定限於她稱天后的上元元年（六七四）以後，縱然是早在她未稱天后以前，後人紀事還是可以稱她天后的。如此，則前面所引的兩條記載，更是絕對調和的。

舊唐書卷六則天皇后紀云：

后素多智計，兼涉文史，帝（高宗）自顯慶已後多苦風疾，百司表奏，皆委天后詳決，自此內輔國政數十年，威勢與帝無異，當時稱爲二聖。

威勢與帝無異的武后，縱然在未稱天后以前，命將牡丹移植於長安，自然是一句命令卽可辦到的。

據以上理由可以作一結語：牡丹是在高宗時代，經武后之命，由西河移植於長安的。是京國有牡丹（指實物非指名）的開始。

牡丹雖由武后移植於京師，但當她移植的當時，是已經稱爲牡丹了呢？或牡丹之名尚未成立而仍稱木芍藥呢？

據摭異記所云：「開元中，禁中重木芍藥，卽今牡丹也。」一語，可知在開元中，禁中所重的牡丹，在宮庭以外，仍以木芍藥爲普遍的稱呼。又據全唐詩第五函第三冊有李端作鮮于少府宅木芍藥。考李端爲代宗大曆五年進士，知在代宗大曆時代（或稍後），還有稱牡丹爲木芍藥的。李時珍本草說：「牡丹，唐人謂之木芍藥。」而唐高祖、太宗時代士人的文集中，絕無牡丹之名。根據以上種種事證，可以推知：在武后移植於京師的當時，尚無牡丹之名，民間仍是普遍以木芍藥稱之的。

武后移植木芍藥於京師時，既尚無牡丹之名；而開元中禁中已稱木芍藥爲牡丹，前面已有結論；如此可以斷定牡丹之名，必起於武后移植以後，開元中以前這一段時間內的宮庭裏無疑。

在這一段的時間裏，宮廷以及全國的領導人計有：高宗、武后、中宗、睿宗、玄宗等人。

高宗：幼而岐嶷，端審寬仁孝友（據舊唐書高宗本紀）。

宗：初被廢於武后，嗣被弒於韋后。史臣稱爲「所謂下愚不移者」（新唐書中宗本紀史臣贊語）。

睿宗：「因其子之功，在位不久，固無可稱者」（新唐書睿宗本紀贊語）。

只有玄宗「性英斷多藝」（舊唐書卷八玄宗本紀）。

他們之中，高宗、中宗、睿宗全不合於作改木芍藥爲牡丹之事，玄宗雖尚有可能性，但經過進一步的仔細研究，認爲還是只有武后是最適合於作這樣事的人。理由如下：

由前面所曾引用的柳宗元龍城錄記載高宗宴羣臣賞牡丹事，可以表現出來一個重要的意義，就是：當高宗在位時，經武后命令移植在宮庭裏的民間普遍稱爲木芍藥的花，已經開始被改稱爲牡丹了。也就是：改木芍藥爲牡丹的時間，不至晚到中宗、睿宗、玄宗在位之時，可以肯定的縮短到高宗在位的時間以內了。

木芍藥改稱牡丹的時間，既可確定在高宗在位之時，而那時間裏，中宗、睿宗均年少不任事；而玄宗尚未出生，都沒有改稱花名的資格。合此條件的人，表面上雖有高宗和武后兩人，實際上高宗把許多重要政事都要委於武后，他更不會注意改花名的小事。合此條件的只有武后一人。

通鑑卷二百顯慶四年（六五九）載：

自是，政歸中宮矣。

同書卷二百一麟德元年（六六四）載：

自是上（指高宗）每視事，則（武）后垂簾於後，政無大小，皆預聞之，天下大權，悉歸中宮，黜陟生殺，決於其口，天子拱手而已。

舊唐書卷八十八陸元方傳說：

尋拜鸞臺侍郎平章事，則天嘗問以外事，對曰：臣備位宰臣，有大事卽奏，人間碎務，不敢以煩聖覽。由是忤旨，責授太子右庶子，罷知政事。

可知早在顯慶麟德年間，武后不只是已經掌握天下大權，而且她的個性是喜歡聞問人間碎務的。改木芍藥爲牡丹之事，既確定在高宗在位之時，則必不出於高宗而出於武后。

武后改唐國號爲周，改旗幟爲金色，改東都爲神都，改官名，改文字，改考試內容等等，都證明武后是喜歡改革的。大的要改，卽不關緊要的也要改，例如：二十二史劄記改惡人姓名條云：

> 唐高宗王皇后蕭良娣爲武后所殺，武后改王皇后姓爲蟒氏，蕭良娣姓爲梟氏。武后又殺其姪武惟良、武懷運，皆改姓蝮氏。革命後，瑯琊王沖，越王貞起兵復唐，事敗被殺，皆改姓虺氏。連坐之韓王元嘉、魯王靈夔、范陽王靄、黃公譔、東莞公融、常樂公主，亦改名爲虺氏，契丹首領李盡忠，及孫萬榮反，后遣兵討之，改李盡忠爲李盡滅，孫萬榮爲孫萬斬。突厥默啜入寇，改其名斬啜。又骨咄祿入寇，改其名曰不卒祿。

武后　人名之多，實爲歷代所罕見。

其他武后改革的事或物，還多的很，如年號改了一十六次，有一年改元數次者。改十二月爲臘月，改正月爲一月，改并州爲北都，改唐太廟爲享德殿，改詔書爲制書等等，不一而足，不必詳列。已經很可以看出她改革範圍很廣，包括天、地、人、物等項了。

當東突厥默啜可汗停止寇邊，並請擊契丹自效時，武后遣閻知微冊他爲遷善可汗。後又令冊爲立功報國可汗（但未實行）。天授元年封西突厥阿史那步眞爲竭忠事主可汗（俱見舊唐書突厥傳上下）。用意全是希望他們能以遷善、立功報國或竭忠事主的意思。前面既確定武后是改木芍藥爲牡丹的合適人選，次當於「牡丹」之名的意義中求之。

武后改木芍藥爲牡丹的原因和程序，最先當選定「牡」字，原因是與原有的「木」字音似，既定「牡」字後，芍藥兩字病繁，刪爲一個字。唐代帝王所服的藥常名爲丹，故改「藥」字爲「丹」字。

按牡丹二字意義言，「牡」是畜之陽性，可解爲男人，「丹」爲朱色（卽赤色），可解爲丹心（赤心）或丹誠（赤誠）。牡丹二字合講是天下男子皆對她竭盡丹誠也。再依牡丹花苞形狀，頗似心形，叫它以含有男子的赤心意義的「牡丹」二字，無論從形狀言或從意義言，其用意全爲天下男子向她竭忠，與給突厥可汗封號用意是一樣的。

反過來說：普通形容女子之美常說美如花，也有稱女子爲花者，花與女子常有聯帶關係。通常改花名爲帶有女性的字，纔是正常；但是將木芍藥名字之首的木字，不改爲母、媚、梅、美等近似木字音的字，而偏改爲含有「畜之父」意的「牡」字，殊超出一般普通情形之外。除非常以男性爲其對付的對象的武后，何能出此？除對一切都要改革，而且已有許多改革的事例的武后，何能出此？除非常希望男子對她效忠，而且以後改可汗的名也表現出同樣的意思的武后，何能出此？牡丹之名既出於高宗武后之世，不是武后而是連國家大政都要委之武后的高宗麼？他肯不肯管這些小事固是一個問題，卽令臣下代爲擬簽，那能會包含表現女性心理的名字呢？無論按其時代，按其當時環境和事例觀察研究，改木芍藥爲牡丹的人，非武后莫屬。

武后旣是改木芍藥爲牡丹的人，爲什麼史書全無記載呢？

考其他武后改物名字的事爲史書所不詳載的仍有，日本國名卽其一例。武后改倭國爲日本事，新舊唐書、通鑑、唐鑑等等有關唐代史籍，均無記載。惟史記五帝本紀虞舜紀：「東長島夷」句下，正義曰：

按武后改倭國爲日本。

同書夏禹本紀：「島夷卉服」句下，正義又曰：

倭國，武皇后改曰日本國。

史記正義完成於開元二十四年，作者張守節是涉學三十餘年的著作家，他說武后改倭國爲日本，絕非妄言。這是舊唐書等史籍對武后事略而不記的例證。

宋葉□□愛日齋叢抄男女跪拜條云：

（宋）太祖嘗問趙中令（指趙普），禮何以男子跪拜而婦人不跪？趙不能對，徧詢禮官皆無知者。王貽孫王祁公溥之子也。爲言：古詩「長跪問故夫」即婦人亦跪也。唐天后朝婦人始拜而不跪。趙問所出，因以大和中幽州從事張建章渤海國記所載爲證。

據此可知：武后改婦人之跪爲拜，渤海國記載之。而舊唐書等史籍均不載。這是正史對武后事略而不記的又一例證。

武后事蹟被略去的原因，由各史籍證實是：武后當時由她的侄兒武三思監修實錄，「苟飾虛詞，殊非直筆，」史官吳兢、劉知幾表示不滿，都被武三思排擠去職。到玄宗開元年間，政治上充滿了反武空氣，刪改武三思所修則天實錄的正是吳兢、劉知幾爲主要人物，所以將則天實錄刪去了很多。

新唐書卷一百三十二吳兢傳說：

兢敍事簡核……時人病其太簡。

吳兢等敍則天事，當時人已病其太簡了，對於改倭國爲日本都刪除了，對於改婦人之跪爲拜也刪除了，改木芍藥爲牡丹事，更是小事，豈不更要被刪除麼？

新舊唐書敍武后事，都是以吳兢刪成的則天實錄爲範本，則天實錄既不會有武后改木芍藥爲牡丹的記載，當時人的筆記亦略此不記，劉昫作舊唐書，歐陽修作新唐書時，對於張守節補記武后改日本國名事，渤海國記所載武后改婦人之跪爲拜事，尙且都不採取補入；對武后改木芍藥爲牡丹事，因前無記載，作史者大約已不知道，卽知道亦必認爲小事，更不會採取補入；所以牡丹花名稱來源，由此失傳。

牡丹之名，既經考定是唐朝武后改木芍藥之名而來，其次再論「牡丹」之名改定之時間。

武后初爲高宗昭儀的時間，已經作者考定爲貞觀末，那時太宗新崩，高宗新立，武后要圖後庭之嬖，不得不先潛隱先帝之私，爲蔽人耳目，就暫時出宮回到并州文水（卽西河郡）故里。武后之見木藥，約在此時或稍後。

武后於永徽六年（六五五）被立爲皇后，她殺王皇后及蕭淑妃，因避王蕭爲祟，故多住在洛陽。武后將木芍藥移到長安，應在此時之前（因爲倘若晚在武后常住洛陽之時，她便會把木芍藥直接由西河移植到洛陽了。）及她常住在洛陽之時，又把它移到洛陽去的。

顯慶四年（六五九）武后殺了長孫無忌等人，事實上已掌握政權，次年，已公開決百官奏事。至麟德元年（六六四）行政大權盡歸武后。上元元年（六七四）高宗稱天皇，武后稱天后，她上表行便宜十二條，高宗詔書褒美皆行之，是武后大爲改革的開始。又過十年及宏道元年（六八三）高宗崩。

柳宗元龍城錄記有高宗皇帝御羣臣宴賞雙頭牡丹事，前面已曾引用，則在高宗未崩以前，牡丹之名業已出現；武后改木芍藥爲牡丹事，以武后稱天后後到高宗崩時的十年間（六七四—六八三）的可能性較大。最早不至超過武后被立爲皇后的永徽六年（六五五）以前（因那時之前，武后尚無行政大權，尙無何改革），最晚不至遲到高宗崩的宏道元年（六八三）以後。（倘若在以後，則高宗和羣臣所宴賞的，只能叫做木芍藥，不可能稱雙頭牡丹。）

根據以上，可作一簡明的結論如下：

一、北齊楊子華所畫的，縱然有若干成分，甚至於大部分的牡丹實質，但當時最多叫做木芍藥，決不叫做牡丹。

二、天后由西河移植到長安的，當時仍叫做木芍藥，所謂牡丹，是以後舒元輿用他當時的稱呼追加上去的。

三、改木芍藥爲牡丹的人，是武則天。改的時間大約在高宗永徽六年（六五五），到高宗宏道元年（六八三）的二十餘年裏。尤以後面十年的成份爲大。是牡丹之名出現之始。

二　牡丹的傳播及其色香美

事物紀原云：

武后詔遊後苑，百花俱開，牡丹獨遲，遂貶於洛陽，故洛陽牡丹冠天下。是不特芳姿豔質足壓羣葩，而勁骨剛心尤高出萬卉，安得以富貴一語槩之。

武后貶牡丹於洛陽，雖屬神話，但據此可以推知在武后時代，牡丹已移植於洛陽，當屬可信。

通鑑卷二百永徽六年十一月載：

武后數見王（皇后）蕭（淑妃）爲祟，被髮瀝血如死時狀，後徙居蓬萊宮，復見之，故多在洛陽，終身不歸長安（終身不歸長安，並非事實）。

可知自從永徽六年（六五五年）以後，武后多居在洛陽。武后大量的將牡丹　植到洛陽去，時間上大約就在那武后常居在洛陽的一段時間裏。

太眞外傳云：

先開元中，禁中重木芍藥，即今牡丹也。得數本、紅、紫、淺紅、通白者。上因移植於興慶池東沉香亭前。

可知傳到開元年間，不只牡丹的顏色已變的更爲繁多，而且種植的地方也愈廣了。

同傳繼續說：

會花方繁開，上乘照夜白，妃以步輦從，詔選梨園弟子中尤者，得樂十六色，李　以歌擅一時之名，手捧板押衆樂前，將欲歌之，上曰：「賞名花對妃子焉用舊樂詞爲？」遽命龜年持金花牋宣示翰林學士李白立進淸平樂詞三篇。白欣承詔旨，猶苦宿酲未解，因按筆賦之。……第三首：名花傾國兩相歡，常得君王帶笑看，解釋春風無限恨，沉香亭北依欄干。

唐玄宗和李白均稱牡丹爲名花，賞名花與對妃子同樣的歡樂，而且玄宗將舊樂詞棄而不用，都可以表現出來牡丹花被重視的情形了。

酉陽雜俎云：

穆宗皇帝殿前種千葉牡丹，及花始開，香氣襲人，一朵千葉大而且紅，上每覩芳盛，歎：「人間未有」。

同書又云：

上（文宗）於內殿前看牡丹，翹足憑欄，忽吟舒元輿牡丹賦云：俯者如愁，仰者如語，含者如咽，吟罷元輿詞，不覺歎息良久，泣下沾臆。

據以上可以看出，在宮廷之內，牡丹繼續不斷的繁植傳播，而且種類愈多，更香美可愛的更感動人了。

開元天寶遺事：

楊國忠竊因貴妃專寵，上賜以木芍藥（牡丹）數本植於家。

這是牡丹由宮庭之內，移植傳播到高級官吏的家裏的例子。展轉移植傳播日廣，自屬意中事。

酉陽雜俎云：

開元末，裴士淹爲郞官，奉使幽冀，回至汾州衆香寺，得白牡丹一窠，植於長安私第。天寶中爲都下奇賞。……至德中，馬僕射鎭太原，又得紅紫二色者，移於城中。

除一面在長安傳播外，還不斷的由汾州、太原一帶移植到長安來。

舒元輿牡丹賦序云：

今則自禁闥洎官署外廷，士庶之家，瀰漫如四瀆之流，不知其止息之地。每暮春之月，遨遊之士如狂焉。

舒元輿爲憲宗元和八年（八一三）進士，至文宗太和九年（八三六）爲宦官所殺害，牡丹賦序之作，約在元和至太和之間。在那時節，牡丹之種植，已普遍及於長安禁闥，官署和士庶之家了。

酉陽雜俎云：

> 元和初猶少，今與戎葵角多少矣。

段成式爲文宗時人，所指的「今」，約卽文宗時候，那時牡丹已與戎葵角多少了。

唐國史補卷中京師尚牡丹條云：

> 京師貴遊，尙牡丹三十餘年矣。每春暮車馬若狂，以不躭玩爲恥。

唐國史補之作成，約在文宗太和年間，自太和上溯三十餘年，約在德宗貞元年間，再與段式所云：「元和初猶少」，語相對證，可知由德宗貞元、憲宗元和，日漸普遍，至文宗太和時，牡丹已與戎葵同多了。

雲溪友議云：

> 白居易初爲杭刺史令訪牡丹花，獨開元寺僧惠澄近於京師得之，始植於庭，闌圍甚密，他處未之有也。時春景方深，惠澄設油幕覆其上，牡丹自此東越分而種之矣。會徐凝自富春來，不知而先題詩曰：「此花南地知難種，慚愧僧閒用意栽，海燕解憐頻睥睨，胡蝶未識更徘徊，虛生芍藥徒勞妬，羞殺玫瑰不敢開，唯有數苞紅幞在，含芳只待舍人來。」白尋到寺看花，乃命酒同醉而歸。……

全唐詩第八函第五冊張祜杭州開元寺牡丹云：

> 穠豔初開小藥欄，人人惆悵出長安，風流卻是錢塘寺，不踏紅塵見牡丹。

張祜與白居易同時，由張祜之詩，證明雲溪友議所記爲正確。考白居易初除杭州刺史在穆宗長慶二年（八二二）七月，他到任後去開元寺看牡丹，當在第二年的春天。文內稱惠澄近於京師得之，始植於庭。可知牡丹傳播於杭州，時當在穆宗長慶初年（或憲宗元和末年）。時間並不爲遲，原因在杭州瀕臨運河，交通比較方便故也。

全唐詩第十函第二冊李咸用遠公亭牡丹有云：

廬山根脚含精靈，發妍吐秀叢君庭，湓江太守多閑情，欄朱繞絳留輕盈。

李咸用爲懿宗咸通時人。根據詩內「廬山根脚」及「湓江太守」（湓水在今江西）等語句，可知在咸通時代，牡丹已傳播到今江西了。比較爲晚的原因，也是交通關係，由兩京去今江西九江南昌一帶，需由京口（鎭江）再逆長江而上也。

全唐文第十函第十卷張蠙有觀江南牡丹，內有云：

北地花開南地風，寄根還與客心同。

張蠙爲昭宗乾寧時人，所云「江南」不能肯定爲何處，僅可斷爲到昭宗時，牡丹在江南已漸漸傳播着。

茅亭夜話卷八瑞牡丹條云：

大中祥符辛亥春，知益州樞密直學士任公中正，張筵賞花于大慈精舍，時有州民王氏獻一合歡牡丹，任公卽圖之，時士庶觀者闐咽竟日，且西蜀自李唐之後未有此花，凡圖畫者，唯名洛州花。……至僞蜀王氏，自京洛梁洋間移植。廣開池沼，創立臺榭，奇異花木，怪石修竹，無所不有，署其苑曰宣華，其公相勳臣，競起第宅，窮極奢麗。時元舅徐延瓊新創一宅，雕峻奢壯，花木畢有，唯無牡丹。或聞秦州董城村僧院，有紅牡丹一樹，遂賂金帛令取之。掘土方丈，盛以木盒，歷三千里至蜀，植於新宅。……僞通王宗裕，亦於北門清遠江東創一亭，臺榭池塘，駢植花竹泉石，縈遶流盃九曲，爲當時之甲也。唯牡丹花初開一朶，王與諸親屬，携妓樂張宴賞。其初開者花已爲一女妓所折，王怒欲誅之。其妻諫曰：此妓善琵琶，可令於階前執樂就賞，王怒稍解。其難得也如此。至孟氏於宣華苑，廣加栽培，名之曰牡丹花。外有麗春，與黎州所產者，小不同爾。

據此可知至僞蜀王氏時，牡丹纔從京洛梁洋間移植在蜀。推其原因，厥爲交通不便。由徐延瓊自秦州移植牡丹之困難可知矣。

牡丹的顏色，根據唐代的詩文記載，以白牡丹爲最普遍，在全唐詩裏各家所作有關牡丹的詩，標名爲白牡丹的，數見不鮮，計有：

第五函第二冊有：盧綸裴給事宅白牡丹；

第五函第五冊有：王建：同于汝錫賞白牡丹；

第七函第一冊白居易一卷有白居易：白牡丹（和錢學士作）；

第七函第三冊白居易十五卷復有白居易：白牡丹；

第八函第四冊有：裴潾：白牡丹；

第十函第七冊有：吳融：紅白牡丹；

第十函第七册有：吳融：僧舍白牡丹二首；

第十函第九册有：韋莊：白牡丹；

同上有：王貞白：白牡丹；

第十一函第一册有段文奎：趙侍郎宅看紅白牡丹因寄楊狀頭贊頭；

第十一函第一册有：徐寅：追和白舍人詠白牡丹。

除白色牡丹外，紅色牡丹也是常見的。除前所曾提及的吳融有紅白牡丹，段文奎有趙侍郎宅看紅白牡丹因寄楊狀頭贊圖，是標明紅白牡丹外，還有一些是在詩裏表示出來牡丹是紅顏色的，例如：

1. 溫庭筠夜看牡丹（全唐詩第九函第五册）云：

高低深淺一闌紅，把火殷勤遶露叢。

2. 陳標僧院牡丹（全唐詩第八函第四册）云：

琉璃地上開紅豔，碧落天頭散曉霞。

3. 姚合和王郎中召看牡丹（全唐詩第八函第三册）云：

乍怪霞臨砌，還疑燭出籠。遶行驚地赤，移坐覺衣紅。

4. 白居易惜牡丹花二首（全唐詩第七函第三册白居易十四卷）云：

惆悵階前紅牡丹，晚來唯有兩枝殘。

又云：

寞寂萎紅低向雨，離披破豔散隨風。

5.白居易牡丹芳（全唐詩第七函第一冊白居易四卷）云：

紅紫二色間深淺，向背萬態隨低昻。

6.王建賞牡丹（全唐詩第五函第五冊）云：

香遍苓菱死，紅燒躑躅枯。

等等不一而足，都可襯出牡丹爲紅顏色的。

因爲紅白牡丹頗多，而且是同地種植，所以在詩賦中同時並提到紅白兩種顏色的很多。例如：

灼灼百朶紅，戔戔五束素（白居易買花——一作牡丹）。

素光翻鷺羽，丹豔艷鷄冠（白居易牡丹）。

白向庚辛受，朱從造化研（薛能牡丹四首之二）。

赤者如日，白者如月（舒元輿牡丹賦）等等。

青瑣高談：

宮中牡丹品最上者御衣黃，次曰甘草黃，次曰建安黃，次曰紅紫，各有佳名，終不出三花之上，他日宮中貢一尺黃，乃山下民王文仲所接也。花面幾一尺，高數寸，祇開一朶，絳幬龍護之。帝未及賞，會爲鹿銜去，帝以爲不祥，有佞人奏云：釋氏有鹿銜花以獻金仙，帝私曰：野鹿遊宮中非佳兆也。殊不知祿山之亂也。

可知早在玄宗時候，宮中種植的牡丹，除紅、紫、淺紅、通白諸色外，更有御衣黃、甘草黃、建安黃，以及一尺黃等色了。

酉陽雜俎：

興唐寺有牡丹一棵，元和中，著花一千二百朵，其色有正暈、倒暈、淺紅、淺紫、深紫、黃、白、檀等，獨無深紅，又有花葉中無抹心者，重臺花者，其花面徑七八寸。

在元和時，興唐寺的牡丹，其色有正暈、倒暈、淺紅、淺紫、深紫、黃、白、檀等色了。但獨無深紅。

唐語林卷七：

京師貴牡丹……慈恩浴室院有（牡丹）花兩叢，每開及五六百朵，僧恩振說：會昌中，朝士數人同遊僧舍，時東廊院有白花可愛，皆嘆云：「世之所見者，但淺深紫而已，竟未見深紅者。」老僧笑曰：「安得無之，但諸賢未見爾。」衆於是訪之，經宿不去，僧方言曰：「諸君好尚如此，貧道安得藏之？但未知不漏於人否？」衆皆許之。僧乃自開一房，其間設施幡像，有板壁遮以幕後，於幕下啓關，至一院小堂。甚華潔，柏木爲軒廡欄檻，有殷紅牡丹一叢，婆娑數百朵，初日照輝，朝露半晞，衆共嗟賞，及暮而去。

可知在會昌時，各寺院裏所種的牡丹，雖然有許多種顏色，但是深紅色的絕少，最爲名貴。

牡丹有很多引人喜愛之處，其中之一就是香。當時的文人雅士提到牡丹的香的次數很多，玆列舉一部分如下：

鄭谷牡丹（全唐詩第十函第六冊）云：

畫堂簾卷張淸宴，含香帶霧情無限。

段文圭趙侍郎宅看紅白牡丹因寄楊狀頭贊圖（見前）云：

紅豔裊煙疑欲語，素華映月只聞香。

吳融僧舍白牡丹二首（全唐詩第十函第七册）之一云：

月魄照來空見影，露華凝後更多香。

韋莊白牡丹（全唐詩第十函第九册）云：

昨夜月明渾似水，入門唯覺一庭香。

姚合和王郎中召看牡丹（全唐詩第八函第三册）云：

殷紅開繁朶，香濃發幾叢。

韓琮牡丹（全唐詩第九函第三册）云：

曉艷遠分金掌露，暮香深惹玉堂風。

薛能牡丹四首之二首（全唐詩第九函第二册）有云：

見焰寧勞火，聞香不帶煙。

等等，不可枚舉。

也有人謂爲馨香的。例如：

唐彥謙牡丹（全唐詩第十函第五册）云：

顏色無因饒錦繡，馨香惟解掩蘭蓀。

薛能牡丹四首（同上）三首云：

傳情每向馨香得，不語還應彼此知。

也有人稱爲異香、奇香的，如：

李山甫牡丹（全唐詩第十函第二册）云：

數苞仙豔火中出，一片異香天上來。

王貞白白牡丹（全唐詩第十函第九册）云：

異香開玉合，輕粉泥銀盤。

薛能牡丹四首云一（見前）云：

迥秀應無妬，奇香稱有仙。

更有譽爲疊彩香或比爲白龍香的，如：

周繇看牡丹贈段成式（全唐詩第十函第一册）云：

金蘂霞英疊彩香，初疑少女出蘭房。

徐夤追和白舍人詠白牡丹（全唐詩第十一函第一册）云：

蓓蕾抽開素練囊，瓊葩薰出白龍香。

而徐夤在依韻和尚書再贈牡丹花（同上）讚爲：

龍分夜雨賫嬌態，天與春風發好香。

皮日休在他作的牡丹（全唐詩第九函第九册）裏，更直接明朗的誇爲：

競誇天下無雙艷，獨佔人間第一香。

足可奠定牡丹爲百花王的地位。

至於秦韜玉牡丹（全唐詩第十函第五册）內所云：

壓枝金蘂香如撲。

白居易看渾家牡丹戲贈李二十（全唐詩第七函第三册白居易卷十四）所云：

香勝燒蘭紅勝霞。

可以看出當時文人對於牡丹香氣的評價。

王建在同于汝錫賞白牡丹（全唐詩第五函第五册）裏，一則曰：

竝首幽蘭死，比豔美人憎。

又在他賞牡丹（同上）裏再則曰：

香遍苓菱死，紅燒躑躅枯。

不只可以表現出牡丹是人間第一香，而且要把幽蘭苓菱慚死、愧死，引起美人的憎恨了。

至於牡丹之美，詩中記載的很多，不可勝舉，僅擇其尤著者，示例於下：

姚合和王郎中召看牡丹（見前）云：

嫩畏人看損，鮮愁日炙融，嬋娟涵宿露，爛熳抵春風。

徐夤尚書座上賦牡丹花得輕字韻（一本無韻字）其花自越中移植（見前）云：

嬌含嫩臉春妝薄，紅蘸香綃豔色輕。

已可以道出牡丹美的梗概。

劉禹錫思黯南墅賞牡丹（全唐詩第六函第三冊劉禹錫十二卷）云：

有此傾城好顏色，天教晚發賽諸花。

劉禹錫賞牡丹（見前）云：

庭前芍藥妖無格，池上芙蕖淨少情，唯有牡丹眞國色，花開時節動京城。

劉禹錫是賞花老手，他一則讚爲傾城顏色，二則譽爲眞國色，其美的程度，略可道出。

白居易牡丹（文苑英華卷三百二十一花木一）云：

絕代祇西子，衆芳惟牡丹，月中虛有桂，天下漫誇蘭。夜濯金波滿，朝傾玉露殘，性應輕菡萏，根本是浪玕。奪目霞千片，凌風倚一端。稍宜經宿雨，偏覺耐春寒。

羅隱牡丹（全唐詩第十函第四冊）云：

當庭始覺春風貴，帶雨方知國色寒，日晚更專何所似，太眞無力凭闌干。

中國最有名的美人，前有西子，後有太眞，白居易將牡丹比作西子，羅隱又將它比爲太眞，也就是論美無出其右者了。

韓愈在戲題牡丹（全唐詩第五函第十冊）裏說：

陵（一作凌）晨併作新妝面，對客偏含不語情。

羅隱在牡丹（見前）裏承認它：

若教解語應傾國，任是無情亦動人。

又怎能不令人喜愛呢？

徐夤牡丹（見前）云：

爛銀基地薄紅妝，羞殺千花百卉芳。

薛能牡丹四首（見前）之一云：

衆芳殊不類，一笑獨奢妍，顆折羞含嫻，蒙虛隱陷圓，亞心堆勝被，美色豔於蓮。

所以千花百卉全不能與之相比。

全唐文卷七百二十七舒元輿牡丹賦，他對牡丹作一個評說：

我案花品，此花第一，脫落羣類，獨占春日，其大盈尺，其香滿室，葉如翠羽，擁抱比櫛，蕊如金屑，妝飾淑質。玫瑰愧死，芍藥自失，夭桃斂迹，穠李慚出，躑躅宵潰，木蘭潛逸，朱槿灰心，紫薇屈膝，皆讓其先，敢懷憤嫉。

皮日休牡丹（見前）云：

落盡殘紅始吐芳，佳名喚作百花王，競誇天下無雙豔，獨佔人間第一香。

因爲牡丹是天下無雙豔，又獨佔人間第一香，所以人們尊它爲百花王，實當之無愧。人見人愛，誰曰不宜！

三　長安人士的賞牡丹狂

南部新書丁說：

長安三月十五日，兩街看牡丹，奔走車馬。

權德輿作和李中丞慈恩寺濟上人院牡丹花歌（全唐詩第五函第八冊）云：

澹蕩韶光三月中，牡丹偏自占春風，時還寶地尋香徑，已見新花出故叢。

依據前面所引詩文的記載，牡丹花開時節約在每年的三月中。

羅鄴牡丹（全唐詩第十函第三冊）云：

落盡春紅始著花，花時比屋事豪奢。

徐夤憶牡丹（全唐詩第十一函第一冊）云：

王侯買得價偏重，桃李落殘花始開。

皮日休牡丹（全唐詩第九函第九冊）云：

落盡殘紅始吐芳，佳名喚作百花王。

韓琮牡丹（全唐詩第九函第三冊）云：

桃時杏日不爭濃，葉帳（一作翠帷）陰成始放紅。

據此可知牡丹花開在桃李花落以後。桃李花開花落通常都在三月裏，由此更可證實牡丹花開確是在三月裏了。

南部新書丁說：

慈恩寺元果院牡丹先於諸牡丹半月開，太眞院牡丹後諸牡丹半月開。

權德輿和李中丞慈恩寺濟上人院牡丹花歌（見前）亦云：

結根幸在青蓮域，豔蘂仙房次第開。

可見因品種或種植地方的不同，開花自有早晚先後了。

徐夤牡丹花二首（全唐詩第十一函第一册徐夤一）之一云：

開當靑律二三月，破却長安千萬家。

據此，晚開的三月開，早開的也有早在二月裏開的。

白居易牡丹芳（全唐詩第七函第一冊白居易四卷）云：

花開花落二十日，一城之人皆若狂。

所云「花開花落二十日」，係指某一種牡丹從開到落的時間，若按各種牡丹先後接續着開計算，則並不止於二十日，至少先後可以延續到一月有餘了。

王建同于汝錫賞白牡丹（全唐詩第五函第五册）云：

曉日花初吐，春寒白未凝。

白居易牡丹芳（見前）云：

共愁日照芳難駐，仍張帷（一作羅）幕垂陰涼。

可知牡丹花初吐時猶是春寒時節，直至怕日照而張帷幕垂陰涼的春暖時期，猶在「一城之人皆若狂」的賞花，可證二、三月的一個多月的時期，都是牡丹開放的賞花期。

前面第二節內說過牡丹的傳播是由長安、洛陽，而傳到杭州、南昌等地，但種植最多的地方仍然是人口薈萃的京師長安。在長安城內最重要的種植區之一是宮庭和禁苑之內。武后時種植牡丹於上苑，玄宗時將牡丹移於興慶池沈香亭前，穆宗時移植於殿前，文宗時種植於內殿前，等情已在前面引述過，不再多贅。現僅就長安城內種植牡丹的各處所，見於記載的分述於下：

種植牡丹的地方第一大類是寺院：

元稹有西明寺牡丹（全唐詩第函第九冊元稹十六卷），可知西明寺是種植牡丹的地方，白居易「西明寺牡丹花時憶元九」（全唐詩第七函第二冊白居易九卷）云：

前年題名處，今年看花來，一作芸香吏，三見牡丹開。

可知西明寺是白居易舊遊之所，也是他常看牡丹花的地方。

白居易重題西明寺牡丹（時元九在江陵）（全唐詩第七函第三冊白居易十四卷）又云：

往年君向東都去，曾嘆花時君未迴，今年況作江陵別，惆悵花前又獨來。

更可知西明寺是白居易連年都去看牡丹花的地方。如此可以斷定西明寺是很吸引遊人的種植牡丹花的處所。

唐會要卷四十八寺條說：

西明寺，延康坊，本隋越國公楊素宅，武德初，萬春公主居住，貞觀中，賜濮王泰，泰死，乃立爲寺。

按延康坊在長安城的中央稍偏西南隅，西明寺又係過去國公、公主、王府所改的寺院，規模必有可觀。既是有名的寺院，又係著名詩人觀賞牡丹的處所，所以必是長安人士觀賞牡丹的勝地。

元稹永壽寺看牡丹（全唐詩第六函第九冊）云：

曉入白蓮宮，琉璃花界淨，開敷多喻草，凌亂被幽徑。壓砌錦地鋪，當霞日輪映。

據此可知永壽寺也是種植牡丹的勝地。

唐會要卷四十八寺條：

永壽寺，永安坊，景龍三年，爲永壽公主所立。

按永安坊在長安城的西南隅，北隔延福、崇賢兩坊而與延康坊爲近鄰。

全唐詩第二函第七册載裴士淹白牡丹云：

長安年少（少年）惜春殘，爭認慈恩紫牡丹。

全唐詩第五函第八册載有權德輿和李中丞慈恩寺濟上人院牡丹花歌。裴士淹是開元時人，權德輿爲貞元、元和時人，可知從開元到元和的一段時間，慈恩寺已是種植牡丹有名的寺院了。

考慈恩寺居晉昌坊（晉昌坊在長安城內偏東南隅），曲江北岸，高宗在春宮時爲文德皇后立，寺丙西院有浮圖（即塔）七級，爲名僧玄奘所建。自神龍以後，及第進士集塔下題名，爲長安著名的名勝，也是賞牡丹花的勝地。

劉兼再看光福寺牡丹（全唐詩第十一函第六册）云：

去年曾看牡丹花，蛺蝶迎人傍彩霞，今日再遊光福寺，春風吹我入仙家。

按光福寺在光福坊，居長安城之中央稍偏南，也是很能吸引遊人的種植牡丹著名寺院之一。

酉陽雜俎云：

長安興唐寺有牡丹一棵，元和中著花二千一百朵。

能著花二千一百朵，是不是一棵牡丹或一叢牡丹，固然値得懷疑，但興唐寺也種有牡丹則無可疑。

唐會要卷四十八寺條云：

興唐寺，太寧坊，神龍元年三月十二日，勅太平公主爲天后立爲罔極寺，開元二十年六月七日改爲興唐寺。

天后是喜愛牡丹的，爲天后所立的興唐寺內的牡丹，也必有可觀。大寧坊在長安城的東北隅。全唐詩第七函第三冊白居易十三卷載：自城東至以詩代書戲招李六拾遺崔二十六先輩云：

靑門走馬趁心期，惆悵歸來已校遲，應過唐昌玉蘂後，猶當崇敬牡丹時。……

可知崇敬寺是種有牡丹的，按崇敬寺在靖安坊（長安城中央稍偏東南）。

酉陽雜俎續集卷五：

興善寺素師院牡丹色絕佳，元和末，一枝花合歡。

則知興善寺亦種有牡丹。按興善寺在靖善坊（靖安坊之西）。

此外陳標有僧院牡丹（全唐詩第八函第四冊），李商隱有僧院牡丹（全唐詩第八函第九冊李商隱三卷），吳融有僧舍白牡丹（全唐詩第十函第七冊），雖未指明爲何僧院，位置何處？但既名爲僧院，想必都是寺有的財產，屬於寺院系統的，於理當在寺內或在寺的附近。

劉禹錫有思黯南墅賞牡丹（全唐詩第六函第三冊），杜荀鶴有中山臨上人院觀牡丹（全唐詩第十函第八冊），僧人齊己有題南平後院牡丹（全唐詩第十二函第四冊），可知思黯南墅、中山臨上人院、南平後院都是與寺院有關的種植牡丹的地方。

除了寺院和僧院及屬於寺院的別墅等地外，其次種植牡丹的地方第二大類是官署，見於記載的列舉於下：

一、永達坊的華陽池度支亭子。

輦下歲時記云：

新進士牡丹宴，或在永達亭子。

玉泉子：

崔郢爲京兆尹日，三司使在永達亭子宴丞郎（蓋爲度支遊憩之所故三司使於此宴客）。

據此知三司使和新進士都在永達亭子會宴，而永達亭子就是種植牡丹的地方。

二、修政坊的尙書省亭子、宗正寺亭子。

唐兩京城坊考，修政坊，尙書省亭子、宗正寺亭子，下注曰：

輦下歲時記曰：新進士牡丹宴，或在於此。

既云牡丹宴，則尙書省亭子宗正寺亭子，必種植牡丹

三、翰林院北廳前。

全唐詩第七函第三冊白居易卷十四惜牡丹二首下註云：

一首翰林院北廳花下作。

則知翰林院北廳前爲種牡丹花之處所。

舊唐書卷四十三職官志翰林院下註云：

天子在大明宮，其院在右銀臺門內，在興慶宮院，在金明門內，若在西內院，在顯福門。……

因白居易時代的皇帝多居大明宮，所以當時的翰林院當在左右銀臺門內。

再其次種植牡丹的地方第三大類是達官貴人的私人宅第。見於詩文記載的列舉於下：

開元天寶遺事：

楊國忠竊因貴妃專寵，上（指玄宗）賜以木芍藥（牡丹）數本植於家。

舊唐書楊國忠傳：

於宣義里（坊）構連甲第，……棟宇之盛，兩都莫比。

據此知宣義坊的楊國忠宅內，種有牡丹。但楊國忠死於安史之亂，以後其宅第誰屬？是否仍種植牡丹？不詳。

劉禹錫和令狐相公別牡丹（全唐詩第六函第三册劉禹錫十二卷）云：

平章宅裏一欄花，臨到開時不在家。

西陽雜俎亦云：

（令狐）楚宅在開化坊，牡丹最盛。

據此知開化坊的令狐楚宅的牡丹最盛（楚爲文宗時之尚書左僕射）。

全唐詩第六函第三册劉禹錫十一卷載有：渾侍中宅牡丹，同書第七函第三册白居易十四卷又載有：看惲（一作渾）家牡丹花戲贈李二十。則渾家必種有牡丹。按渾家指河中節度使兼中書令渾瑊之宅第，渾瑊之宅第在大寧坊（在長安城東北隅，北臨長樂坊，東接興寧坊）。

盧綸有裴給中宅白牡丹，載於全唐詩第五函第二册，則知裴給中宅有白牡丹。按裴給中係指裴士淹，酉陽雜俎謂：「開元末，裴士淹爲郎官，奉使幽冀，回至汾州衆香寺，得白牡丹一窠，植於長安（一云長興）私第。」與盧綸詩正相符合。按裴士淹宅在長興坊（在長安城中央略偏東，南臨永樂坊）。

白居易惜牡丹二首（全唐詩第七函第三冊白居易十四卷）注云：

　一首新昌竇給事宅南亭花下作。

按竇給事係指竇易直，時官給事中。竇易直宅在新昌坊（延興門內）。他宅內南亭種有牡丹。

全唐詩第七函第三冊白居易十四卷載有微之（元稹）宅殘牡丹，元稹和白樂天秋題牡丹叢云：

　敝宅豔山卉，別來長歎息。

可見元稹宅內種有牡丹。按元稹宅在靖安坊（城中央略偏東南永樂坊之南）。

獨異志上云：

　唐裴晉公度寢疾永樂里，暮春之月，忽遇（過）遊南國，令家僕童舁至藥欄，語曰：「我不見此花而死可悲也。」悵然而返。明早報牡丹一叢先發。公覗之，三日乃薨。

據此知永樂里（坊）裴度宅內南園（一說南園在興化坊）內種有牡丹。

唐國史補卷中：

　京城貴遊尙牡丹三十餘年矣。……元和末，韓令（指韓弘）始至長安，居第有之。遽命劚去……

據此知韓弘第內種有牡丹。又按韓弘第在永崇坊（靖安坊之東）。

宣室志云：

陳郡謝翺者，嘗舉進士，好爲七字詩，其先寓居長安昇道里（坊），所居庭中多牡丹。

可知昇道里（坊）謝翺宅中種有牡丹。

此外劉禹錫有唐郎中宅與諸公飲酒看牡丹（全唐詩第六函第三冊劉禹錫卷十一）、李端有鮮于少府木芍藥（全唐詩第五函第三冊）、段文奎有趙侍郎宅看紅白牡丹因寄楊狀頭圖（全唐詩第十一函第一冊）、李中有柴司徒宅牡丹（全唐詩第十一函第五冊）、段成式有牛師尊宅看牡丹（全唐詩第九函第五冊），可知唐郎中宅、鮮于少府宅、趙侍郎宅、柴司徒宅、牛師尊宅都種有牡丹（但其位置不詳待考）。

全唐詩第七函第一冊白居易卷二傷宅（一作傷大宅）云：

誰家起甲第，朱門大（一作當）道邊，豐屋中櫛比，高牆外迴環，纍纍六七堂，棟（一作檐）宇相連延，一堂費百萬，鬱鬱起青烟，洞房溫且清，寒暑不能干，高堂虛且迴，坐臥見南山，繞廊紫藤架，夾砌紅藥欄，攀松摘櫻桃，帶花移牡丹。主人此中坐，十載爲大官。

白居易此詩內未指明爲何人之大宅，可謂該括的廣泛的指長安許多大官之大宅。內云「帶花移牡丹」，可見那時一般大宅中普遍的種植着牡丹。

舒元輿牡丹賦序有云：

今則自禁闥洎官署外延士庶之家，瀰漫如四瀆之流，不知其止息之地。

舒元輿之所謂「今」，約指文宗太和年間，那時的牡丹已普遍的達及士庶之家。於理推斷，寺院、官署、達官大宅內種植的多，規模大，士庶之家種植的少，規模小罷了。

每到牡丹花開的季節，長安人士全城若狂的爭着觀賞。劉禹錫賞牡丹（全唐詩第六函第三册劉禹錫十二卷）云：

唯有牡丹眞國色，花開時節動京城。

王轂牡丹（全唐詩第十函第八册）云：

牡丹妖豔亂人心，一國如狂不惜金。

徐夤牡丹花（全唐詩第十一函第一册）第二首云：

萬萬花中第一流，淺霞輕染嫩銀甌，能狂綺陌千金子，也惑朱門萬戶侯。

爲愛賞牡丹花，全京城人士，心亂若狂的情形，於此可見。

裴潾白牡丹（一作長安牡丹）（全唐詩第八函第四册）云：

長安豪貴惜春殘，爭賞先開紫牡丹。

可知在紫牡丹初開時，長安豪貴即爭先觀賞了。

崔道融長安春（全唐詩第十一函第一册）云：

長安牡丹開，繡轂輾晴雷，若使花常在，人應看不囘。

爲要看花，長安人士全城出動，所以車聲如雷動了。

白居易牡丹（見前）云：

豪士傾囊買，貧儒假乘觀。

沒有車輛的貧儒，假借別人的車輛，也要不放棄觀賞的機會。

開元天寶遺事看花馬條云：

長安俠少，每至春時，結朋聯黨，各置矮馬，飾以錦韉金絡，並轡於花樹下往來，使僕從執酒皿而隨之，遇好圍則駐馬而飲。

雖未明言觀賞牡丹花，但既註明爲看花馬，春遊看其他花騎矮馬，則看牡丹花時，也不會單獨不騎馬的。

白居易牡丹芳（見前）有云：

遂使王公與卿士，遊花冠蓋日相望，庳車輭轝貴公主（一作子，誤），香衫細馬豪家郎。

王公卿士，貴公主，豪家郎們庳車輭轝一齊出動，冠蓋相望，何等的熱鬧！

王建長安春遊（全唐詩第五函第五冊）有云：

牡丹相次發，城裏又須忙。

在牡丹相次發的季節，城裏的人士爲賞花而奔忙，是情勢所必然的了。

隋唐嘉話有云：

中書令馬周，始以布衣上書，太宗覽之，未及終卷，三命召之，所陳世事，莫不施行。……城門入由左出由右，皆周法也。

這裏所應注意的是：由太宗時卽採用馬周所建議的城門入由左出由右的辦法。據此推知，在城內外的道路上，是往來分左右的，也就是靠道路右邊走。一由於唐代太宗以後沒有改變此法的記載，二則賞花時間車馬擁擠的情形，勢必維持交通秩序，推知仍是採用靠右邊走的舊辦法的。

唐國史補卷中京師尚牡丹條云：

京城貴遊尚牡丹三十餘年矣。每春暮，車馬若狂，以不躭玩爲恥。

獨異志上云：

唐裴晉公度寢疾永樂里，暮春之月，忽遇（過）遊南園，令家僕童舁至藥欄，語曰：「我不見此花而死可悲也！」悵然而返。明早報牡丹一叢先發：公視之，三日乃薨。

以不躭玩牡丹爲恥，其愛觀賞的程度已經很深，至裴晉公度以抱病之身，猶以不見此花而死爲可悲也。大有不看到牡丹花，死不瞑目之慨。牡丹迷之程度更可知矣。

張祜京城寓懷（全唐詩第八函第五冊）云：

三十年持一釣竿，偶隨書薦入長安，由來不是求名者，唯待春風看牡丹。

多年垂釣淡於名利的人，唯待春風看牡丹而不肯放過機會，可知他認爲看牡丹是一種享受了。

歸仁牡丹（全唐詩第十二函第二冊）云：

三春堪惜牡丹奇，半倚朱欄欲綻時，天下更無花勝此，人間偏得貴相宜。………除卻解禪心不動，算應狂殺五陵兒。

此詩的作者歸仁，卽是唐末的和尚，他尚不能解禪心不動，狂殺五陵兒那更是當然的了。

舒元輿牡丹賦云：

九衢遊人，駿馬香車，有酒如澠，萬坐笙歌，一醉是競，孰知其他？

略可道出當時看牡丹的人們，那種如瘋似狂的情形。

獨樂不如衆樂，看牡丹也不例外，如邀朋友共賞當然較之獨賞更好。如果自己住宅種植牡丹，待花　時邀朋友來賞最爲方便，所以這樣情形也很多。例如劉禹錫和令狐相公別牡丹（全唐詩第六函第三册劉禹錫十二卷）云：

平章宅裏一欄花，臨到開時不在家。

劉禹錫得以看到平章宅裏一欄花，想是應平章家人的邀而往看的。

白居易微之宅殘牡丹（全唐詩第七函第三册白居易十四卷）云：

殘紅零落無人賞，雨打風吹花不全，諸處見時猶悵望，況當元九小亭前。

又可知白居易是應邀去元微之宅裏看牡丹的。

其他如段文奎有趙侍郎宅看紅白牡丹因寄楊狀頭贊圖（見前），可知段文奎是曾被邀去趙侍郎宅看過紅白牡丹的。段成式有牛師尊宅看牡丹（見前），李端有鮮于少府宅木芍藥（見前），白居易有看惲家牡丹花戲贈李二十（見前），知道他們都是曾經被邀去友人宅裏看過牡丹花的。反過來說：趙侍郎、鮮于少府等人或其家人等，確實是邀友人去他們宅裏看牡丹的。以上只是找到的幾個例子，其他沒有詩文傳留下來邀請友人賞牡丹的還不知有多少。

私宅牡丹花開時既要互相邀請，去到寺院或其他地方看牡丹，更要邀同好友共看的。白居易西明寺牡丹花時憶元九（見前）有云：

何況尋花伴，東都去未廻，詎知紅芳側，春盡思悠哉。

重題西明寺牡丹（見前）云：

往年君向東都去，曾歎花時君未廻，今年況作江陵別，惆悵花前又獨來，只愁離別長如此，不道明年花不開。

白居易兩年獨賞西明寺牡丹時，都想念他的好友元九（稹），可見過去他是常同元九共遊西明寺的。

徐夤牡丹花（見前）第二首云：

朝日照開攜酒看，暮風吹落遶欄收。

劉禹錫唐郎中宅與諸公同飲酒看牡丹（全唐詩第六函第三冊劉禹錫十一卷）云：

今日花前飲，甘心醉數杯，但愁花有語，不爲老人開。

元稹酬樂天勸醉（全唐詩第六函第八冊元稹六卷）云：

神麴清濁酒，牡丹深淺花，少年欲相飲，此樂何可涯。

這是花前飲酒，而且互相勸飲，不惜一醉的證據。自然這不是每一位賞花的人必有的現象，但是也決不止劉禹錫、元稹、白樂天少數的人，而是有很多人如此的。

劉兼再看光福寺牡丹（全唐詩第十一函第六冊）詩云：

當筵芬馥歌脣動，倚欄嬌羞醉眼斜。

權德輿和李中丞慈恩寺濟上人院牡丹花歌（全唐詩第五函第八冊）云：

花間一曲奏陽春，應爲芬芳比君子。

吳融紅白牡丹（全唐詩第十函第七冊）云：

不必繁弦不必歌，靜中相對更情多。

根據上面詩句觀察，知賞花的人們，於飲酒賞花之時，臂動高歌，配以管弦，演奏曲子，也是極自然的現象。

唐代後期以詩賦取士，詩賦是文人的拿手傑作，飲酒賞花之際，很容易詩興來潮，便會題起詩來。韓愈有戲題牡丹（全唐詩第五函第十冊），白居易有重題西明寺牡丹（見前），齊己有題南平後園牡丹（見前），都是當賞牡丹時所題的詩。劉禹錫、王建都有賞牡丹（前者見前，後者全唐詩第五函第五冊），也都是這樣情形下所作成的。

白居易惜牡　花二首（全唐詩第七函第三冊白居易十四卷），在題目之下注明：一首翰林院北廳花下作；一首新昌竇給事宅南亭花下作。更是對花作詩的證明。

有些文人看牡丹花看的高興了，作詩以贈好友或親屬，以發抒自己內心的情感，也是常見的事。白居易看惲家牡丹花戲贈李二十（全唐詩等七函第三冊白居易十四）云：

香勝燒蘭紅勝霞，城中最數令公家，人人散後君須看，歸到江南無此花。

就是白居易和李十二共看惲家牡丹花時作以相贈的。也有當時引起詩興，以後作成詩以贈人的。例如李益牡丹（全唐詩第五函第三冊）下面注明：「一作詠牡丹贈從兄正封」。知道那首牡丹詩是贈他從兄的。周繇有看牡丹贈段成式（全唐詩第九函第五冊）知道那詩是贈段成式的。

接到友人贈詩，或是看到聽到友人作詩，引起作詩的興趣，也遂卽或隨後作詩相和，也是常見的事。這樣作成的詩，通常在題目上都帶有「和」字，可作證明。例如權德輿有：「和李中丞慈恩寺濟上人院牡丹花歌」（見前）。劉禹錫有：「和令狐相公別牡丹」（見前）。白居易白牡丹（全唐詩第七函第三册白居易十五卷）的下面，注有：「和錢學士作」數字，姚合有和王郎中召看牡丹（全唐詩第八函第三册姚合七卷），都是和友人作詩而作的詩。

李端鮮于少府宅木芍藥（全唐詩第五函第三册）云：

花信可未闌，詩情詎能止。

姚合和王郎中召看牡丹（全唐詩第八函第三册）云：

縱賞襟情合，閑吟景思通。

都是說明賞花人的詩興的。

白居易牡丹芳（見前）有云：

共愁日照芳難駐，仍張帷（一作羅）幕垂陰涼。

爲怕日照而張起帷幕，以增加賞花的興趣。

李端鮮于少府宅木芍藥（見前）有云：

上客屢移杖，幽僧勞凭几。

上客屢移杖，貪賞花而不辭勞，幽僧雖勞，凭几以減少勞累，仍在繼續觀賞。

竇梁賓雨中看牡丹（全唐詩第十一函第十册）云：

東風未放曉泥乾，紅葉花開不奈寒，待得天晴花已老，不如攜手雨中看。

元稹酬胡三憑人問牡丹（全唐詩第六函第九册元稹十六卷）有云：

花時何處偏相憶，寥落衰紅雨後看。

溫庭筠春暮宴罷寄朱壽先輩（全唐詩第九函第五冊）有云：

窗間桃蕊宿粧在，雨後牡丹春睡濃。

可知雨後看牡丹的固有，卽於雨中賞看，亦是有的。

溫庭筠夜看牡丹（同上）云：

高低深淺一闌紅，把火殷懃遶露叢。

白居易惜牡丹花二首（見前）之一有云：

明朝風起應吹盡，夜惜衰紅把火看。

可知夜裏把火觀賞的，也不乏其人。

徐夤牡丹花（全唐詩第十一函第一冊）第二首云：

朝日照開攜酒看，暮風吹落遶欄收，詩書滿架塵埃撲，盡日無人略舉頭。

從早晨看到晚，沒人再願讀書了。

吳融紅白牡丹（全唐詩第十函第七冊）云：

看久願成莊叟夢，惜留須倩魯陽戈。

願如莊周化爲蝴蝶，或爲形容過甚，願以魯陽戈留日不轉，以便繼續看下去，是很多人都具有的心情。

薛能牡丹（全唐詩第九函第二冊薛能三卷）第三首云：

欲就欄邊安枕席，深夜閑共說相思。

這又可表示出來對着牡丹依依不捨的心情。

白居易買花（一作牡丹）（全唐詩第七函第一冊白居易二卷）云：

帝城春欲暮，喧喧車馬度，共道牡丹時，相隨買花去，貴賤無常價，酬直看花數。

可知人們爲要繼續觀賞，還要買花帶回去看的。

羅隱牡丹（全唐詩第十函第四冊）云：

公子醉歸燈下見，美人朝插鏡中看。

觀賞牡丹的興趣猶未能盡，「燈下見」和「鏡中看」，就是補充的辦法。

方干牡丹（全唐詩第十函第三冊）有云：

醉眼若爲抛去（一作舍）得，狂心更擬折來看。

薛能牡丹（見前）第四首有云：

冷蜂遍坐無閑蘂，醉客曾偸有折枝。

偸折花木是犯法的，醉客不顧犯法而偸折牡丹，可見對牡丹愛看之切，不是發狂便不至於此的。

四　喜愛牡丹下的諸色相

在喜愛牡丹的風氣下，人人都如瘋似狂的喜愛牡丹，由此而首先發生的現象，就是移植。舒元輿牡丹賦序云：

天后之鄉西河也，精舍下有牡丹，其花特異，天后歎上苑之有闕，因命移植焉。

太眞外傳云：

開元中，禁中重木芍藥，卽今牡丹也。得數本，紅、紫、淺紅、通白者，上因移植於興慶池東沈香亭前。

開元天寶遺事云：

楊國忠竊因貴妃專寵，上賜以木芍藥數本植於家。

雲溪友議云：

白居易初爲杭州刺史，令訪牡丹花，獨開元寺僧惠澄近於京師得之，始植於庭，闌圍甚密，他處未之有也。

這都是有關移植的記載。

據徐夤尚書座上賦牡丹花輕字韻（一本無韻字）其花自越中移植（全唐詩第一函第一冊）。可知移植是交互錯綜的頗不規則的。

白居易買花（見前）有云：

水灑復泥封，移（一作遷）來色如故。

可知當白居易之時代，移植的方法和效果已是很好的了。

白居易買花云：

共道牡丹時，相隨買花去，貴賤無常價，酬直看花數，灼灼百朶紅，戔戔五束素，……家家習爲俗，人人迷不悟。

可證因爲喜愛牡丹的要求，發生牡丹花的買賣行爲。

唐國史補卷中京師尚牡丹條云：

京城貴遊尚牡丹三十餘年矣。每春暮，車馬若狂以不耽玩爲恥，執金吾鋪官圍外寺觀種以求利。

種植牡丹以求利的，遂應運而生。

司馬扎賣花者（全唐詩第九函第七册）云：

少壯彼何人，種花荒苑外，不知力田苦，卻笑耕耘輩。當春賣春色，來往經幾代，長安甲第多，處處花堪愛，良金不惜費，競取園中最，一蕊纔占煙，歌聲已高會。自言種花地，終日擁軒蓋，農夫官役時，獨與花相對。那令賣花者，久爲生人害，貴粟不貴花，生人自應泰。

可知長安郊外已有專以賣花爲生的人出現。白居易「買花」，註云：「一作牡丹」，宋歐陽修洛陽牡丹記云：「花曰某花云云，至牡丹則不名，直曰花。」依此推知：司馬扎賣花者詩內所指的花，雖不純指牡丹花，而牡丹花必爲花之大宗，當無問題。

姚合和王郎中召看牡丹（全唐詩第八函第三册）云：

萬物珍那比，千金買不充。

王建同于汝錫賞白牡丹（全唐詩第五函第五册）云：

價數千金貴，形相兩眼疼。

王建賞牡丹（同上）云：

一夜輕風起，千金買亦無。

所謂「千金」，只能言其貴，並未可確定爲其具體的價値。

白居易買花（一作牡丹）（見前）云：

有一田舍翁，偶來買花處，低頭獨長嘆，此嘆無人喩，一叢深色花，十戶中人賦。

十戶中人賦，也許不只千金，但也難言其具體的價値。

柳渾牡丹（全唐詩第三函第八册）云：

近來無奈牡丹何，數十千錢買一棵。

柳渾爲天寶年間進士，他所云數十千錢買一棵。比較略爲具體。或許那時牡丹的種植還不太普遍，那樣貴是物以罕而見奇的道理。

唐國史補卷中京師尙牡丹條云：

京城貴遊尙牡丹三十餘年矣。……一本有直數萬者。

唐國史補書作成於文宗太和年間，那時的牡丹，一本有値數萬者，其昂貴可知。眞所謂：「一國若狂不惜金」了。

徐夤依韻和尙書再贈牡丹花（全唐詩第十一函第一册）云：

陌紫昔曾遊寺看，朱門今在遶欄望。

徐夤牡丹花（同上）第二首云：

朝日照開攜酒看，暮風吹落遶欄收。

爲保護貴重的牡丹而於花外設欄，也是自然而然發生的事。

吳融僧舍白牡丹（全唐詩第十函第七册）第二首云：

雖饒百卉爭先發，還在三春向後殘。想得惠林憑此檻，肯將榮落意來看。

徐夤追和白舍人詠白牡丹（見前）云：

雪句豈須徵柳絮，粉腮應恨帖梅妝，檻邊幾笑東籬菊，冷折金風待降霜。

檻與欄雖有名稱的不同，其目的在保護心所愛重的牡丹則一。

劉禹錫和令狐相公別牡丹（全唐詩第六函第三册劉禹錫卷十二）云：

平章宅裏一欄花，臨到開時不在家。

溫庭筠夜看牡丹（全唐詩第九函第五册）云：

高低深淺一闌紅，握火慇勤遶露叢。

欄既用以保護牡丹，而且可以將牡丹分成若干欄而區別顏色和種別的。

李咸用遠公亭牡丹（全唐詩第十函第二册）云：

湓江太守夜閑情，欄朱繞絳留輕盈。

王貞白白牡丹（全唐詩第十函第九册）云：

曉貯露華溼，宵傾月魄寒，家（一作佳）人淡粧罷，無語倚朱欄。

爲陪襯牡丹的美，將圍繞牡丹的欄杆染成朱色。

開元天寶遺事云：

楊國忠竊因貴妃專寵，上賜以木芍藥數本植於家，國忠以百寶粧飾欄楯，雖帝宮之內不能及也。

國忠又用沈香爲閣，檀香花欄，以麝香乳香篩土和泥飾壁，每於春時，木芍藥盛開之際，聚賓客于此閣上賞花焉，禁中沈香之亭，遠不侔此壯麗也。

木芍藥就是牡丹，楊國忠爲保護牡丹，以百寶粧飾欄楯，或用檀香作花欄，是窮奢極慾的，其他的人固然比不上寵極一時的外戚楊國忠，但爲愛牡丹而加以陪襯或粧飾，也是不言而喻的事。

韓琮牡丹（一作詠牡丹未開者）（全唐詩第九函第三冊）云：

殘花何處藏，盡在牡丹房。

可見爲保藏牡丹而專築牡丹房的，也是事實。

司空圖牡丹（全唐詩第十函第一冊）云：

得地牡丹盛，曉添龍麝香，主人猶自惜，錦幕護春霜。

白居易買花（一作牡丹）（見前）云：

上張幄幕庇，旁織笆籬護。

舒元輿牡丹賦：

錦裳相覆，繡幄相接。

雲溪友議云：

白居易初爲杭州刺史令訪牡丹花，獨開元寺僧惠澄近於京師得之，始植於庭，闌圈甚密，他處未之見也。時春景方深，惠澄設油幕覆其上。……

以上所引諸條，在杭州用油幕覆於牡丹花上，或因南方暮春常常落雨的原因，在京師長安一帶，張帷幕織笆籬都是對牡丹保護的必要方法，但爲護春霜而加錦幕繡帳，是在保護目的外，還含有粧飾性質在內。頗與楊國忠以檀香作花欄，或以百寶飾欄楯相似。保護以外再加粧飾，亦可表示對牡丹喜愛之甚矣。

王轂牡丹（全唐詩第十函第八册）云：

牡丹妖豔亂人心，一國如狂不惜金。

可謂寫實的詩句，並無誇張成分在內。

達官貴人爲要觀賞牡丹，對牡丹的種植和保護，要雇用專人甚至專門人才去管理，因之在德宗時內園園丁一年的工資，最多的已達千貫之多（見唐代經濟史）。

盧綸（一作裴潾）白牡丹（一作長安牡丹）（全唐詩第五函第二册）云：

長安豪貴惜春殘，爭翫先開紫牡丹，別有玉盤承露冷，無人起就月中看。

白居易白牡丹（全唐詩第七函第三册白居易十五卷）云：

白花冷澹無人愛，亦占芳名道牡丹，應似（一作是）東宮白贊善，被人還喚作朝官。

吳融僧舍白牡丹（全唐詩第十函第七册）第一首有云：

膩若裁雲薄綴霜，春殘獨自殿羣芳……天生潔白宜清淨，何必殷紅映洞房。

白居易雖有自嘲之意，但由盧綸和吳融的詩，卻可知當時的白牡丹，不及紫牡丹或殷紅牡丹受人歡迎。其中原因，容於下節再爲探討，茲先論述由此而引起的一種現象。

龍城錄宋單父種牡丹條云：

> 洛人宋單父，字仲儒，善吟詩，亦能種藝術，凡牡丹變易千種，紅白鬥色，人亦不能知其術，上皇召至驪山，植花萬本，色樣各不同，賜金千餘兩，內人皆呼爲花師，亦幻世之絕藝也。

洛人宋單父的種植藝術，即是改良牡丹的顏色和品種，這是在人們喜愛有顏色的牡丹下，應運而生的一種藝術。宮庭內的人既皆呼爲花師，而上皇且對他賜金千餘兩的優待，宋單父地位之高，當超過於一般的園丁無疑。

酉陽雜俎有云：

> 韓愈侍郎有疎從子姪，自江淮來，年甚少，韓令學院中伴子弟。子弟悉爲凌辱，韓知之，遂爲街西假僧院令讀書，經旬，寺主綱復訴其狂率，韓遽令歸，且責曰：「市肆賤類營衣食，尚有一事長處，汝所爲如此，竟作何物？」姪謝徐曰：「某有一藝，恨叔不知。」因指階前牡丹曰：「叔要此花靑紫黃赤唯命也」。韓大奇之，遂給所須試之。乃豎箔曲尺遮牡丹叢，不令人窺，掘窠四面，深及其根，寬容人座，唯齎紫鑛輕粉朱紅，旦暮治其根，凡七日，乃塡坑，白其叔曰：「恨較遲一月」。時冬初也，牡丹本紫，及花發，色白紅歷綠，每朵有一聯詩字，色分明，乃是韓出關時詩，一韻曰：「雲橫秦嶺家何在，雪擁藍關馬不前」十四字，韓大驚異，姪且辭歸江淮，竟不願仕。

韓愈的侄兒能使牡丹花每朵有一聯詩字，蹟近神話，未必可信；但是依宋單父之例推測，他會改良操縱牡丹花的顏色，當屬可信。至少是「要此葉靑紫黃赤唯命」。是牡丹花迷們的企望；而這種能改良操縱牡丹花顏色的藝術，也是應當時一般人的要求而產生的。

薛能牡丹（見前）第四首云

醉客曾偸有折枝。

可見已發生偸折的行爲。

唐語林卷七：

京師貴牡丹，佛宇道觀多遊覽者，慈恩（寺）浴室院有花兩叢，每開及五六百朶，僧恩振說：會昌中，朝士數人同遊僧舍。時東廊院有白花可愛，皆嘆云：「世之所見者，但淺深紫而已，竟未見深紅者！」老僧笑曰：「安得無之，但諸賢未見爾。」衆於是訪之，經宿不去，僧方言曰：「諸君好尙如此，貧道安得藏之？但未知不漏於人否？」衆皆許之。僧乃自開一房，其間施設幡像，有板壁遮以幕後，於幕下啓關，至一院，小堂甚華潔，柏木爲軒廡欄檻，有殷紅牡丹一叢，婆娑數百朶。初日照輝，朝露半晞，衆共嗟賞，及暮而去。僧曰：「予栽培二十年，偶出語示人，自今未知能存否？」後有數少年詣僧，邀至曲江看花，藉草而坐。弟子奔走報：有數十人入院掘花，不可禁。坐中相視而笑。及歸至寺，見以大畚盛之而去。少年徐謂僧曰：「知有名花，宅中咸欲一看，不敢豫請，蓋恐難捨，已留金三十兩，蜀茶二斤以爲報矣！」

以上所引的一段記載，表現出來的意義特多，擇其要者：

一、由牡丹花種在的一院，需於幕下啓關纔能達到，以及板壁欄檻等設備，可證老僧保護的週密。更足證深紅牡丹的名貴。

二、朝士數人爲要看花，訪老僧經宿不去，既見到花，衆共嗟賞，及暮而去。足見他們愛好牡丹之殷。

三、數少年邀老僧至曲江看花，另一面數十人入僧院掘花，當然是有計劃的行動。他們爲得到殷紅牡丹花而不惜行劫，其花迷、花狂的程度可謂很深。

四、留金三十兩蜀茶二斤爲報，而主動強制對方接受，說明這殷紅牡丹在市場上不只值這個數目，甚至無法買到的。

總括以上，值得特別注意的是盜劫行爲。因爲喜愛牡丹的人多，而每家人未必都有種植的環境和能力，即令能種，也未必都能使用專門人才改良的色色俱全，爲補償心願的不足，當然不免購買，購買猶不能滿足其慾望時，再繼之以偷，偷若不能到手之時，則盜劫行爲遂繼之而生。

元稹贈李十二牡丹花片因以餞行（全唐詩第六函第九册元稹十七卷）云：

鸎澁餘聲絮隨風，牡丹花盡葉成叢，可憐顏色經年別，收取朱闌一片紅。

在牡丹花盡之時，猶收取花片贈送友人以餞行，這表示元稹心裏認爲牡丹是最貴重的禮品。因爲牡丹是人人喜愛的富貴花，贈牡丹花片就是表示祝福的意思。

因爲人人喜愛牡丹，待及唐末豪門貴族常以邀友共賞牡丹爲名，備及奢侈；於是賞牡丹與奢華成爲分不開的行爲。

劇談錄：

道義坊劉相國宅本文宗朝朔方節度使李進賢舊第，進賢起自戎旅而倜儻瑰瑋，累居藩翰，富於財賮，雖豪侈奉身，雅好賓客，有中朝宿德，常話在名場日失意邊遊，進賢接納甚至，其後京華相遇時亦造其門，屬牡丹盛開，因以賞花爲名，及期而往，廳事備陳飲饌，宴席之間，已非尋常，舉杯數巡，復別衆賓歸內，室宇華麗，楹柱皆設錦繡，列筵甚廣，器用悉是黃金，階前有花數叢，覆以錦幄，妓妾俱服紈綺，執絲簧善歌舞者至多，客之左右皆有女僕雙鬟者二人，所須無不畢至，承接之意常日指使者不如芳酒綺肴窮極水陸，至於僕乘供給，靡不豐盈，至午迄於明晨，不覩杯盤狼籍，朝士云：邇復歷覩豪貴之屬，筵席臻此者甚稀。

就是賞牡丹和奢華分不開的一個例證。

王建閑說（全唐詩第五函第五册）云：

秦隴州緣鸚鵡貴，王侯家爲牡丹貧。

王侯之家爲牡丹而貧，可見他們爲牡丹而耗費之鉅。

松窗雜錄：

開元中，有程修己者以善畫得進謁，修己始以孝廉召入籍，故上不甚以畫者流視之。會春暮，內殿賞牡丹花，上頗好詩，因問修己曰：今京邑傳唱牡丹花詩，誰爲首出？修己對曰：臣嘗聞公卿間多吟賞中書舍人李正封詩曰：「天香夜染衣，國色朝酣酒。」上聞之嗟賞移時。楊妃方恃恩寵，上笑謂賢妃曰：粧鏡臺前宜飲以一紫金盞酒，則正封之詩見矣。

據此，則知早在玄宗開元時，京邑已傳唱牡丹詩了。

宋錢希白撰南部新書丁：

長安三月十五日，兩街看牡丹，奔走車馬，慈恩寺元果院牡丹先於諸牡丹半月開，太眞院牡丹後諸牡丹半月開，故裴兵部潾白牡丹詩，自題於佛殿東頰壓壁之上。太和中車駕自夾城出芙蓉園，路幸此寺，見所題詩吟玩久之。因令宮嬪諷念，及暮歸大內，此詩滿六宮矣。其詩曰：「長安豪貴惜春殘，爭賞先開紫牡丹，別有玉杯承露冷，無人起就月中看。」兵部時任給事。

在文宗太和時代，不只將牡丹詩題在牆壁上，而且牡丹詩的歌唱聲；已滿於六宮矣。爲牡丹作詩的有數十人之多，所作的詩約百首左右，作詩者以文人爲最多。有僧人作詩的（如齊己），有妓女作詩的（如薛濤），有侍兒作詩的（如竇梁賓），亦有蒼頭作詩的（如咸陽郭氏之蒼頭），而文人的牡丹詩，以白居易、元稹、劉禹錫諸人所作爲多，而以白居易的詩爲最有名。

霍小玉傳有云：

時已三月，人多春遊，生（李益）與同輩五六人詣崇敬寺翫牡丹花，步於西廊，遞吟詩句，……忽有一豪士衣輕黃紵衫，挾朱彈，風神俊美，衣服輕華。

會眞記載崔鶯鶯詩有云：

殷紅淺碧舊衣裳，取次梳頭雅淡妝，夜合帶烟籠曉日，牡丹經雨泣殘陽。……

以上二小說內的故事，是否事實，爲另一問題，但前者提到三月時節士人詣崇敬寺翫牡丹花事，後者詩內亦提到牡丹事，足證蔣防、元稹於作小說時，腦海裏都未忘記牡丹的。換句話說：小說裏提到牡丹，是牡丹已滲在小說裏了。

周賁題牡丹云：

萬葉紅綃剪盡春，丹青任寫不知眞，風光九十無多日，難惜樽前折贈人。

這是牡丹已被人畫入丹靑了。

聞奇錄王耕條云：

王耕善畫，而牡丹最佳，春張於庭廡間，則蜂蝶驟至。本業文，爲畫所掩，竟不成事。

聞奇錄爲唐于逖輯，王耕當爲唐人，他本業文爲畫所掩竟不成事，足見他畫畫佔去功夫之大。他畫的牡丹能引來蜂蝶，縱不足信，最少他畫牡丹是畫的很好，當無問題。更可以說他是畫牡丹的專家。總之，牡丹不只入詩、入文、入小說，而且入畫了。

羅隱扇上畫牡丹（全唐詩第十函第四冊）云：

爲愛紅芳滿砌堦，敎人扇上畫將來，葉隨彩筆參差長，花逐輕風次第開，閑挂幾曾停蛺蝶，頻搖不怕落莓苔，根生無地如仙桂，疑是姮娥月裏栽。

這是將牡丹畫在扇子上的例證。扇子是夏日人們時常拿在手裏不斷玩賞的，將牡丹畫在扇子上，更可知愛好牡丹的心切。

在普遍的甚至過份的喜愛牡丹的環境下，有時也會激起一股反對的波浪，但對整個的趨勢，未能引起太大的影響。白居易牡丹芳（見前）云：

三代以還文勝質，人心重華不重實，重華直至牡丹芳，其來有漸非今日，元和天子憂農桑，卹下動天天降祥，去歲嘉禾生九穗，田中寂寞無人至，今年瑞麥分兩岐，君心獨喜無人知，無人知，可嘆息，我願暫求造化力，減却牡丹妖豔色，少迴卿士愛（一作士女看）花心，同似（一作助）吾君憂（一作愛）稼穡。

白居易牡丹芳一詩的主意，係美天子憂農，他雖然願求造化力減却牡丹妖豔色，以少迴卿士愛花之心，但是白居易無論住在長安或住在杭州，翫賞牡丹還是不後於人的。看他所作牡丹詩就有十餘篇之多可知。

唐國史補卷中云：

京城貴遊尙牡丹三十餘年矣，每暮春，車馬若狂，以不躭玩爲恥……元和末，韓令（卽韓弘）始至長安，居第有之（指牡丹），遽命斸去，曰：「吾豈效兒女耶！」

這只是韓弘看到翫賞牡丹之風太盛，激起一時的反感；但細閱韓弘傳知：韓弘於元和十四年入京，不久任司徒兼中書令，十五年以本官兼河中尹河中晉絳節度觀察等使，穆宗長慶二年卽病卒，他反對牡丹之思想，必不能發生大的影響，可以斷言。

花史：

唐末劉訓者京師富人，京師春遊以賞牡丹爲勝，訓邀客賞花，乃繫水牛累百於門，指人曰：此劉家黑牡丹也。

劉訓邀客賞牡丹，而指繫於門的水牛爲黑牡丹，似乎有點惡作劇。他可能有些反對牡丹的意思；但他將他的財富大部分的水牛比作黑牡丹，是無形中已經承認了牡丹爲其他人家的財富且爲社會所重視的現象了。他縱有牡丹不如水牛的見解，但不能糾正一般人看牡丹重於看水牛的觀點。歸根結底，劉訓這一幕鬧劇，並不能改變一般人的重視牡丹，却足以反映出當時一般人對牡丹愛好的風氣。

五　唐人喜愛牡丹的原因

唐人爲什麼那樣如瘋似狂的喜愛牡丹呢？除了牡丹本身的色、香、美足以引人喜愛之外，更重要的還是當時的社會背景有以促成。

唐代的社會的最基層是士、農、工、商，而統治階層除最高的皇帝外，還有王、公、將、相以及官吏等。由基層進升到統治階層，權力旣可提高，生活也必隨之改善；所以一般的基層民衆，都以進入統治階層爲榮，也是他們努力以求的目標。

士、農、工、商各種職業的人，雖然都願意進升到統治階層，但是比較接近而且容易達到目的是士。當魏晉南北朝政府採用九品中正官人制度之時，一些寒素的人們，縱然讀書讀的很好，也很難有作官爲吏的機會。唐繼隋之後，採用科舉制度，一些讀書之士，無論是舊日大族或出身寒素，只要能精通經義，或長於詩賦，便可中進士，作官爲吏，飛黃騰達起來。簡言之，富貴是可能求得的。魏晉南北朝「上品無寒門，下品無世族」時，一些人只好樂天知命。到唐，富貴可以求得，人們便不再抱樂天知命的態度，而改爲積極的求富貴的態度了。

白居易議婚詩（全唐詩第七函第一册）有云：

貧者時所棄，富爲時所趨。

他的短歌曲（一作行）（全唐詩第七函第六册）又云：

世人求富貴，多爲奉嗜欲。

便可道出當時一般人求富貴的趨勢和心理。

唐國史補卷下第四十四條云：

或有朝客譏宋濟（老于文場者）曰：「近日白袍子何太紛紛？」濟曰：「蓋由緋袍子紫袍子紛紛化使然也。」

宋濟是唐玄宗到德宗時代的人，穿白袍子的是平民，穿緋袍子紫袍子的是官吏。他所解釋白袍子紛紛的原因，由緋袍子紫袍子紛紛化使然，是爲作官而科舉的實在話。當時人求富貴的熱心，由老於文場的宋濟，一語道破。

因爲中進士爲作官的階梯，而朝貴們可以左右應試人們的及第與否；所以應試的人們對於朝貴要謁人事。魏元曠焦菴隨筆卷三云：

唐人應科目時，皆上書朝貴及先達名輩，朝貴各以其所得士屬之有司。及放榜後，猶必謁於宰相有無薦士乃塡榜。平日太守刺史亦皆以獎拔寒畯爲事。偶一詩見賞，即遠近傳誦。及至都下，往往甫卸裝，即造門相訪。故唐時才士，無不遇之嘆。

正可以說明應試人要造門拜訪朝貴的理由。

文獻通考卷二十選舉二載江陵項氏曰：

王公大人巍然於上，以先達自居，不復求士，天下之士什什伍伍，戴破帽騎蹇驢，未到門百步輒下馬，奉幣刺再拜以謁於典客者，投其所爲之文，名之曰求知己。如是而不問，則再如前所爲者，名之曰溫卷。如是而又不問，則有執贄於馬前自贊曰：「某人上謁者」。嗟乎，風俗之弊至此極矣。

天下之士的求見王公大人爲什麼那樣的屈顏卑膝？目的還在由中進士的階梯，求得一官半職，而最後的目的還在求得富貴。

韓昌黎全集第十六卷後二十九日復上宰相書有云：

愈之待命四十餘日矣。書再上而志不得通，足三及門而閽者辭焉。惟其昏愚不知逃遁，故復有周公之說焉。……故愈每自進而不知愧焉，書亟上，足數及門而不知止焉。寧獨如此而已，惴惴焉惟不出大賢之門下是懼，亦惟少垂察焉。

韓愈三及宰相之門而閽者辭焉，然而他還是惴惴焉惟以不出大賢之門下是懼，爲求官而不顧一切的情形可知。此無他，還是求富貴的心理在支配着他的緣故。

同書第十九卷送李愿歸盤谷序說：

愿之言曰：人之稱大丈夫者，我知之矣。利澤施於人，名聲昭於時，坐於廟朝進退百官而佐天子出令，其在外，則樹旗旄羅弓矢，武夫前呵，從者塞途……曲眉豐頰，清聲而便體，秀外而慧中，飄輕裾，翳長袖，粉白黛綠者，列屋而閒居。妬寵而負恃，爭妍而取憐。大丈夫之遇知於天子用力於當世者之所爲也。無非惡此而逃之，是有命焉，不可幸而致也。

由此可知李愿的隱居是於求富貴失望之餘的不得已行動，他對於富貴並不是不熱中的。

薛能牡丹詩四首之第一首有云：

深陰宜映幕，富貴助開筵。

周敦頤愛蓮說：

牡丹花之富貴者也。

牡丹象徵富貴，是唐宋以來人們所承認的。

牡丹既爲富貴的象徵，在唐代求富貴的思想和行動充滿每個角落的社會，牡丹怎能不被熱愛狂愛以至愛迷呢？

唐會要卷三十一章服品第條云：

貞觀四年八月十四日詔曰：「……。於是三品以上服紫，四品五品以上服緋（亦稱赤色朱色或紅色），六品七品以綠，八品九品以青。上元元年八月二十一日勅……文武三品以上服紫，……四品服深緋，……五品服淺緋，……六品服深綠，七品服淺綠……八品服深青，九品服淺青。」

可知唐自太宗高宗以下，官吏的服色雖稍有變更，大體上說：紫、緋（赤、朱、紅）是高級官吏的服色。

因爲紫緋二色是象徵達官貴人，所以長安少年要「爭賞新開紫牡丹」（盧綸詩，見前）。而本文第四節所引長安少年強行掘去慈恩寺的紅牡丹，並不單純的是爲看紫牡丹紅牡丹，而是看紫牡丹紅牡丹象徵着將來可作穿紫袍緋袍的高級官吏。

總之牡丹象徵着富貴是唐人喜愛牡丹的原因之一。

唐語林卷六云：

段相文昌，少寓江陵，甚貧窶，每聽曾口寺齋鐘動，詣寺求食，寺僧厭之，乃齋後扣鐘，冀其來不逮食。後登臺輔，出鎮荆南，題詩：「曾過闍梨飯後鐘」。文昌晚貴，以金蓮花盆盛水濯足，徐相商以書規之。文昌曰：「人生幾何？要酬平生不足也！」（原注：或曰此詩是王相播事）文昌少孤，寓居廣陵之瓜州，家貧力學，夏月訪親知於城中，不遇，饑甚，於路中拾得一錢，道旁買瓜，置於袖中，至一宅，門閴然，入其廐內，以瓜就馬槽破之。方咍次，老僕聞擊槽聲，躍出，責以擅入廐，驚懼棄之而出。鎭淮海，常對賓客說之。在中書廳事，地衣皆錦繡，諸公多撤去而文昌每令整飭。方踐履，同列或勸之，文昌曰：「吾非不知，常恨少貧太甚，聊以自慰爾。」

由以上故事可知段文昌的喜愛享受，就是因爲以前曾經受過苦，而產生出來的要求補償心理。

在魏晉時代，寒士們受了苦，認爲是天命，在唐朝富貴可求的時代，寒士們受了苦，便自然而然的發生一種求補償心理。

在科舉制度之下，晚唐特重詩賦，士人爲求中進士無不苦節讀書，字字推敲。舊唐書卷一百六十六白居易傳記他向友人述其讀書情形說：

及五六歲便學爲詩，九歲暗識聲韻，十五六始知有進士，苦節讀書，二十已來，晝課賦夜課書，間有課詩，不遑寢息矣，以至於口舌成瘡，手肘成胝，既壯而膚革不豐盈，未老而齒髮早衰白，瞀然如飛蠅垂珠於眸子中者，動以萬數，蓋以苦學力文之所致。

白居易讀書課詩賦之苦如此，其他類似此種情形者又不知凡幾。

同書同傳裏又說：

初居易罷杭州歸洛陽，於履道里得故散騎常侍楊馮宅，竹木池館，有林泉之致，家妓樊素蠻子者，能歌善舞，居易既以尹正罷歸，每獨酌，賦詠於舟中，因爲池上篇……

賢如白居易者，尚且有林泉、家妓等以自娛，其賢不如白居易者，其補償心理必較居易更甚，其娛樂方法也更廣，所以唐代晚年，無論及第不及第，無論作官不作官，飲酒、攜妓、聽唱、冶遊之風均極盛行。

唐代著名的皇帝玄宗，即以賞名花（牡丹）對妃子聽新樂爲快事，白居易一而再再而三的去西明寺賞牡丹，去元微之宅賞牡丹，到杭州開元寺還要賞牡丹。其賢不及居易而補償心理較居易爲重的人們，無論是爲苦讀而求補償，無論是爲公私繁忙而求調濟，都是以求補償心理爲出發點。在那樣的心理支配之下，唐人那有不喜愛號稱花王的牡丹的道理？這是唐人喜愛牡丹的第二個原因。

六　綜　論

牡丹之名在我國上古及秦漢時代，都不見記載，隋朝花藥裏亦無牡丹之名。但據唐人記載，也有謂早在北齊時代已有畫牡丹的。這種現象豈不是矛盾嗎？事實上究竟怎樣？

原來，牡丹是由芍藥接枝演變而成（是用野生的原始的「牡丹」接在芍藥上，或是兩種不同的芍藥接枝，不詳）。因其花似芍藥而宿榦似木，所以原先叫做「木芍藥」。接枝行爲何時開始？何時演變成木芍藥？何時開始有木芍藥之名？史書均不詳記。唐人只是根據北齊已有畫牡丹之說，推測北齊已有牡丹，實際上那時用芍藥接枝所培植出來那樣開花的植物，或許含有若干牡丹的成分，象似後來的牡丹，但是當時決沒有人叫它爲牡丹的。換句話說，北齊決沒有牡丹之名。

木芍藥之名始於何時，固不得知，但是唐朝初年，此名已經出現。唐高宗卽位的初年，武后甚得高宗寵愛，她的家鄉西河郡（今山西太原南）有種植木芍藥的，武后見了很喜愛它，就令移植在長安的上苑之內，這是長安上苑種植木芍藥的開始。

高宗時常有病，朝廷政事一切都委武后代爲詳決。武后精力過人，又多智計，兼涉文史，不只對朝政處理的非常妥善，而且喜歡聞問人間瑣事，更喜歡改革。她改人名、改地名、改時名、改物名、改官名，幾乎樣樣都改。她移到上苑裏的木芍藥，也不能逃出她要改名的範圍。

她把木芍藥的木字改爲牡字（因牡與木音同），把芍字漏掉，把藥字改爲丹字（唐人稱仙藥爲仙丹）而合成「牡丹」之名。按牡丹二字之意，是男子的赤心或赤誠，表示天下男子都對她忠誠，和她封西突厥阿史那步眞爲竭忠事主可汗，意思頗爲類似。武后定名之後，先令宮中改稱，於是「牡丹」之名，開始出現。時間大約在武后初稱天后，大舉改革（包括朝廷大政及瑣碎的名稱）之時。

柳宗元龍城集裏記唐高宗宴羣臣賞雙頭牡丹，是唐代有關牡丹記載最早的。上官昭容作詩，也是有關牡丹詩的最早的。天寶年間唐玄宗和楊貴妃在宮中沉香亭前同賞牡丹，令李白作清平調，那時「牡丹」之名，仍然是限在宮庭裏，民間大體還是稱爲「木芍藥」（據開元天寶花木記）。到天寶年間，民間慢慢的都改稱爲牡丹，牡丹之名纔普遍起來。但是直到代宗大曆年間，還有少數人仍稱爲

「木芍藥」的。

因爲武后常住洛陽，她便把牡丹移植到洛陽，玄宗寵信楊國忠，把牡丹賜給楊國忠移植到他家裏，一面由長安向各地移植，一面在長安城裏向各處移植。從洛陽順着運河向東面南面傳播，一直傳到杭州，又由京口（今鎮江）沿長江而上，傳到九江，南昌以及江南各地（只有巴、蜀一帶，因交通不便，直到五代後唐時纔得傳到。）在文宗時代，長安城內種植牡丹的地方已經很普遍了。

長安城裏種植牡丹的地方，有寺院、公署、及達官貴人的宅第。比較著名的寺院：有延康坊的西明寺、永安坊的永壽寺、晉昌坊的慈恩寺、太寧坊的興唐寺、靜安坊的崇敬寺等；公署有：修政坊的尚書省亭子、宗正寺亭子、永達坊的華陽池度支亭子等等；宅第有：長興坊的裴士淹（禮部侍郎）宅、開化坊的令狐楚（尚書左僕射）宅、大寧坊的渾瑊（侍中）宅、新昌坊的竇易直（檢校司空鳳翔尹鳳翔節度使）宅、以及靜安坊的元稹宅（工部侍郎同平章事）、昇道里（坊）的謝翱（進士）宅等等。

牡丹的顏色，最普遍的是白色，時間愈後，顏色愈多。玄宗開元年間，只有紅、紫、淺紅、通白四種顏色，到天寶末年，除原有者外，又有御衣黃、甘草黃、建安黃等色。憲宗元和時，又有正暈、倒暈、淺紅、淺紫、深紫、黃、白等種，獨無深紅，直至武宗會昌年間，深紅顏色的還是很少見的珍品。

牡丹開時，香氣撲鼻，庭院裏種上幾棵牡丹，便會滿院都是香味，比較蘭花香的多，所以人們稱爲「人間第一香」。至於美、豔、鮮、嫩、更非他花可比，所以有人稱牡丹爲「國色」，有人稱它爲

「花王」，譽爲「天下無雙豔」，牡丹實當之無愧。正因爲此，所以造成「自李唐來，世人甚愛牡丹」的現象。

每年以三月爲主，早可到二月末，晚可達四月初的一個多月時間，就是各種牡丹先後開放的季節。長安城裏各階層的人士，爭着觀賞牡丹，無論貧富、男女、老幼，幾乎全體出動，有人邀請朋友來家裏觀賞，有的邀約朋友同往盛植牡丹的寺院共同欣賞。前面所列舉的幾個種植牡丹的大寺院，就是大家爭先前往的目的地。滿街上車如流水馬如龍，車馬之聲如雷動。有的人携帶酒餚，一面觀賞牡丹，一面飲酒作詩；也有的帶着樂器，作樂唱歌助興；從早到晚，百看不厭。年老的人們疲勞了，略事休息後再策杖觀賞，一些高僧們看的疲勞了，就暫時憑几稍休再繼續觀賞。有的士女冒着雨攜手觀看，也有的暫時避雨，待雨一停馬上繼續觀賞；也有人夜裏掌着燈籠火把觀賞不停；更有的人徹夜不肯就眠；還有的人簡直「欲就欄邊安枕席，深夜閑共說相思」。有的人看不滿足，買些花帶回去插在瓶中繼續觀看，更有少數的人，乘着酒醉不顧違法，偷折幾枝帶回家來。簡直的如癡如迷，似瘋似狂一般。這樣的情形，每年要鬧一個多月之久。

在那種人人喜歡牡丹的情形下，發生的第一個現象是移植。宮廷裏種植的牡丹，由皇帝賞賜而移植到大臣的宅第，復由朋友們的贈送，逐漸發展傳播到各地去種植。因移植使得移植的方法，也隨着進步，所謂「水灑復泥封，移來色如故」是也。

第二個現象是買賣，這是因有限度的贈送不足以滿足要求而產生的現象。因爲需要牡丹花的人多，長安城外就出現一些專以種花爲生的人，大批的種植牡丹。價值按品種顏色而定。白居易牡丹詩謂：「一叢深色花，十戶中人賦。」柳渾謂：「數十千錢買一棵」。李肇更具體的說：「一本有值數萬者」。價值儘管貴，仍有很多的人願買，眞所謂：「一國若狂不惜金」了。

第三個現象是妥爲保護：達官貴人們在住宅裏種植着牡丹，要用籬笆或欄杆加以保護，要用帷幕遮蔽風霜。欄杆或用貴重木料製成，再加朱紅油漆；或用玉石製成，而加雕刻；還有更爲奢侈的。帷幕有用油布作成，有用錦繡製成的。更有修建花房專門放置保護牡丹的。

第四種現象是雇用專門人才和品種改良的講求：因爲喜愛牡丹，花主們要雇專人管理，於是有專門管理牡丹的人才——被稱爲花師的人出現。他們會管理牡丹，亦能改良牡丹的品種，使牡丹花的顏色發生變化，而可以由人意操縱。這種花師的工資都特別的高昂。同時改良品種的方法，也在不斷的講求着。

第五種現象是對社會的影響：「花開時節動京城」以及「爭賞慈恩紫牡丹」是影響到社會的風氣。有些人種牡丹以求利，有些人捨棄農業而專以種花爲生，是影響了社會的組織。更因有些人喜愛牡丹之心過切，便於觀賞牡丹時，乘人之不注意而偸折，更有人因必欲求得貴重品種而有計劃的強行劫掠，是又影響到社會的治安。

第六種現象是對文化的影響：因賞牡丹而作詩的以高宗時的上官婉兒爲最早，號稱詩仙的李白也爲玄宗和楊貴妃的賞牡丹而作淸平調三首，以後爲賞牡丹而作詩的，愈來愈多。有名家閨秀作牡丹詩的，有妓女作牡丹詩的，有侍兒作牡丹詩的，也有舊頭作牡丹詩的，詩以大詩人白居易、元微之、劉禹錫所作的牡丹詩爲多，尤以白居易所作的牡丹詩最爲流傳。在玄宗時已開始將詩配以樂譜交給宮女們歌唱了，裴潾所作牡丹詩的歌唱聲，充滿了六宮。到白居易時，他的詩已普遍的爲歌女們所歌唱，廣泛的流傳於民間。

繪畫的人採牡丹爲主要的繪畫的對象，王耕是以專畫牡丹出名的，也有一些人把牡丹畫在扇子上，以便於用扇之際，隨時觀賞。寫小說的文人也把觀賞牡丹，納入故事裏。朋友們送別要以牡丹花片相贈，藉以祝福，賓客宴會倘若不賞牡丹，似乎美中不足。

總之，牡丹佔了人生的一重要部分，牡丹深深印入了每個人的腦海裏。

唐人喜愛牡丹如瘋似狂的原因，除牡丹本身的美豔香外，更因當時社會背景有以促成。唐代除皇帝、王公以及將相等官吏外，一般社會是由士、農、工、商所組成。各階層的人民，都希望做到王、公、將、相，改善原有的生活，求得富貴。而比較容易達此目的的是士。他們在科舉制度之下，只要能通經書，精詩賦中了進士，便可作官爲吏，得到富貴。所以唐代士人爲達到富貴的目的，不惜苦節讀書，屈節求見朝貴聞人，上書求官等等的活動。未做官的積極的求做官，已做低級官吏的又要求做高級官吏，未富貴的求富貴，已得富貴的，又要永久保持富貴。人人都萬事不離其宗的處處求富貴，時時求富貴。牡丹花是富貴的象徵，所以無論各種身分的人全都喜愛牡丹。

唐代的制度，高級官吏服紫袍，中級的官吏服緋袍，中下級的官吏服綠袍，低級官吏服青袍，平民服白袍。服白袍的平民，都以服紫、緋袍爲目標，所以唐人最喜歡的牡丹是紅牡丹和紫牡丹。

容易富貴的固然時時希望着富貴，縱然不容易富貴的人，也終日不放棄富貴的希望。受過苦的人於成功後冀求得到補償，正在受苦的人冀求將來苦去甘來，忙碌的人希望得到調濟，散閑的人也願意精神有所寄託。任何階層任何職業的人，無不以求得富貴爲目的，所以「自李唐來，世人甚愛牡丹」（周敦頤愛蓮說）。因之牡丹也佔了唐人生活中的一部分。牡丹能給唐人無限的興奮和精神上的調濟，同時也給唐人帶來了奢華與頹廢。牡丹的功過，不在它的本身，而在於觀賞它的人。

（本論文發表於大陸雜誌第三十九卷第一、二期合刊）

六、唐代馬的裝備與裝飾

本論文爲拙作「唐代的馬之研究」的一部分，論文寫作時，曾蒙國家科學委員會特約補助。

引　言

唐代馬的裝備與裝飾，和兩漢大致相似，而豪華過之。那些裝備和裝飾的名稱，在當時固然近於人人盡知，但到了不常騎馬的現代，已經變爲極其陌生。舊唐書輿服志新唐書車服志，對於當時馬的裝備與裝飾，均未載明，茲從各種記載裏探尋出來其實況，並且由此可以看出唐代的高度文化。分別敍述於後：

一　乘騎用的裝備

(一) 鞍：是加在馬背供人乘騎的器具，形狀似橋，所以亦稱鞍橋。依其質料可分爲以下諸類：

甲、金鞍　唐詩裏提到金鞍之處很多，茲舉其重要的如下：

盧照鄰紫騮馬（全唐詩第一函第四册）：

騮馬照金鞍，轉戰入皐蘭。

盧照鄰結客少年場行（全唐詩第一函第九册）：

玉劍浮雲騎，金鞍明月弓。

李白門有車馬客行（李太白全集卷之五）：

門有車馬賓，金鞍照朱輪。

李白酬中都小吏攜斗酒雙魚于逆旅見贈（李太白全集卷十九）：

爲君下筯一餐飽，醉著金鞍上馬歸。

李白白馬篇（李太白全集卷之五）：

龍馬花雪毛，金鞍五陵豪。

杜甫嚴公仲夏枉駕草堂兼攜酒饌（杜詩錢注卷十二）：

竹裏行廚洗玉盤，花邊立馬簇金鞍。

杜甫送唐十五誡因寄禮部賈侍郎（杜詩鏡銓卷十一）：

南宮吾故人，白馬金盤陀（馬鞍飾也）。

李賀嘲少年（全唐詩第六函第七册）：

青驄馬肥金鞍光，龍腦入縷羅衫香。

李賀追賦畫江潭苑四首（同前）：

淚痕霑寢帳，勻粉照金鞍。

王昌齡青樓曲（全唐詩第二函第十册）：

白馬金鞍從武皇，旌旗十萬宿長楊。

顧況露青竹杖歌（全唐詩第四函第十冊）：

金鞍玉勒錦連乾，騎入桃花楊柳煙。

崔湜上元夜（全唐詩第一函第十冊）：

金鞍銀鞍控紫騮，玉輪朱幰駕青牛。

常建張公子行（全唐詩第二函第十冊）：

涉淇傍茶花，驄馬閑金鞍。

薛奇童塞下曲（全唐詩第三函第九冊）：

金鞍誰家子，上馬鳴角弓。

鮑溶悲哉行（全唐詩第八函第一冊）：

金鞍舊良馬，四顧不出門。

乙、銀鞍

盧照鄰行路難（全唐詩第一函第九冊）：

公子銀鞍千萬騎。

李白俠客行（李太白全集卷之三）：

銀鞍照白馬，颯沓如流星。

李白送竇司馬貶宜春（李太白全集卷之十七）：

天馬白銀鞍，親承明主歡。

李白少年行（李太白全集卷之六）：

五陵少年金市東，銀鞍白馬度春風。

李白白鼻騧（同上）：

銀鞍白鼻騧，綠地錦障泥。

杜甫驄馬行（杜詩鏡詮卷二）：

赤汗微生白雪毛，銀鞍卻覆香羅帕。

杜甫送長孫九侍御赴武威判官（同前書卷三）：

驄馬新鑿蹄，銀鞍被來好。

高適送渾將軍出塞（全唐詩第三函第十冊）：

登陣常騎大宛馬，銀鞍玉勒繡蝥弧。

嚴維奉和劉祭酒傷白馬（此馬勅賜寧王轉贈祭酒）（全唐詩第四函第九冊）：

竦影依雪沒，銀鞍向月空。

丙、白玉鞍、青玉鞍

李白贈從弟南平太守之遙二首之一（李太白全集卷十一）：

龍駒雕蹬白玉鞍。

李白軍行（李太白全集卷二十五）：

驪馬新跨白玉鞍，戰罷沙場月色寒。

李白答杜秀才五松山見贈（李太白全集卷十冊）：

敕賜飛龍二天馬，黃金絡頭白玉鞍。

萬楚驄馬（全唐詩第二函第十冊）：

金絡青驄白玉鞍。

權德輿放歌行（全唐詩第五函第八冊）：

駿馬花驄白玉鞍。

沈佺期紫騮馬（全唐詩第二函第五冊）：

青玉紫騮鞍。

岑參衛節度赤驃馬歌（全唐詩第三函第八冊）：

玉鞍錦韉黃金勒。

丁、雕鞍、霞鞍

鮑容羽林行（全唐詩第八函第一冊）：

寶馬雕玉鞍，一朝從萬騎。

駱賓王帝京篇（全唐詩第二函第三冊）：

寶蓋雕鞍金絡馬。

楊師道咏馬（全唐詩第一函第八冊）：

寶馬權奇出未央，雕鞍照耀紫金裝。

鄭錫邯鄲少年行（全唐詩第四函第九冊）：

霞鞍金口騮，豹袖紫貂裘。

總括以上，大致有金鞍、銀鞍、白玉鞍、青玉鞍、雕玉鞍、雕鞍、霞鞍等數類的馬鞍。惟所謂金鞍，是否爲純黃金製成？是一個值得探討的問題。

按「金」字之義有二：一爲黃金；二爲五色金屬（黃金、白銀、赤銅、青鉛、黑鐵）之總稱。若依後義，不加黃字便不能肯定是指黃金。考唐代指稱黃金時，是否必加黃字而稱「黃金」或單稱「金」？似無嚴格的成規。例如：

舊唐書卷六十八秦叔寶傳：

尋授秦王右三統軍，又從破宋金剛於介休，錄前後勳賜黃金百斤。……從討王世充，每爲先鋒。太宗將拒竇建德於武牢，叔寶以精騎數十先陷其陣，世充平，進封翼國公，賜黃金百斤。

舊唐書卷六十六杜淹傳：

慶州總管楊文幹作亂，辭連東宮，歸罪於淹及王珪、韋挺等，並流於越嶲。太宗知淹非罪，贈以黃金三百兩。

都是於金字上另加黃字。

舊唐書卷六十八尉遲敬德傳：

授秦王府左二副護軍。隱太子巢刺王元吉謀害太宗，密致書以招敬德曰：「……」仍贈以金銀器物一車。

同書同卷段志玄傳：

遷秦王府右二護軍，隱太子建成巢剌王元吉競以金帛誘之，志玄拒而不納。

同書卷十八上武宗本紀會昌五年載：

中書又奏：天下廢寺銅像鐘磬委鹽鐵使鑄錢。其鐵像委本州鑄爲農器。金、銀、鍮、石等像付度支。士庶之家所有金、銀、銅、鐵之像，勅出後限一月納官。

通鑑卷二百四十三敬宗紀：

寶歷二年六月，宣索左藏見在銀十萬兩，金七千兩貯內藏以便賜與。

都是單稱金，不加黃字，而指黃金的例證。

詩和史不同，每句都需受字數的限制，所以在詩裏單稱金而不加黃字的也不能肯定它不是黃金。不過倘若用純金製成馬鞍，未免太貴，而且太重，不便乘騎；所以亦不能根據詩裏說「金」或「黃金」而斷其爲純金。因此，「金鞍」上究竟使用多少黃金？以及如何使用？不能單從詩的字面解釋，應當根據史事例證和理論推斷爲宜。

唐代社會有貴賤貧富之分，人心喜好又各有不同。買馬鞍的有各種不同的需求，製馬鞍的自當分別以或多或少的黃金使用於馬鞍之上。而使用黃金的方法，約有以下數種：

1. 以金塗抹：三國志吳志劉繇傳：「笮融大起浮圖祠，以銅爲人，黃金塗身。」知三國時已有以黃金塗佛像的。唐時黃金塗佛像的更爲普遍，推知必有以金塗馬鞍的。

2.以金箔包鑲：洛陽伽藍記：「白象宮寺內石佛，通身金箔，眩耀人目。」知北魏時已用金箔包於石像。唐書敬宗紀：「詔度支進……金簿（箔）十萬，翻修清思院新殿。」由唐時金箔使用更廣，推知必會用於馬鞍。

3.以銅雜金：杜詩鏡銓卷二魏將軍歌：「星纏寶校金盤陀」句下注曰：「杜詩博議：唐書食貨志：『……』蓋雕飾鞍勒，以銅雜金爲之。」知唐時鞍勒所用的金，還有參雜銅的。金有純有雜，含金量又分多種，金箔有厚有薄，包鑲的面積又分多少，所以所謂「金鞍」的黃金含量，自有多種的不同。

至於銀鞍之非純銀製成，略與金鞍同，惟銀價較賤，成分當較多耳。玉質較脆，不能作箔或塗抹，只可雕爲玉花，嵌於鞍上。玉的品質和花的式樣，自有各種不同。雕鞍以木雕爲主，玉雕次之。霞鞍爲一種鑛物體，望之如雲霞者。

(二)鐙：是垂於鞍的兩旁，供騎馬人兩足登踏的。如：

無名氏咏美人騎馬（全唐詩第十一函第八冊）：

促來金鐙短，扶上玉人輕。

張祜公子行（全唐詩第八函第五冊）：

鐙金斜雁子，鞍帕嫩鵝兒。

韓偓馬上見（全唐詩第十函第七冊）：

和羣穿玉鐙。

李白贈從弟南平太守之遙二首之一（李太白全集卷十一）：

龍駒雕鐙白玉鞍。

薛曜舞馬篇（全唐詩第二函第三冊）：

紫玉鳴珂臨寶鐙，青絲綵絡帶金羈。

劉禹錫酬元九侍御贈壁竹鞭長句（全唐詩第六函第三冊）：

何時策馬回歸去，關樹扶疏敲鐙吟。

由上可知鐙有金鐙、玉鐙、雕鐙、寶鐙。玉的堅度不如金，玉鐙未必全鐙都是玉。金鐙未必爲純金，亦可作金屬解。銅、鐵都是金屬，價又便宜，鐙當以銅或鐵製成而塗以金的爲多，證之劉禹錫所說「敲鐙吟」而益信。雕鐙當係雕花的鐙。寶鐙爲珍貴的玉鐙。

（三）韉：韉爲藉馬鞍之具。置於馬背與馬鞍之間的爲內韉。置於馬鞍之上的稱爲外韉。

隋唐嘉話：

貞觀中，揀材力驍捷善騎射者，謂之飛騎，上出遊幸，則衣五色袍乘六閑馬，猛獸皮韉以從。

岑參衛節度赤驃馬歌（全唐詩第三函第八冊）：

玉鞍錦韉黃金勒……

翁綬白馬（全唐詩第九函第八冊）：

花明錦韉垂楊下，露濕朱纓細草中。

開元天寶遺事看花馬：

各置矮馬飾以錦韉金絡。

除唐太宗的飛騎，用猛獸皮爲韉外。最普通的是錦韉。

（四）障泥：馬韉，以其下垂兩旁，用以障蔽泥土。霍總驄馬詩所謂：

「障泥護錦袍。」是也。至於障泥的品質，如：

李白紫騮馬（李太白集卷之六）：

臨流不肯渡，似惜錦障泥。

李白白鼻騧（同前）：

銀鞍白鼻騧，綠地障泥錦。

白居易武丘寺路宴留別諸妓（全唐詩第七函第五冊）：

銀泥𦈡映錦障泥，畫舸停橈馬簇蹄。

劉禹錫三月三日與樂天及河南李尹奉陪裴令公泛洛禊飲各賦十二韻（全唐詩第六函第三冊）：

人誇綾步障，馬惜錦障泥。

杜牧少年行（全唐詩第八函第七冊）：

綠錦避泥虬卷高。

李商隱隋宮（全唐詩第八函第九冊）：

春風舉國裁宮錦，半作障泥半作帆。

障泥的顏色不一定全是綠的，而障泥全爲錦繡製成，幾乎沒有例外。

（五）鞦：本作鞧，是一種革帶。絡於馬股後的爲後鞦，絡於馬胸前的爲前鞦。

楊烱紫騮馬（全唐詩第一函第十冊）：

　　鶴轡赤茸鞦。

刺繡所用絲縷，或獸毛的柔細者均謂之茸。赤色絲縷或柔細獸毛所作成的鞦，比較革製的鞦，更能保護馬的前胸和後股，使不受損傷。愛護馬的主人當有不少採用的。

（六）連錢：連繫於馬鞍與前後鞦之間如錢狀者爲連錢（馬身旋毛如錢者亦稱連錢）。

楊炯驄馬（全唐詩第一函第十冊）：

　　驄馬鐵連錢，長安俠少年。

盧照鄰長安古意（全唐詩第一函第九冊）：

　　妖童寶馬鐵連錢。

大致連錢多用鐵製成。因爲鐵色黑，與其他裝備的赤黃等色相映，顯出鮮明美觀。

二　駕馭用的裝備

騎馬的人爲使馬聽從人的指使，便製造出來各種駕馭用的裝備。這些裝備中最重要的有：

（一）羈：馬絡頭之無嚼口者。一名籠頭，係以革編成籠罩於馬頭，用以控制馬的行動。

李白留別廣陵諸公（李太白全集卷十五）：

　　金羈絡駿馬，錦帶橫龍泉。

李白春怨（李太白全集卷二十五）：

白馬金羈遼海東，羅帷繡被臥春風。

白居易雜興（全唐詩第七函第一冊）：

錦韝臂花阜，羅袂控金羈。

白居易閑居（全唐詩第七函第八冊）：

金羈絡馬近賣卻，羅袖柳枝尋放還。

白居易公垂尚書以白馬見寄光潔穩善以詩謝之（全唐詩第七函第七冊）：

翩翩白馬稱金羈，領綴銀花尾曳絲。

舒元輿坊州按獄（全唐詩第八函第二冊）：

出門送君去，君馬揚金羈。

薛曜舞馬篇（全唐詩第二函第三冊）：

紫玉鳴珂臨寶鐙，青絲綵絡帶金羈。

常建春詞（全唐詩第二函第十冊）：

騕褭黃金羈。

杜牧少年行（全唐詩第八函第七冊）：

連環羈玉聲先碎。

羈本以革製為主，所謂「金羈」，當係以金屬鑲嵌的羈，而「黃金羈」必係以黃金鑲嵌於革羈之上。

目的當然在求美觀。

(二)絡：馬籠頭也。一名絡頭。形式雖與羈同，所不同的是羈以革製爲主，絡爲絲製。這是由文字可以看出其區別的。不過到唐時已不是絕對如此了。

甲、金絡、黃金絡，如：

駱賓王帝京篇（全唐詩第二函第三册）：

寶蓋雕鞍金絡馬。

李白答杜秀才五松山見贈（見前）：

敕賜飛龍二天馬，黃金絡頭白玉鞍。

萬楚驄馬（全唐詩第二函第十册）：

金絡青驄白馬鞍，長鞭紫陌野遊盤。

陳嘉言上元夜效小庚體（全唐詩第二函第二册）：

寶馬金爲絡，香車玉作輪。

開元天寶遺事看花馬條：

長安俠少，每至春時，結朋聯黨，各置矮馬，飾以錦韉金絡，並轡於花樹下。……

乙、青絲絡、青絲綵絡、黃絡，如：

杜甫驄馬行（見前）：

青絲絡頭爲君老，何由卻去橫門道。

薛曜舞馬篇（全唐詩第二函第三冊）：

青絲綵絡帶金羈。

蔡孚打球篇（全唐詩第二函第二冊）：

紅鬣錦鬃風騄驥，黃絡青絲電紫騮。

（三）勒：馬絡頭之有口嚼（銜）的。因爲絡其頭而銜其口，更易於控制馬的行動。

甲、黃金勒

杜甫哀江頭（杜詩錢注卷一）：

輦前才人帶弓箭，白馬嚼齧黃金勒。

岑參衛節度赤驃馬歌（全唐詩第三函第八冊）：

玉鞍錦韉黃金勒。

乙、銀勒

白居易武丘寺路（全唐詩第七函第五冊）：

銀勒牽驕馬，花船載麗人。

丙、玉勒

張易之少年行（全唐詩第二函第三冊）：

玉勒浮雲騎。

王維洛陽女兒行（全唐詩第二函第八冊）：

良人玉勒乘驄馬，侍女金盤膾鯉魚。

元稹青雲驛（全唐詩第六函第八冊）：

謂我青雲騎，玉勒黃金蹄。

韓翃看調馬（全唐詩第四函第六冊）：

鴛鴦赭白齒新齊，晚日花中散碧蹄，玉勒斗（一作乍）回初噴沫，金鞭欲下不成嘶。

勒本革製，所以稱金勒、銀勒、玉勒的原因是鑲嵌金、銀、玉於勒上。

（四）鞚：馬勒也。如：

岑參衛將軍赤驃馬歌（全唐詩第三函第八冊）：

紅纓紫鞚珊瑚鞭。

王昌齡觀獵（全唐詩第二函第十冊）：

鐵驄抛鞚去如飛。

馬勒有口嚼（銜），人如將勒（即鞚）拉緊，則馬的前進便受到限制，如果把鐵驄馬的鞚拋開（即放鬆），馬便可以去如飛了。

（五）韁：繫馬之繩索也。如：

岑參送張獻心副使充河西雜句（全唐詩第三函第八冊）：

金鞭白馬紫遊韁。

杜甫送重表侄王砅評事使海南（杜詩鏡銓卷二十）：

左牽紫遊韁。

（六）轡：馬韁也。連接於勒上口嚼（銜）的兩端。可以同時由左右牽引以御悍馬。

杜甫送從弟亞赴河西判官（杜詩鏡銓卷三）：

快馬金纏轡，黃羊飫不羶。

李賀高軒過（全唐詩第六函第七冊）：

金環壓轡搖玲瓏。

唐彥謙咏馬（全唐詩第十函第五冊）：

騎過玉樓金轡響，一聲嘶斷落花風。

韁與轡的區別，韁以革製爲主，質較堅硬，轡以絲製爲主，質較柔軟。

（七）鞭：鞭雖不是直接裝置在馬的身上，而是握在騎馬人的手裏，但是以鞭策馬係催促馬前進的加速，所以暫列於駕馭用的裝備內。按「鞭」字從革，係以革結成爲鞭鞘，而另以金玉等物作柄（俗稱鞭桿）。

甲、金鞭

楊炯紫騮馬（全唐詩第一函第十冊）：

俠客重周遊，金鞭控紫騮。

楊炯驄馬（同前）：

夜玉妝車軸，秋金鑄馬鞭。

李白流夜郎贈韋判官（李太白全集卷十一）：

　天子紅顏我少年，章臺走馬著金鞭。

李白行行且遊獵篇（李太白全集卷之三）：

　金鞭拂雪揮鳴鞘。

李白相逢行（李太白全集卷六）：

　金鞭遙指點，玉勒近遲迴。

杜甫哀王孫（杜詩錢注卷一）：

　金鞭斷折九馬死，骨肉不得同馳驅。

岑參送張獻心充副使充西河雜句（全唐詩第三函第八册）：

　金鞭白馬紫遊韁。

高適行路難（全唐詩第三函第十册）：

　長安少年不少錢，能騎駿馬鳴金鞭。

韓翃看調馬（全唐詩第四函第六册）：

　金鞭欲下不成嘶。

韓偓馬上見（全唐詩第十函第七册）：

　隔袖把金鞭。

賈至白馬（全唐詩第四函第六册）：

聞珂自蹀躞，不要下金鞭。

盧綸皇帝感詞（全唐詩第五函第二冊）：

時見金鞭舉，空中指瑞雲。

乙、鐵鞭

李昌符詠鐵馬鞭幷序（全唐詩第九函第八冊）：

鐵馬鞭，長慶二年義成軍節度使曹華進獻，且曰得之汴水，有字刻云：「貞觀四年尉遲敬德」字尚在。

漢將臨流得鐵鞭，鄂侯名字舊雕鐫，須爲聖代無雙物，肯逐將軍臥九泉，汗馬不侵誅虜血，神功今見補亡篇，時來終薦明君用，莫歎沉埋二百年。

尉遲敬德所用鐵鞭，後世視爲至寶，作詩詠之。可知確有使用鐵馬鞭者，惟不太普遍耳。

丙、玉鞭

李白永王東巡歌十一首其十一（李太白全集卷八）：

試借君王玉馬鞭，指揮戎虜坐瓊筵。

張籍白紵歌（全唐詩第六函第六冊）：

還把玉鞭鞭白馬。

王建宮詞（全唐詩第五函第五冊）：

總把玉鞭騎御馬，綠鬃紅額麝煙香。

王建宮詞（同上）：

　　天子不教人射殺，玉鞭遮到馬蹄前。

丁、珊瑚鞭

白居易向諸客嘲雪中諸妓（全唐詩第七函第七册）：

　　珊瑚鞭嚲馬踟躕。

崔國輔長樂少年行（全唐詩第二函第七册）：

　　遺卻珊瑚鞭，白馬驕不行。

戊、竹鞭

高適咏馬鞭（全唐詩第三函第十册）：

　　龍竹養根幾十年，工人截之爲長鞭。

顧況露青竹杖（一作鞭）歌（全唐詩第四函第九册）：

　　……約束蜀兒採馬鞭，蜀兒採鞭不敢眠。……採得馬鞭長且堅。浮漚丁子珠聯聯，灰煑蠟楷光爛然。……

以上二詩，雖未明言竹鞭，但由字裏行間已可看出是竹鞭。

杜甫後出塞五首之一（杜詩錢注卷三）：

　　千金買馬鞭，百金裝刀頭。

李白送別（李太白全集卷十八）：

惜別傾壺醑，臨分贈馬鞭。

馬鞭的價值，固然不一定準值千金，但由杜詩略可看出比刀頭貴來。由李白之詩可以看出：以馬鞭贈友的人和被贈的人，在習俗上都視馬鞭爲好的紀念品了。

三　馬的裝飾

裝飾多爲在聲，色方面求其悅耳美觀，實用的價值較小。唐代的人因爲對馬非常的重視，所以常加以種種的裝飾。

陳子昂出塞（全唐詩第二函第三册）：

黃金裝戰馬。

張易之出塞（同上）：

驄馬飾金裝。

殷堯藩上巳日贈都上人（全唐詩第八函第二册）：

鞍馬皆爭麗，望歌盡醞奢。

只是對馬的裝飾的一些籠統的說明。分言之有：

（一）珂：嵌於馬勒上的白色的蛤以爲裝飾。

李元紘綠墀怨（全唐詩第二函第六册）：

征馬噪金珂，嫖姚向北河。

薛曜舞馬篇（全唐詩第二函第三冊）：

　紫玉鳴珂臨寶鐙。

既云金珂，當係將珂塗成黃金的顏色，甚或以金製成。紫玉鳴珂，則珂係紫玉製成，用以代替蛤珂。

原因在金玉較蛤更爲寶貴。

　李頎行路難（全唐詩第二函第九冊）：

　父子兄弟綰銀黃，躍馬鳴珂朝建章。

權德輿奉和張僕射朝天行（全唐詩第五函第八冊）：

　千騎鳴珂入鳳城。

馬躍則珂鳴，不只是一種色飾，也是一種聲飾。

　岑參衛節度赤驃馬歌（全唐詩第三函第八冊）：

　聞珂擁蓋滿路香。

賈島白馬（全唐詩第九函第四冊）：

　聞珂自蹀躞，不要下金鞭。

聞珂之鳴，人馬自然都另有一種感覺。

（二）金環：係綴於馬頭上的裝飾。

李賀高軒過（全唐詩第六函第七冊）：

　金環壓轡搖玲瓏。

李賀送韋仁實兄弟入關（同上）：

馬首鳴金環。

馬首動則環鳴，除了色的美，還加一種聲美。

（三）銀花：綴於馬領（頸）的裝飾品。

白居易公垂尙書以白馬見寄光潔穩善以詩謝之（全唐詩第七函第七冊）：

翩翩白馬稱金羈，領綴銀花尾曳絲。

領指馬的頸部，領綴銀花純屬求其美觀的一種裝飾品。

（四）纓：加於馬胸前之馬鞅也。

王建宮詞（全唐詩第五函第五冊）：

雲駮花驄各試行，一般毛色一般纓。

岑參衛將軍赤驃馬歌（全唐詩第三函第八冊）：

紅纓紫鞚珊瑚鞭。

翁綬白馬（全唐詩第九函第八冊）：

露濕朱纓細草中。

纓多半是紅顏色的，有時也隨着馬的顏色，黃馬黃纓，白馬白纓，以求顏色的調和。

（五）鈴：

盧照鄰劉生（全唐詩第一函第九冊）：

黃金飾馬鈴。

張祜送走馬使（全唐詩第八函第五冊）：

慣將喉舌傳軍好，馬跡鈴聲遍兩河。

馬鈴以黃金飾，足見其貴，馬跡鈴聲遍兩河，可見馬是多半而且時常帶鈴的。

（六）絲：

李白代贈遠（李太白全集卷二十五）：

胡馬西北馳，香鬃搖綠絲。

杜甫青絲（杜詩鏡銓卷十二）：

青絲白馬誰家子，麤豪且逐風塵起。

李頎送崔侍御赴京（全唐詩第二函第九冊）：

綠槐蔭長路，駿馬垂青絲。

白居易公垂尚書以白馬見寄光潔穩善以詩謝之（全唐詩第七函第七冊）：

翩翩白馬稱金羈，領綴銀花尾曳絲。

韓翃少年行（全唐詩第四函第六冊）：

千點斕斒噴玉驄，青絲結尾繡纏騣。

絲有青絲、綠絲，於理推斷，當不至沒有紅絲，或其他種顏色的絲。而絲結之處，有騣，有尾。所謂領指頸，卽長騣之處。無論何種絲或繡纏在何處，馬走動時，騣上和尾上所纏的絲或繡，隨風搖曳飄動，自然的把馬美化了。

（七）蹄：

杜甫送長孫九侍御赴武威判官（見前）：

　　驄馬新鑿蹏（蹄），銀鞍被來好。

杜甫高都護驄馬行（杜詩鏡銓卷一）：

　　腕促蹄高如踣鐵，交河幾蹴曾冰裂。

由前詩可知馬蹄（蹏）是要時常鑿的。因爲鑿蹄能使蹄整齊美觀。（如人的需要修剪手足的指甲相似）由後詩「腕促蹄高如踣鐵」句，可以推知馬蹄是要加踣鐵的。因爲加踣鐵既可使馬蹄形狀加美，而且馬走起路來，得得作響，又增加一種聲音之美。

（八）騣：

名畫要錄：

　　唐開元天寶間，多愛三花飾馬。

白居易知春深二十首之六（全唐詩第七函第六冊）：

　　鳳書裁五色，馬鬣（即騣）剪三花。

李白將進酒（李太白全集卷三）：

　　五花馬，千金裘，呼兒將出換美酒，與爾同銷萬古愁。

修剪馬騣，將騣結成辮，結爲三辮的稱爲三花，結爲五辮的稱爲五花。剪三花的馬稱爲三花馬，剪五花的馬稱爲五花馬（一說青白雜色的馬爲五花馬）。

李白代贈遠（李太白全集卷二十五）：

胡馬西北馳，香騣搖綠絲。

韓翃少年行（全唐詩第四函第六册）：

千點斕斒噴玉驄，青絲結尾繡纏騣。

可見馬騣除修剪結辮外，還要纏以綠絲或錦繡以求美觀。

（九）尾：

岑參衞節度赤驃馬歌（全唐詩第三函第八册）：

尾長窣地如紅絲。

閻寬溫湯御毬賦（全唐文卷三百七十五）：

宛駒冀駿，體佶心閑……細尾促結，高鬐辮拏。

白居易公垂尚書以白馬見寄光潔穩善以詩謝之（全唐詩第七函第七册）：

翩翩白馬稱全羈，領綴銀花尾曳絲。

合前面所引韓翃詩「青絲結尾……」觀之，可知馬尾或是長的窣地，或是高高的結起；但大多用絲相結。絲的顏色，結的式樣，自然隨人之所好了。

四　總　　論

馬的裝備可分爲乘騎用與駕馭用的兩部分。乘騎用的以鞍爲主，裝備集於馬背。駕馭用的以羈、勒、轡爲要，裝置在馬的頭部和口部。至於裝飾，則遍及於馬的頭、尾、背、蹄等部——全身。鞍有金鞍、銀鞍，各色玉鞍、雕鞍、霞鞍等。金鞍、銀鞍的製作方法各有不同。玉鞍、雕鞍所雕刻的花式又美不勝收。爭麗鬬奢，備極講究。

裝備馬（簡稱備馬）之前，先於馬背上置內韉，然後再置馬鞍於內韉上，目的在防馬鞍磨傷馬背。馬鞍之上再置外韉，使乘騎的人不至覺到鞍的堅硬而感到舒適。內韉以柔軟爲主，外韉除實用外兼求美觀，所以多係錦繡製成，有各式花樣，備極華麗，亦有以虎皮或其他獸皮作外韉的。

在內韉與馬鞍的中間，設置障泥兩扇（或幅），以革相綴，搭於馬背（因如用一大幅，則馬背負荷太厚）其下垂於馬腹兩旁，用以防阻泥、水濺及乘騎人的衣袍。障泥的質料亦多爲錦繡。

在鞍的兩旁，綴以兩鐙，垂於馬腹兩旁而偏近於馬的前胯，備乘騎人上馬前左足先行登跨以節力，既乘之後，兩足登踏兩鐙以避免人體重量直接或全部壓及馬背。鐙有金鐙、玉鐙、雕鐙等。

爲使鞍的穩定，於鞍下綴帶兩條，束於馬腹。另有前鞦繫於馬的胸前，後鞦繫於馬的股後，使馬鞍不至前後左右移動。連繫於馬鞍和前後鞦之間的，稱爲連錢，形似若干錢連綴而成。亦有連錢之間仍用皮革連綴的，前後鞦多以細柔的毛織物製成，以防傷及馬的皮膚。連錢則多用鐵製，取其堅固而顏色鮮明。

爲控制馬的行動，用羈籠罩於馬頭，稱爲籠頭（又名絡頭或簡稱絡）。以韁的一端連綴於羈，人可牽韁的另一端左右馬的行動。這是平時或驏騎（馬不加鞍而騎）時，控制馬的普通辦法。

羈多係皮革製成，絡多係絲製，爲增加其堅固性和美觀，常於羈上或絡上，加以金屬甚至以黃金鑲嵌，所以稱爲「金羈」或「金絡」。有時用青絲、黃絲或彩絲編製，所以稱爲青絲絡、黃絡或彩絡。韁係以革或絲製成，顏色常染爲紫色，所以叫做紫遊韁。

將馬裝備上鞍鐙正式乘騎時，（或爲御悍馬）必需用勒與轡。勒大致與羈相似，而不同的是更加口嚼，就是用一根橫柱勒入馬的口中，叫做銜。勒、銜連接處，正在馬的左右兩個口角邊。轡是由勒銜的交點處拖到乘騎人手裏的絲韁，本分左右兩條，乘騎人可以左右手分執（御悍馬時可由二人自左右分執），但因乘騎人常以右手執鞭置於右後方，爲掌握方便，常將轡的兩股合而爲一，由左手一手執握。乘騎人坐馬鞍上以手執轡，向左拉使馬轉左，向右拉使馬轉右，向上向後拉緊使馬頭抬高，向前向下放鬆使馬頭低而向前。馬的行動可以完全由乘騎人操縱。勒與轡本爲兩部分，但實際上牽轡纔可緊勒，無轡則勒的效力不易發揮，勒轡是不可分的，所以人們常將轡與勒並稱爲轡勒。因爲它可以控制馬的行動，所以又稱爲鞚。

勒是強制馬的行動的，所以比較羈、絡更要堅固。勒的本身以皮革製成，但於其重要處，常用金、銀、玉鑲嵌，以增加其堅固性和美觀。所以「金勒」「銀勒」「玉勒」隨時可見於唐代的詩文裏。

銜是銜在馬口中的，必需堅硬而耐久，所以多係以鐵製成。于賁沙場夜所謂：「戰馬夜銜鐵」是也。韓愈詩：「歸來得便卽遊覽，暫似壯馬脫重銜。」可知銜對馬的拘束力量。

轡以絲製爲主，取其韌性強而質軟，牽引靈活。爲求其美觀，有用金纏的，有綴以金環的。故有

「金轡」「金纏轡」之稱。

鞭是催馬前進的器具，分柄（桿）鞘二部，鞘多以皮革製成，而鞭的名稱則因柄的質料而定。以金製的稱金鞭，以銀、鐵製的稱銀、鐵鞭，以珊瑚、玉、竹製的都各因之定名。

乘馬人騎在鞍上，兩足踏鐙，左手執轡以指使馬的行動方向，右手執鞭隨時可以策馬催其前進。倘不需鞭策時，可以雙手執轡，右手兼執馬鞭，途中友人相遇，可以拱手爲禮，或舉鞭示敬。

至於裝飾幾乎遍於馬的全身。無論關於乘騎或駕馭用的裝備，除有關實用多，本都含有一種裝飾性質。例如鞍的實用在乘騎，而金鞍上的金卻是裝飾性質。障泥的實用在遮避泥土，而錦障泥的錦却是裝飾性質。其他不必一一盡述。純粹屬於裝飾性質的有：在馬頭所載的羈或勒上所加的珂。最原始的珂是白色的蛤，逐漸演變有金珂、玉珂等。在羈或勒和轡的交接處裝置金環。在馬額正中的髦（即騣）上，常繫以繁纓（繁者，弁也，猶人之有冠），有各種不同的顏色；隨着馬的毛色而配合。

馬頸上的騣時常加以修剪，有時將騣結辮，騣辮之上再以彩絲打結，或兼綴銀花以增其美觀。騣結三辮的稱爲三花，其馬稱爲三花馬。騣結五辮的馬稱爲五花馬(亦有稱青白雜色馬爲五花馬者)。馬頸下部多半帶鈴，鈴有金鈴銅鈴等。

馬蹄時常修鑿而且加踣鐵。馬的尾部修剪的長短各有不同。普通的馬多長尾，而戰馬、打毬用的馬則務剪結爲短尾，原因在輕便而不受牽掛。更爲增加美觀，尾部纏以各種顏色的絲繡。

簡言之，唐代因爲國家富庶，對馬的裝飾極爲注意講求。鞍、鐙、韉、障泥、羈、勒、轡、鞭等物，或以金、銀、玉、珊瑚等貴重物品鑲嵌，或以錦繡、獸皮等美觀的物品製成。由馬頭至馬尾，從馬背到馬蹄，隨處都加以裝飾。論顏色是五光十色鮮豔奪目，論聲音金環、玉環、金珂、玉珂、鈴等的釘鈴聲，鐵蹄的得得聲，有如音樂的節奏。駿馬龍駒佩以上述的裝備與裝飾，眞是英俊如武士，豔麗若美人！

清徐松撰唐兩京城坊考卷四西市鞦轡行下注云：

逸史載江陵副使李君事，有西市鞦轡行。

鞦轡都是馬的裝備，鞦轡行必是賣馬的裝備的商行。專有商行賣馬的裝備，已可看出馬的裝備在商業上的重要性。如若鞦轡行是專賣鞦、轡兩樣，則其他的鞍、鐙、韉、障泥等品必另有專行出賣。那樣，馬的裝備的製造和買賣，更是各種專門的行業了。

至於唐人爲什麼那樣重視馬的裝備與裝飾？自有其時代的背景使然。蓋因：當時軍事上衝鋒陷陣用馬，交通上駕車乘騎用馬，娛樂上舞馬、打獵以及打毬無不用馬。政府和皇帝視馬爲國防武力，大將戰士視馬爲共生死的戰友，貴公子們視馬爲遊玩娛樂的良伴，所以他們都一致的重視馬、愛好馬。認良馬爲無價之寶。劉禹錫詩：「櫪嘶無價馬，庭發有名花。」就是例證。

唐高祖時政府已開始設專官牧馬，唐太宗爲求得良馬不惜對吐谷渾發動戰爭。唐玄宗得到良馬便宣付史官以紀其事，命畫工爲馬圖形。而民間重視良馬，常不惜重資購買，甚至於有愛馬猶勝於愛妾者。盧殷有妾換馬詩。張祜愛妾換馬詩有云：「一面妖桃千里蹄，嬌姿駿骨價應齊。」對於價齊愛妾或情同戰友的馬，那能不用金銀錦繡以裝飾它呢？

因爲唐人愛好馬，喜歡裝飾馬，由於爭麗鬬奢，遂使馬的裝飾達到很高的藝術境界；因之鞍馬成爲詩人、繪畫家、雕刻家取材的對象。全唐詩裏咏馬的詩多不勝收。鞍馬派的繪畫名家輩出（曹覇、韓幹、韋偃爲其著者），而唐人雕刻的鞍馬後世傳爲珍品（昭陵六駿爲其著者）。鞍馬佔唐人日常生活的一部分，他們所用的，所作的，所見的，所聞的都脫離不了鞍馬。凡此等等構成了唐代文化重要的一環，更增加了唐代文化的燦爛光輝。

（本論文發表於大陸雜誌第四十三卷第二期）

中華史地叢書

唐史新論

作　　者／李樹桐　著
主　　編／劉郁君
美術編輯／中華書局編輯部

出 版 者／中華書局
發 行 人／張敏君
行銷經理／王新君
地　　址／11494 臺北市內湖區舊宗路二段181巷8號5樓
客服專線／02-8797-8396　　傳　　真／02-8797-8909
網　　址／www.chunghwabook.com.tw
匯款帳號／兆豐國際商業銀行　東內湖分行
067-09-036932　中華書局股份有限公司

法律顧問／安侯法律事務所
印刷公司／維中科技有限公司　海瑞印刷品有限公司
出版日期／2015年3月三版
版本備註／據1985年9月二版復刻重製
定　　價／NTD 467

國家圖書館出版品預行編目（CIP）資料

唐史新論 / 李樹桐著. -- 三版. -- 臺北市 :
中華書局, 2015.03
面 ; 公分. -- (中華史地叢書)
ISBN 978-957-43-2370-8(平裝)

1.唐史 2.史學評論

624.108　　104005852

NO.G0009
ISBN 978-957-43-2370-8（平裝）

自尊高。浮惰之人，苟避徭役，妄為剃度，託號出家，嗜慾無厭，營求不息，出入閭里，周旋闤闠，驅策田產，聚積貨物，耕織為生，估販成業，事同編戶，迹等齊人，進違戒律之文，退無禮典之訓。至乃親行劫掠，躬自穿窬，造作妖訛，交通豪猾，每罹憲網，自陷重刑，黷亂眞如，傾毀妙法，譬茲稂莠，有穢嘉苗，類彼淤泥，混夫清水。又伽藍之地，本曰淨居，栖心之所，理尚幽寂，近代以來多立寺舍，不求閑曠之境，唯趨喧雜之方。繕采崎嶇，棟宇殊拓，錯舛隱匿，誘納姦邪。或有接延鄽邸，鄰近屠酤，埃塵滿室，羶腥盈道，徒長輕慢之心，有虧崇敬之義。且老氏垂化，本實冲虛，養志無為，遺情物外，全眞守一，是謂玄門，驅馳世務，尤乖宗旨。朕膺期馭宇，興隆教法，志思利益，情在護持。欲使玉石區分，薰蕕有辨，長存妙道，永固福田。正本澄源，宜從沙汰。諸僧尼道士女冠等，有精勤練行守戒律者，並令大寺觀居住，給衣食勿令乏短。其不能精進戒行者，有闕不堪供養者，並令罷遣，各還桑梓，所司明為條式，務依法教，違制之事，悉宜停斷，京城留寺三所觀二所，其餘天下諸州，各留一所，餘悉罷之。」

以上的詔令是武德九年五月頒發的，而六月四月玄武門事變即發生了，所以這詔令後面，註明「事竟不行」四字。其實，雖然高祖時候「事竟不行」，但是這詔令，確成為唐代以後諸帝（信佛過甚的例外），處理道佛觀寺的基本原則。這原則就是「正本澄源，宜從沙汰。」

廣弘明集卷第二十八上載太宗度僧於天下詔有云：

其天下諸州有寺之處，宜令度人為僧尼，總數以三千為限，其州有大小，地有華夷，當處所度少多，委有司量定。務取精誠德業，無問年之幼長。其往因減省還俗，及私度白首之徒，若行業可稱，通在取限。必無人可取，亦任其闕數。若官人簡練不精，宜錄附殿失。但戒行之本，唯尚無爲。多有僧徒，溺於流俗，或假託神通，妄傳妖怪，或謬稱醫筮，左道求財。或造詣曹，囑致贓賄。或鑽膚焚指，駭俗驚愚。……有一於此，大虧聖教。朕情深護持，必無寬捨。……務使法門清整。所在官司，宜加檢察。

唐太宗對度僧的標準，已明白宣佈。是「務取精誠德業」，其目的在「務使法門清整」。假託神通等等的大虧聖教者，都在不取之列。

武則天對僧尼本是較優待的，但是仍有：「僧入觀不禮拜天尊，道士入寺不瞻養仰佛像，各勒還俗。」（僧道並重勅），和「僧及道士敢毀謗佛道者，先決杖即令還俗。」（禁僧道毀謗制）等等整頓的規定。

玄宗是比較尊崇道教的，所以對僧尼的禁令也較多。現在所可以看到的有：

全唐文卷二十一禁百官與僧道往還制。

卷二十六禁創造寺觀詔。禁坊市鑄佛寫經詔。

卷二十八禁女士施錢佛寺召。禁僧道掩匿詔。

卷二十九禁僧道不守戒律詔。

卷三十禁僧徒斂財詔，禁僧俗往還詔。

以上諸詔內，値得注意的，多係僧與道並提，寺與觀並提。可知並非專對佛僧，對皇帝尊崇的道教的